皇帝也是人

范捷 著

秦漢卷

秦漢目錄 前 221-220

卷首語 中華文明的歷史悠長久遠，底蘊豐厚，歷經了數千年的風風雨雨，前後更替過大大小小數十個王朝。其間曾發生過無以計數的歷史事件，湧現出眾多各式各樣的歷史人物。審視這些事件和人物，歷朝的帝王無疑是其中的主角，他們在很大程度上引領著歷史發展的潮流，主宰著一定時期的歷史進程。他們中有的創造出輝煌的基業，有的則平淡無奇，有的甚至昏庸暴虐，但他們都演繹了一段段特定的歷史，是不同朝代不可或缺的主人。

由於宮闕相隔，人們似乎總鮮見帝王們的真容，總是自覺不自覺地將他們「神化」，把他們想像得是多麼與眾不同。實際上他們也同普通人一樣，有著自己鮮活的個性，有著屬於自己的喜好和情感。而這些個性化的內涵往往會不同程度地對歷史進程產生影響，成為歷史發展的一部分。本書即著眼於此，展現歷朝帝王與普通人相同或相近的一面，讓他們從高高的皇位上走來，將其還原成為一個個有血有肉、個性鮮明的普通人，以此來拉近與讀者的距離，為解讀不同時期的歷史增加新的視點。

把帝王視為普通人，並非要進行杜撰、演繹甚至編造，而是站在歷史的高度，採取嚴謹的態

度，在尊重史實的前提下融入哲學的思辨，採用平民的視角、故事性的筆法和適當的篇幅，關鍵是讓普通人喜歡讀。以往有關帝王的著述，大多集中於一些受關注的人物，以致造成了不同帝王間資訊的不對稱，多的過多，動輒洋洋上萬甚至數十萬言；而少的又過少，造成彼此銜接上的支離破碎。本書意在簡明、兼收並蓄、節奏流暢上作些探索，並非要進行學術考證和研究，而是為了普及，給大眾讀者以閱讀的興趣。

本卷為秦漢卷。介紹開創中國帝制，建立起第一個中央集權制國家、但旋即滅亡的秦朝，以及秦亡後「承繼秦制」、歷經輝煌、延續四百餘年的漢代，包括西漢和東漢，共二十七位帝王（包括王莽和更始帝）或傑出或平庸、或輝煌或淒涼的人生歷程。

秦代

前 221- 前 207

性格暴虐的 嬴政

始皇帝

前 221 - 前 210

在中國數千年的封建社會發展史中，沒有哪位帝王能像嬴政那樣受到如此多的關注和稱頌：他剪滅六國，成就霸業，統一刑律、文字、貨幣、度量衡，建立起中央集權的封建制國家；他威加四海，氣貫山河，雄姿英發，被稱為「千古一帝」；他創立的政權及制度模式，包括行政、禮制、法規，乃至帝王尊號、稱謂、權柄等，一直被後世歷代政權所沿用。然而，他所創立的大秦王朝，卻在短短幾十年裡很快歸於滅亡。

秦始皇嬴政像

身世多舛
大行報復

嬴政生於社會大變革的戰國時代。那時華夏有幾十個諸侯國，比較大的有七個，即位於中原地區的秦、齊、楚、燕、韓、趙、魏，號稱「戰國七雄」。秦國踞西，都咸陽（今屬陝西）；齊國位東，都臨淄（今屬山東）；楚國領南，都陳（今河南淮陽）；燕國據北，都薊（今北京），韓、趙、魏居中，韓都陽翟（今河南禹縣），趙都邯鄲（今屬河北），魏都大樑（今河南開封）。各國連年混戰，為了各自的利益既相互聯合，又互相交戰，勝則擴充疆土，敗則削減地盤，地理版圖經常變化。

秦國在嬴政出生前是其曾祖父秦昭襄王執政，當時有個叫范睢的謀士向秦昭襄王出謀獻策，建議「遠交近攻」，即離得近的諸侯國就出兵攻打，擴大地盤，而跟離得遠的諸侯國保持友好關係，以後再慢慢吞併。這招說實在是夠「陰險」的，但是很管用，秦國藉此不斷壯大。

交好的國家之間為了表達誠意，也是為了控制對方，都要互派人質。「質」即抵押品，類似於後來的典當行，人質即用活人作抵押。各國互派的人質當然不能是平民百姓，一定要有王室血統，大都是國君的子孫，就跟綁架要找有錢人的孩子一樣。嬴政的父親，實際上是名義上的父親子楚、也叫秦異人，即秦昭襄王的孫子，秦孝文王（又稱安國君）的兒子，被送到趙國去做人質。子楚既不是嫡系，也不是長子，被送到異國他鄉，整日擔驚受怕、受盡磨難。

當時有個叫呂不韋的大商人來到趙國都城邯鄲，見到子楚時眼前一亮。呂不韋是衛國濮陽（今河南濮陽東南）人，在韓國陽翟經商發了大財，人稱「陽翟大賈」。他以一個商人的眼光看到了子楚身上所蘊含的巨大價值，就像一件稀少的貨物，「奇貨可居」。呂不韋經商遍走各地，對時局頗為了解，眼見秦國實力日長，認為如果投資秦國，今後一定有豐厚的回報；而身為太子安國君兒子的子楚儘管時下還很不起眼，但潛力

無限。呂大商人決定把握機會賭一把。

實現子楚價值的最好辦法就是將其立為太子的繼承人，但難度不小。當時安國君有二十多個兒子，子楚排行居中，又不受寵，長期質於國外。但一切皆有可能，事在人為。當時安國君的正夫人叫華陽夫人，深受安國君寵愛，但她沒有兒子，呂不韋看到這可乘之機，便掏出大把的金錢，其中一半交給子楚作為在趙國的生活費及結交各方朋友之用，擴充實力，提升影響；另外一半則瞄準了華陽夫人，全力以赴地從這位太子妃身上打開缺口。呂不韋先找到華陽夫人的姐姐，讓她告訴她妹妹應及早立下貼己的太子繼承人，以便日後有個依靠；並告訴她子楚是多麼聰明和有遠大的抱負，並且非常敬重她，托其帶去珍奇玩物和銀兩說是子楚的意思。這下很快就把華陽夫人給「搞定」了。華陽夫人在太子安國君枕邊一吹風，事情就基本有了眉目。從此可以看出，從古至今搞定官員其實也就那麼幾種手段，一是捨得用錢，二是要找準突破口，其中最有效的是從君主的枕邊女人下手，十有八九能成功。

為子楚爭得了太子王位繼承人還不夠，必須多行一著。呂不韋在邯鄲終日與子楚混在一起，吃吃喝喝，結交天下豪傑。呂不韋有錢，而且相貌堂堂，身邊圍繞的女子自然不少，其中有位邯鄲富豪出身的女子面容姣好，能歌善舞，人稱「趙姬」，整日與呂不韋混在一起，如膠似漆。一次，子楚到呂不韋家拜訪，見到趙姬一下子被迷住了，不顧一切、死皮賴臉地硬是向呂不韋討要趙姬。呂不韋自然心裡一百個不願意，但出於政治上的考慮只得忍痛割愛。相傳趙姬當時已懷有身孕，而且是呂不韋的孩子，但子楚並不知曉。秦昭襄王四十八年（前259）正月，趙姬生下兒子，因生於趙都，故姓趙，又因正月所生，故名正，又作政，後來其歸秦後才從秦姓改名為嬴政。嬴政就是在這種背景下出生了，當時科技未發現DNA沒法做親子鑒定。子楚將趙姬立為夫人。

此間，秦、趙兩國一度關係惡化。秦連年攻韓，秦昭襄王四十五年（前262年），大將白起奪取韓國領土野王（今河南沁陽），韓桓惠王割地求和，將上黨郡送給秦，郡守馮亭拒不降秦，投奔趙國。次年，趙國派

大將廉頗鎮守長平（今山西高平），廉頗深溝高壘，固守不出，秦軍欲進不能。秦昭襄王四十七年（前260年），秦用范睢反間計使趙王撤掉廉頗，換上了只會「紙上談兵」的趙括，結果趙國兵敗，四十萬大軍遭白起坑殺，為歷史上有名的「長平之戰」。當時韓、趙兩國想跟秦講和息兵。不久秦又進攻趙國，展開「邯鄲之戰」，邯鄲危在旦夕。趙國在情急之中打算殺死子楚，結果呂不韋向趙國城門守軍行賄重金，子楚才得以出逃，回到了秦國。嬴政剛好生於這兩次大戰之間。趙又準備殺死趙姬母子，但由於趙姬娘家是富豪，使些銀子，結果讓母子二人躲過了劫難。

幾年後，秦昭襄王去世，太子安國君繼位，為秦孝文王。此時正趕上秦、趙關係見緩，趙國將趙姬母子送歸秦國。秦孝文王在位的時間很短，他為父王服喪一年，結果剛即位三天便一命嗚呼。這時子楚繼位，為秦莊襄王，他起用了呂不韋為相國，封文信侯，賜洛陽十萬戶。莊襄王在位的時間也不長，只有三年。這時十三歲的嬴政便登上了秦國的王位，因為年少而由母親趙太后和相國呂不韋理政。

呂不韋顯然因選準了投資對象而獲得了豐厚、超值的回報。嬴政繼得王位後，呂不韋的權勢進一步擴展，既繼續作相國，並取得「仲父」的尊號。除了原來封侯十萬戶，還有家僕萬人，財力雄厚，是秦國首屈一指的大富豪，權傾天下。

趙太后在嬴政即位時才三十多歲，因為年輕，竟與呂不韋舊情復熾，時常私通。眼見嬴政日漸長大，呂不韋恐暴露隱情，便找了個替身，叫嫪毐。此人是個市井無賴，為人奸詐，他假充宦官混入太后宮中，侍奉趙太后，深得趙太后喜歡。不久，趙太后懷孕，她找藉口出宮躲避，遷至秦國舊都雍地，與嫪毐先後生育了二子。嫪毐並不滿足於只當個「面首」，而是覬覦權力，他結交朝官貴人，攫取資財，成為秦國僅次於呂不韋的另一大政治勢力。

戰國時流行「養士之風」，豪門往往收養大批食客。魏國的信陵君、楚

國的春申君、趙國的平原君、齊國的孟嘗君合稱「四公子」，都豢養數以千計的食客，在一起議論時政，出謀獻策。呂不韋認為秦國強大，也應仿效此舉，於是招養門客三千，縱論經史、議政天下，然後集論成書，名《呂氏春秋》。此書以儒學為主、道家黃老思想為基礎，糅合諸子百家，主張君道無為，天下為公，德治教化，華夏一統，試圖提出全新的治國理論，取代秦國常年奉行的法家思想。呂不韋在《呂氏春秋》序中就直言不諱地宣稱此書是效法黃帝教化其繼承人顓頊所寫，其意就是要用來教誨嬴政，從思想乃至行為全面地控制少王，真可謂有組織、有計劃、有預謀。

嫪毐相比之下主要是依靠趙太后的權勢胡作非為，巧取豪奪，屬於「小人得志」一類，別人瞧不起他但又惹不起，只好躲著。這種人做事沒有原則，也沒有底線，不計後果。別人做事是怕人罵，他是罵不怕，甚至是怕不罵。

嬴政在這樣的環境中慢慢長大，到了能親政的年齡。按照秦國的體制，他在二十二歲時到雍地舉行加冕儀式。面對「相黨」和「后黨」兩大勢力，嬴政表現出了與他年齡不太相符的冷靜，在朝臣的協助下，挫敗了嫪毐企圖謀害他的陰謀，決策果斷，下手兇狠。當然嫪毐和他的軍隊只是一群「烏合之眾」，根本不堪一擊。嬴政對呂不韋就比較客氣了，考慮到他輔佐先王繼位和其他因素，免去其相位，將其貶回封邑洛陽。

嬴政清除了呂、嫪兩個對他政權構成巨大威脅的勢力後，基本上掌控了秦國的政權。在此間以至日後的日子裡，他表現出了極大的果斷、無情、專橫、強暴，甚至殘忍。嬴政在「嫪毐之亂」後，將嫪毐行車裂之刑，誅其三族，其黨羽則斬首示眾；並將趙太后軟禁在雍地，殺死了她與嫪毐所生的兩個私生子。因有許多臣卿冒死進諫、為趙太后求情，嬴政才到雍地將趙太后迎回咸陽宮中。呂不韋被貶至洛陽後，因其多年經營，還有很多人與之交往，以至到呂地的賓客使者絡繹不絕，相望於道。為了免除後患，他給呂不韋寫了封信，質問呂不韋對秦國有什麼功勞，能封土洛陽，食邑十萬？與秦國有什麼血親關係，能號稱仲父？快帶著你

的家眷滾到西蜀去住！呂不韋因受不得此般侮辱，恨其「卸磨殺驢」，感到早晚是一死，於是服毒自盡。呂不韋死後有許多賓客偷偷為其辦理喪事，嬴政知道後將這些人削官為奴，株連全家，流放邊郡。

嬴政的鐵血政治、專橫獨斷、嗜殺成性、慘絕人寰，不少人將其理解為政治的需要，更有人頌其為雄才大略。這裡並不想對此評論，千秋功罪自有人評說。但只是想問一句，這個只有二十來歲的年輕人為什麼竟有如此鐵石心腸？竟然那樣下得手、殺人不眨眼？難道除政治之外，就沒有心理方面的原因，或者說因心理的原因而導致了政治上殘忍？

我們說，嬴政從在娘肚子裡孕產就是個很荒唐的事情。趙姬因政治的原因由一個男人轉讓給另一個男人，她肚中的孩子也隨之轉到了另一個男人的名下，名不副實，成為難言之隱。呂不韋和趙姬是當地的名人，別人不會不知道，知道了又難免不議論，甚至當時可能會欺負這個不懂事的小孩。嬴政自小與母親在趙國飽受冷落，過著寄人籬下的生活。回到秦國繼位為王後，母親趙姬與呂不韋又暗地裡私通，勾勾搭搭，摸摸揣揣，又難免不走漏風聲。更糟糕的是他的生母又與市井之徒嫪毐混在一起，生活作風極不檢點，人們更會議論紛紛，嗤之以鼻。對此，嬴政肯定有所耳聞，甚至心知肚明，他會感到恥辱、自卑，成為一生抹不去的陰影。所以他痛恨呂不韋和嫪毐，甚至自己的母親；而對那些議論的人，必須緘封其口，於是便要大開殺戒，殺一儆百。而與自卑相對應的則是狂躁、殘忍和報復，於是，他要讓整個社會都臣服在自己腳下，去洗刷恥辱，贏得敬重。而其結果怎麼樣呢？世人明白，他也清楚，只不過有人不敢說或不知道該怎麼說罷了。

國家統一
文化遭毀

嬴政清除了國內政敵以後，開始了統一山東六國的歷程。在當時的戰國

七雄中，秦最具備完成統一的條件。自秦孝公推行商鞅變法以來，重視耕戰，疆域不斷擴大，國家日益富強，經秦孝公、秦惠文王、秦武王、秦昭襄王、秦孝文王、秦莊襄王六代君王的努力，到嬴政時秦國已從現在的陝西地區擴展到甘肅、寧夏、四川、山西、河南、湖北、貴州等地，相當於六國面積的總和。在其遼闊的疆土內，有著富饒的關中平原和號稱「天府之國」的成都平原，以及河東、三川、南郡等地，都是重要的農產區；隴西、北是畜牧地，資源豐富，地理位置優越，軍事上進可攻、退可守。嬴政實際上是趕上了個好時候，先人把基礎都打好了，佔盡了天時、地利、人和，嬴政只需順勢而動，便可馬到成功，這叫有福之人不用忙。戰爭是靠實力取勝的，實力不行，任你是再英明的君主，也難有作為。

最後嬴政贏了，當然歷盡了艱辛。他採用軍事進攻、說客往返、挑撥離間等的方法，派間諜、出使者、造謠言、出兵攻伐等等，招數用盡。雖然中間還發生了荊軻刺秦王等事件，但最後成功地將六國一一剪滅，完成了統一的基業。他重用人才，將軍中有王翦、王賁、蒙武、蒙恬，說客有頓弱、姚賈，謀士有尉繚、李斯等，得人才者得天下。

戰爭結束，嬴政志得意滿，自我感覺極佳。天下是我的天下，萬民是我的子臣，我可以為所欲為，眾人要高呼萬歲，屈膝尊從。「王」已不足以為我的稱謂，由群臣商議，認為秦王功兼三皇五帝，於是從「三皇」、「五帝」中各取一字，尊號曰「皇帝」。皇帝是帝國的最高首腦，整個國家都歸屬於他，權位至高無上。皇帝自稱為「朕」，命稱為「制」，令稱為「詔」，行使權力的憑證是「璽」。嬴政自詡「朕為始皇帝。後世以計數，二世三世至於萬世，傳之無窮。」結果怎麼樣呢？當然就不用說了，不要說萬世，秦二世連屁股都沒坐熱，秦國便土崩瓦解。歷史往往喜歡開玩笑，你想千古流芳，偏讓你遺臭萬年；你想存於永恆，偏讓你非常短命。

在武力征伐、國家統一後，該確立制度了。首先得說清秦滅六國、成為中華霸主的正義和合理，幹什麼都得造輿論，有的在預前，有的則在事

後，不用管是正理明說還是強詞奪理，反正謊話重複一千遍都能成為真理。嬴政說韓、趙、魏、楚背叛盟約，燕、齊敵視秦國，總之都該滅，毀你沒商量。戰國時流行陰陽五行說，土、木、金、火、水五行相生相剋，叫「五德始終」。虞舜是土德，夏為木德，商為金德，周是火德，現在輪到秦朝，是為水德，改朝換代，順理成章。秦把黃河改名「德水」，水具黑暗陰冷的特性，所以秦以黑色為上，衣服旗幟都為黑色，百姓稱「黔首」。

接下來是建立一種什麼樣的制度？秦剪滅六國，按照祖制，該分封諸公子為王，各踞一方，「普天之下莫非王土」。可新任廷尉李斯卻不同意如此的說法，他說周朝分封同姓子弟，本為維固統治，但時間一長便誰也不認誰了，各諸侯國相互攻殺，天子根本管不了。不如在全國設置郡縣，對諸子和功臣用賦稅賞賜，容易控制，使得天下無二心。嬴政認為這主意好，過去諸侯勢力過旺，尾大不掉，中央政權失控，郡縣制則可以免除隱患，加強集權。於是嬴政在天下設三十六郡，由朝廷直管，郡、縣下設鄉、亭、里、什、伍，層層管理。

地方的事解決好了，再安排朝廷。朝廷以皇帝為首，下設三公九卿，三公是左右丞相、太尉和御史大夫。丞相是中央行政機構的最高長官，相當於政務總理；太尉是軍事長官，但平時沒有軍權，只在皇帝授命時才能調動和指揮軍隊；御史大夫是副丞相，相當於秘書長，上情下達，同時有監察職權。九卿為奉常、郎中令、衛尉、太僕、廷尉、典客、宗正、治粟內史和少府，分管宗廟禮儀、宮中保安、掌宮門衛兵、掌皇室輿馬、掌刑獄、掌蠻夷事務、掌宗室事務、掌財政和掌山海池澤。從這些官職可以看出，整個朝廷主要是圍繞皇權，為皇帝服務，伺候皇帝的吃喝拉撒睡。封建政權就是這樣，機構龐大，設置龐雜，但主要是為了服務皇帝一個人。如果沒有這個人，或這個人昏庸無能、恣意妄行，整個機構就會癱瘓或加劇國家的衰敗。

統一了，改制了，嬴政成為了民族和時代的英雄。而且這種英雄的地位是毋庸置疑的，以至後世誰要敢提出疑問，哪怕是對其中的個別成分，

嬴政
始皇帝

都會有人跟你翻臉。為什麼呢？因為他為後世開創了制度模式，同時還附帶了評價這種制度的標準。既然如此，還有誰敢說？更何況有不少人為此而引來了殺身之禍。

所以我們繞開它，談談先秦諸子百家。先秦是指秦統一前的春秋戰國時代，這一時代是中國社會發展的鼎盛時期，農耕進步，畜牧發展，鐵器的廣泛應用，使得社會的物質生產很有生機；而與之相對應的文化出現了前所未有的興盛，百家爭鳴，百花齊放，多元化，多樣性，令人目不暇接，扼腕驚歎。歎服我們的祖先，也歎服那個時代。我國歷史上那些堪與世界比肩的先賢巨人，幾乎都出於先秦時代，由此能看出我國的學人並非缺少智慧，而是缺少機會。

但是，在嬴政所引領的鐵騎和車轍的踐踏、碾壓下，齊、楚、燕、韓、趙、魏的領地紛紛失守，兼併、征服、打殺，統一的不光是土地，更是各國賴以生存的文化，版圖合併了，文化的多樣性不復存在，而多樣性正是文化的核心和生命。文化需要交流，需要爭討和辯論，弱小的未必荒謬，強勢的也未必正確，真理越辯越明，是非越爭越清，但這一切都在強權之下變得軟弱和稀鬆。但秦統一六國後，諸子百家就這樣被扼殺了，百家爭鳴的局面就這樣被終止了，後世中國再也沒有出現過那樣的狀況和局面。

但文人總是不長心、不長眼，事已如此，還要議論。一次，嬴政在咸陽宮設酒宴款待群臣，宴會上有個博士長官周青臣為嬴政大唱讚歌，頌揚聖上，這時齊人淳于越站了起來，說商周統治一千餘年，給皇家子弟和功臣封地封賞，以輔弼君主，但現在皇家子弟和功臣什麼都沒有，等同沒有輔弼，以後要是出現什麼狀況，靠誰去幫助朝廷平息內亂呢？我們有人如此不負責任地當面恭維，並不是對帝王好。實際上大家都聽得出，這是針對那個馬屁精的。可嬴政卻坐不住了，他將淳于越的意見交由群臣討論，剛當上丞相的李斯出面寫了封奏書，說古代天下散亂，就是因為封國林立，現在天下統一，共尊一主，無知的人卻來指責國家的法教，用自己的學說議論，入則心非，出則巷議，以批評君主賺名譽，以奇談

怪論算高明，帶頭造謠誹謗，對此必須禁止，請命將秦國史書以外的各國史書統統燒毀。嬴政大筆一揮，批准了李斯的奏書，於是在全國展開了大規模地「焚書」運動，致使先秦以來的文化積累統統付之一炬。

嬴政成為皇帝後，總想著長生不老，這恐怕是歷代帝王的通病，他先後派徐福和方士四出尋找長生不老的仙藥，這其實是根本辦不到的事情。他的疑神弄鬼，弄得怨聲鼎沸，一些方士便順水推舟，加入抨擊的行列，為自己開脫。其中有兩個叫盧生和侯生的方士，在遭受貶斥後逃之夭夭，到處散播對嬴政不利的言論，激怒了嬴政，下令清查謠言來源，結果查出犯禁者有四百六十多人，嬴政便將他們全部活埋在驪山深谷，其中多為儒生，史稱「坑儒」。

經過這兩件事，再沒有人敢發言出頭，士人都紛紛逃難離散，文化的主體就這樣給徹底地封殺了。此後中國的知識分子始終難成氣候，形不成主體力量，絕對與嬴政的「焚書坑儒」有著重要的關聯。

窮奢極欲
橫徵暴斂

說嬴政是個暴君，恐怕沒有任何異議。而且其殘暴的程度，可以說到了無以復加的地步。他在平定天下以後，窮奢極欲，大興土木，橫徵暴斂，峻法嚴刑，令百姓哀鴻遍野，怨聲載道。

嬴政在兼併六國的時候，每滅一國，便吩咐手下人將其宮殿繪製成圖，在咸陽仿建一座。統一六國後，他曾打算擴建，自東向西綿延千里，最後因故而作罷。他到處建造離宮別館，僅首都咸陽四周的二百公里範圍內就有宮殿二百七十座，關中有行宮三百處，關外有四百多座。在興建的宮殿中，規模最大的是阿房宮。這座宮殿到底有多大，現在誰也說不清楚，據說前殿寬五百步，大約七百米，長五十丈，約一百一十多米，

裡面能坐一萬多人，大門用磁石做成，防刺客藏兵器入內。殿前排列著因沒收民間武器而鑄成的十二尊大型銅人像，高三丈，每尊各重千石，合三十四萬斤（約重三十噸至八十多噸）。阿房宮徵集七十萬人修建，不過還沒等到建造完成，嬴政就去世了。後來楚霸王項羽入關後放火焚燒，連燒三個月大火也燒不盡。

嬴政剛繼位便在驪山為自己建造陵墓，規模宏大，堪稱歷代帝王陵寢之最。墓高五十丈，遍植樹木，鬱鬱蔥蔥，形如山巒。墓室極深，下穿三泉，皆灌銅液堵住泉眼。頂部用珠寶裝飾成日月星辰，底部用水銀瀉地，看似江河湖海。上有天文，下具地理，機械轉動，巨燭照明。墓室內排列著百官次位，置滿了奇珍異寶，設置了巨大的石門和自發的箭弩，防止人盜墓。在陵墓一側的一千五百米處，有大型的兵馬俑坑，裡面陪葬著近萬尊真人大小的兵馬俑，被譽為世界第八大奇觀。據說嬴政下葬時為了可以繼續享受陽間的榮華富貴和防止洩密，將大批宮女和工匠全活埋在裡面，真是殘忍到了極點。這座墳墓前後修建了十多年，動用勞工也有七十多萬人。

中國第一位皇帝秦始皇生前大興土木，為自己興建大規模的陵墓，稱秦始皇兵馬俑，是中國第一個佈局講究、保存完好的皇帝陵寢，位於現今陝西省西安市臨潼區西陽村。1987年，秦始皇陵墓及兵馬俑坑被聯合國教科文組織列入《世界遺產名錄》。（圖片來源：FreeImages）

贏政特別喜愛出巡，為了兩個目的：一是到各地巡視，掌握情況，體察民情，壓制民怨，以壯皇威；還在各地鑿石刻字，為自己歌功頌德，樹碑立傳，據載他前後立過八塊刻石，其中六塊有具體內容，即《泰山刻石》、《瑯琊刻石》、《之罘刻石》、《東觀刻石》、《碣石刻石》和《會稽刻石》。二是他很迷信，他到處出巡，耗費巨大，就是想遇到仙人，如到瑯琊、之罘等沿海地方，除了刻石頌功，接觸到海上神仙傳說，期盼能長生不老，相信世上有讓人長生不老的仙藥。在這一點他確實很難讓人理解，或者說跟他能成就功業形成巨大的矛盾。成就功業必須明察秋毫，運籌帷幄，尊重科學，而贏政求神欲仙，幾乎到了喪心病狂的地步，這可能就是人的矛盾和局限。他出巡陣容龐大，前呼後擁，迎來送往，人吃馬餵，耗費巨大，而且是幹著一件非常荒唐的事情，被那些巫師、方士蒙在鼓裡。另外，秦始皇還修築長城，動用近百萬人。中國民間有個非常著名的「孟姜女哭長城」的故事，說贏政修築長城，捉走了孟姜女的丈夫，孟姜女千里尋夫，到工地知道丈夫已死的消息，痛哭不已，淚水衝垮了長城，這是對贏政暴政的血淚聲討和控訴。

贏政長期大興土木、各地出巡，老百姓能受得了嗎？政權能承受得起嗎？到贏政當政後期，幾乎到了怨聲載道、屍骨遍野的程度，整個國家長期徵用的徭役達三百多萬人以上。官逼民反，當然還有六國貴族的報復。韓國貴族後裔張良製作了個一百二十斤重的鐵錐（約三十公斤），在其巡查的路上欲置其於死地，但誤中副車，贏政逃過一劫，秦通令搜捕，使得張良隱姓埋名。一次，贏政穿著便衣在咸陽城閒逛，遭刺客刺殺，幸得左右奮力保護，才得以脫身。荊軻刺秦王失敗後，他的故友樂師高漸離易名進入皇宮，被贏政認出，贏政愛其技藝，並沒殺他，只是把他雙眼弄瞎；高漸離在一次演奏中，用注了鉛的筑（一種樂器）擊向贏政，但由於雙眼失明沒有打中，最後被殺。

秦始皇的暴行、苛政幾乎可以說到了登峰造極的地步，但後世有人認為這只是其偉大功勳的一個側面，最多只是造成其垮臺的原因，而且最後垮臺還要歸罪於秦二世。因為他開創了歷史，建立了第一個中央集權的封建制國家，功勳卓著，蓋世英豪，所以，其他都是不重要的，瑕不掩

瑜。但我們不禁要問，有功勳就能為所欲為嗎？有功之人的過錯乃至罪惡就不是過錯和罪惡嗎？就跟現今政績突出的高官貪污受賄，是念其功還是究其過，是歌其德還是斥其惡，恐怕不言自明。建立起的制度如果繁衍出的竟是罪惡、或者說不能阻止罪惡的發生，它能說是一種好制度嗎？它給百姓帶來如此的災難能說是先進的制度嗎？為什麼要建立這麼一種所謂推動歷史進程但毫無人性的制度呢？其實歷史上的暴君很多都幹過一些好事，甚至很有作為，如商紂王征討東夷，傳播文明；隋煬帝開鑿京杭大運河，而且詩詞寫得很好，極具文采；北齊的高洋修築遠至遼東的長城，但他們都是有名的暴君，給百姓帶來了巨大的災難。歷史要追究他們，絕不能僅僅因為他們建有功勳。因此，面對嬴政，在述其政績的同時，析其規制，究其人性，現其理念，是必須、也是必要的。

始皇三十七年（前 210 年），嬴政開始了他的第五次、也是最後一次出巡。從咸陽出發，先到雲夢（今洪湖、洞庭湖一帶），上九嶷山祭拜虞舜；再順江東下，到錢塘（今浙江杭州），上會稽山祭拜大禹；在會稽山刻石，經吳中（今江蘇吳縣）一路向北沿海至瑯琊、之罘。他總想在海邊遇到仙人或得到仙藥，但都失敗，便決定返回咸陽。七月，行至平原津（今山東平原附近）時，由於旅途勞頓，加上心情沮喪，嬴政病倒了。當時隨行的有左丞相李斯、中車府令趙高等人，還有其少子胡亥。嬴政感到末日將近，便給在北部監軍的長子扶蘇留下璽書，讓他急赴咸陽主辦喪事，並明確表示由扶蘇繼承帝位。璽書封好後放至趙高處，還沒來得及交予使者，大隊人馬行至沙丘（今河北廣宗西北）時，嬴政駕崩了。

李斯和趙高為了防止咸陽宗室爭奪皇位和各地叛亂發生，對外並未發喪，將嬴政的屍體放在輼輬車（喪車代稱）中繼續前行，因天氣炎熱，屍體開始腐爛。為掩人耳目，李斯命人在車上放鹹魚，一路上臭氣熏天，返回咸陽。途中，趙高勾結李斯矯詔立少子胡亥繼承皇位，逼死扶蘇。九月，為嬴政舉辦了隆重的葬禮，葬於事先修好的驪山陵寢。嬴政在位共三十七年，其中稱王二十五年，稱帝十二年，終年五十歲。

荒淫無道的 胡亥

秦二世

胡亥是秦始皇之子，秦朝的第二任帝王。秦始皇死於出巡途中，經趙高、李斯串謀矯詔擁立為太子，承襲帝位，稱秦二世。胡亥即位後對自己的二十多個兄弟姐妹大開殺戒，逼死本該繼位的長兄扶蘇；施行殘暴統治，重用趙高，奸佞當道；荒淫無度，聲色犬馬，還強調享樂的理由；致使社會矛盾激化，爆發陳勝、吳廣揭竿起義，秦朝很快歸於滅亡，他也成為世人唾罵的亡國之君，在位不足三年。

秦二世嬴胡亥之墓位於現今陝西省西安市曲江池，相比起秦始皇，其死後以庶民身份下葬，陵墓之規模也遠遠不及秦始皇兵馬俑。2010 年，陝西省重點文物保護單位以其墓地為基礎，擴建成秦二世皇帝陵遺址公園，以秦亡警示世人。（圖片來源：Wikimedia commons Violaynz）

沙丘之謀
登上皇位

胡亥生於秦滅六國的戰爭年代，是秦始皇的第十八子，也是最小的兒子。到秦始皇完成統一大業稱帝時，胡亥才九歲。因為其年齡小，又受父皇寵愛，不免有些頑皮、任性，喜歡搞些惡作劇。一次，秦始皇在殿中設宴款待群臣，將諸公子叫來一起用餐，胡亥也參加。按照朝廷規定，大臣們入殿拜見皇帝，都要將鞋子脫於殿外，當日入朝的大臣很多，門口擺滿了鞋子。胡亥進殿後很快吃飽，無心宴席上繁縟的禮儀，自己一個人跑了出來。他見周圍無人，竟將一排排擺列整齊的鞋子踢個亂七八糟，然後悄然離去，等大臣們出來見此情狀無不愕然。有人說此舉一如他日後的理政，局面被搞得混亂不堪，但他卻並不在意，甚至還很享受。

但以此而斷定胡亥從小就冥頑不化、像個混世魔王，似乎並不確切。他當時年紀尚幼，調皮搗亂並不足為怪。實際上他從小接受嚴格的貴族教育，學習各種知識，特別是倫理道德方面。在秦「焚書」以前，儒學思潮活躍，對諸公子們的影響也很大，長子扶蘇篤習儒學，胡亥也深受忠、孝、禮、義等信條的束縛。他在受教育的過程中有個人對他影響很深，即後來改變其命運的趙高。

有人說趙高是個宦官，也有人說他不是，依據是他為秦國（一說趙國）貴族的後裔，精通獄法，寫得一筆好字，被秦始皇看中並提拔為中車府令，即掌管皇帝車馬儀仗等事務的官員。秦始皇死後，他一手策劃了宮廷政變（沙丘之變），擁立胡亥，剪除政敵，做了丞相。宦官都是些下人，應不具備如此的素質。有的史籍之所以說他是宦官，是因《史記》記載「趙高兄弟皆生隱宮」、是「宦人」，後世以為他曾犯罪被處以宮刑，秦始皇使他官復原職，在世人眼中就成了宦官。

秦始皇讓胡亥從小跟趙高學習判案和書法，表明了對趙高的信任。趙高生性狡詐，善於迎奉，巧舌如簧，很會討胡亥的歡心，兩人的關係非同一般。但這並不等於像有些人理解胡亥從趙高奉行法家學說，推崇苛政

與殘暴；實際上斷獄與法家思想並不是同一回事，而且秦始皇實行專制更需要尊卑有序、令行禁止，不然他的統治根本無法維繫。宗室、包括趙高對胡亥的教育應該是多方面的，包括正統的倫理道德規範，這從趙高鼓動其篡位之初胡亥的表現能看得出來。

始皇三十七年（前 210 年），秦始皇安排右丞相馮去疾留守京師，自己帶了左丞相李斯、將軍蒙毅、中車府令趙高等人出巡，目的要尋找仙人及仙藥，以求長生不老。這是秦始皇晚年最大的奢望和癖好。這年胡亥二十歲，請求隨父出巡，秦始皇寵愛這個小兒子，加上有趙高陪同，秦始皇很痛快就答應了。這次出巡，秦始皇表現得格外虔誠，先去南方祭拜了虞舜和大禹，又一路沿海北上，期盼能遇見仙人。行至平原津（今山東平原附近），已歷時半年多，行程數千里，秦始皇身心疲憊，病倒了。他一邊派將軍蒙毅去祈禱山川神靈，一邊命大隊人馬返回咸陽。

秦始皇的病情日漸加重，當時宮中並未立太子，長子扶蘇在北部邊郡監軍，後事該如何安排？群臣們很心焦。秦始皇很忌諱「死」字，所以，沒有人敢向他提出後事安排問題，但隨著精氣日減，秦始皇意識到來日無多，死之將至，於是寫下詔書，命扶蘇把兵事移交將軍蒙恬，趕赴咸陽主持他的喪事，並明確將皇位繼承權交予扶蘇。詔書寫好、加蓋玉璽密封後，放於趙高處，但還沒來得及交給使者送出，秦始皇便死於沙丘平臺（今河北廣宗北）。

丞相李斯見秦始皇死，恐咸陽宗室爭奪皇位和各地發生叛亂，沒有對外發喪，將秦始皇的屍體放於輼輬車（喪車代稱）中，率大隊人馬趕緊返回咸陽。為了掩人耳目，命人在車中裝入大量鹹魚，以防人察覺到秦始皇的屍腐味。秦始皇的死訊只有李斯和趙高、胡亥及幾個親信知道，其他人並不知情，朝政仍按照平時運作。

李斯是文人、謀士出身，因助秦始皇建立政權而受到重用，官居丞相。此人雖心術不正，當初為爭權曾陷害和毒死了學問高於自己的同窗韓非，但畢竟做事還有些底線；照他所想要尊始皇遺詔，回咸陽擁立扶蘇，穩定局面，繼續推行他的治國思想，並無其他非分之想。但趙高可就不

同了，他為了不失去和要進一步掌控權力，竟想篡改詔書，另立君主。趙高知道扶蘇的思想很正統，他所倚重的是替秦國打天下的元勳蒙恬等人，但當初將趙高治罪的正是蒙恬的弟弟蒙毅。如果扶蘇繼承皇位，將意味著趙高政治前程的終結，甚至還可能丟掉性命。

但擁立誰為帝呢？趙高想到了隨隊出巡的胡亥。一來他年紀小，才二十歲左右，便於控制；二來他陪伴胡亥長大、教他獄法，原本關係就不錯。想法一出，他馬上去找胡亥，說：「皇帝駕崩，沒有留下分封諸位公子的詔書，只單獨賜給了長公子一封璽書。長公子一到咸陽就繼位為皇帝了，而你卻沒有獲封一寸土地，該如何辦呢？」胡亥聽後則本能地答道：「是啊，這是理所應當的。我聽說明君知臣，明父知子。現在父親死去，他不分封自己的兒子，有什麼可說的呢？」趙高說：「不對！現在如何安排天下，關鍵在於你、我和丞相三人，望你早作打算，別人對自己稱臣和自己向別人稱臣，控制別人和受別人控制，難道能同日而語嗎？」胡亥聽明白了趙高的意圖，但還是說：「廢兄而立弟，是不義也；不奉父詔而畏死，是不孝也；能薄而材譾，強因人之功，是不能也；三者逆德，天下不服，身殆傾危，社稷不血食。」由此可見，胡亥多年來接受的正統教育雖不能說根深蒂固，但起碼對他還有一定影響。

趙高在對話中，察覺到胡亥雖然拒絕，但並非不想代兄稱帝，而是擔心道義上的背負和譴責。於是他話鋒一轉，開始旁徵博引，發揮能言善辯的特長，他說：當年商湯和周武殺了君主，天下人都稱頌他們仁義；衛國君主殺父奪位，衛國人讚揚他道德，不算不孝；做大事的人不拘小節，有盛德的人不怕責備；顧小失大，必有後患；猶豫不決，定然後悔；果斷而為，鬼神也會躲避，定能成功。這一番話可謂有理有據，極有煽動性，把胡亥說得心動了，但他還是顧慮重重，說：「今大行未發，喪禮未終，豈宜以此事干丞相哉！」意思是秦始皇的死訊還沒公佈，喪事還未辦理，怎能在這個時候考慮繼位的事呢？趙高見胡亥態度有了轉變，嚴詞說道：「機不可失，失不再來，必須馬上行動！」

趙高心裡明白，另立君主僅憑他和胡亥是辦不成的，必須得到丞相李斯

的支持，於是他又跑到李斯的住處遊說。李斯一聽大為吃驚，臣子議論君主繼承可是大逆不道的事，於是堅決反對。但趙高並不慌亂、冷笑一聲說：「李丞相，您好好想想吧，論才能、功勞、謀略、在百姓中的威望以及長公子的信任，你比得上蒙恬嗎？長公子即位，必然要用蒙恬為丞相。屆時您就不能佩戴通侯的印綬、榮歸故里了。在秦國史上，丞相被罷免後命運都非常悲慘，甚至身首異處。如果您聽我的話，可以永遠封侯，世代稱孤；否則將禍及子孫，令人寒心。望丞相三思。」李斯經過一番權衡，終於同意了趙高的提議。這就能看出李斯人格的弱點了，他很有主張、有見解、也有立場，但由於貪慾，終難於抵制誘惑，結果以害人或者跟著別人害人開始，最後以害己告終。實際上任何害人的人概莫如此，趙高最後也落得同樣的下場。

接下來的事情就變得很簡單了：趙高從李斯處回來後立刻改口稱胡亥為太子，三人合計毀掉原來的詔書，稱秦始皇遺詔丞相立胡亥為太子；又假造遺書，蓋上玉璽後，日夜兼程送往北部邊郡給扶蘇和蒙恬。假遺書上斥責二人戍邊十幾年，不但沒立戰功，反而屢次上書肆意非議朝政，扶蘇更是對不能回京城做太子而耿耿於懷，怨恨不已；蒙恬對扶蘇的行為不進行勸說，是對皇帝的不忠，因此將兩人賜死。

扶蘇讀到假詔書，淚如泉湧，雖覺得委屈，但還是進到內舍準備自殺。蒙恬覺得事有蹊蹺，他跟隨秦始皇數十載，功勳卓著，受命率三十萬大軍鎮守邊郡，由長公子監軍，是對他們二人極大的信任，怎可能命他們自殺呢？這其中是否有詐？他勸扶蘇先不要自殺，再請示一下，如果確實再死也不遲。使者在一旁很著急，不斷催促，扶蘇為人敦厚，他對蒙恬說：「父親命兒子死，還何必再請示呢？」於是拔刀自刎。蒙恬不肯立刻死去，深疑其中有詐，據理力爭，使者見此情景，將其關進了陽周（今陝西子長北）的監獄，回去覆命。趙高、胡亥和李斯聽說扶蘇已死，非常高興，急忙返回咸陽，發佈秦始皇駕崩的消息，接著胡亥舉行了即位大典。趙高升任郎中令，全面掌管宮中警衛，成為了重要的決策人物。

大開殺戒
沉於享樂

由秦始皇建立起來受世人稱頌的秦王朝，首任皇帝傳位便被一個掌管皇室車馬禮儀的人輕易地就篡改和操縱了，拋開其治政、恤民不講，僅此便能看出其制度的巨大漏洞和缺陷，開啟了中國封建史上帝王傳承的序幕，成為其封建統治過程中最為黑暗、醜陋、隱秘和混亂的部分。

胡亥即位後所面臨最大的問題是人們對遺詔真偽的質疑，其實也用不著多疑，連傻子也能看出其中的疑點。如何消除大家的懷疑，是胡亥所必須要做的。趙高行挑唆：「陛下您是先皇幼子，卻登上皇位，各位公子和大臣想必都在起疑，而諸公子是陛下的兄長，大臣都是先帝任命，他們都心懷不滿、不服氣，恐怕將來會引起暴亂。蒙恬、蒙毅兩兄弟多年北防匈奴，現在雖然入獄，但人還未死。一想到這些，我就很驚恐，怕性命難保。而陛下您何以高枕無憂呢？」

胡亥自然也意識到了問題的嚴重性，忙問趙高該怎麼辦？趙高答：要使法律更為嚴酷苛刻，讓犯罪的人連坐受誅，甚至滅族；罷免大臣，疏遠兄弟，除掉先帝任命的官員，換上陛下的親信。換言之就是用高壓、鐵血的政策，讓人們懼怕而不敢妄加評說和行動。趙高得意地說：「這樣便可以剷除禍害，杜絕奸謀，德歸陛下，群臣擁護。到那時，陛下便可以盡享人間之樂了。」胡亥聽後猶如醍醐灌頂，立刻按照趙高所言修改律令、嚴酷執法，並向前朝諸大臣和兄弟骨肉大開殺戒。

首先遇難的是蒙氏兄弟。蒙恬、蒙毅是秦朝的開國元勳，勇武善戰，很有威望。蒙恬在扶蘇賜死後被關進了監獄，蒙毅受命禱告山川而歸，胡亥原本仍想沿用二人為將，衛國戍邊，可是趙高早年因犯罪時受過蒙毅的制裁，一直懷恨在心，一定要將二人置於死地，便捏造謊言，說先帝早想立胡亥為太子，因蒙毅諫阻而未能實現。對此，胡亥的叔父子嬰進行勸諫，列舉戰國諸侯殺害忠良、禍國殃身的先例，勸諫胡亥不要殺害蒙氏兄弟。不過胡亥不聽勸告，更打消了任用二人的想法，將蒙毅也關

胡亥
秦二世

進了代郡（今河北蔚縣一帶）的獄中，先後逼殺了二人。蒙恬臨死前對使者說：「我蒙氏三代以來為秦國積功，深受信任。現在我領兵三十多萬，雖然身在獄中，但要叛亂的話也不難。然而，我卻不欲違先人的教誨，不欲忘先主的恩德，所以自知不反抗必死，仍要堅守忠義。臣之所以說此番話，並不是請求赦免死罪，而是希望能盡為人臣子之責，向陛下您進諫而死，希望陛下能為百姓而思考怎樣做才是為政的正道。」使者說自己只是受命前來執刑，不敢將蒙恬的說話傳達給秦二世。蒙恬聽後仰天長歎：「我有什麼得罪了上天，竟然沒有犯錯就要死嗎？」不久，蒙恬就服毒自盡。

接著，其他大臣也相繼遭受其害。胡亥命趙高負責審訊，搜羅一眾大臣的罪名，結果大批朝臣被處死。期間，左丞相李斯、右丞相馮去疾、將軍馮劫聯合向胡亥進諫，希望能減少賦稅徭役，紓解民困；胡亥拒絕，並將三人治罪，關於獄中。馮去疾和馮劫認為「將相不辱」，相繼自盡，其親友大都受到牽連，就連擔任宮廷警衛的親近侍臣也難倖免。在殺戮群臣的同時，趙高則乘機安插自己的親信，其弟趙成擔任中車府令，女婿閻樂任咸陽縣令，其他如御史、謁者、侍中等要職都安排了他的人。在胡亥看來，他重用趙高，趙高安排親信，就等於間接地控制權力，還落得清閒。

胡亥連親生骨肉也不放過，先後幾次殘害兄弟姐妹。例如有一次，他在咸陽的市集上，下令將他十二個兄長集體處以砍頭之刑，血漿四射，觸目驚心；又在杜縣（又名杜郵亭，今陝西咸陽東）的刑場上，先將六個兄長處死，後來下令將十個姐姐處以分裂肢體之刑，血肉狼藉，慘不忍睹。而公子將閭等三兄弟平時行為謹慎，一時找不到罪名。但欲加之罪，何患無辭？胡亥將其囚於內宮，派使者去說：「你們不像臣子，該論罪處死，行刑官馬上來執行。」將閭說：「宮廷之禮，我們從來不敢失儀；廊廟次位，我們從來不敢失節；受命應對，我們從來不敢胡說。我們哪裡不像臣子？但願可以清楚罪名再死！」使者答：「我不能參與論罪，只是執行使命而已。」將閭仰首呼天三遍，大叫：「天啊，我沒有罪！」然後三人抱頭痛哭，拔劍自刎。

大臣和公子們被殘害後，財產籍沒，受牽連的人不可勝數。公子高見到兄弟姐妹都慘遭毒害，自知也難免一死，逃走又怕連累家人，便上書一封，向胡亥請求為父皇殉葬驪山，胡亥見後大喜，馬上准允，並賞錢十萬。在眾多兄弟當中，公子高算是唯一的「善終」者了。

胡亥即位伊始本來還有心承襲父業，再展宏圖。於是他厚葬始皇、續修阿房宮、效法父皇巡遊天下，當然這對老百姓來講並非好事。在他即位的第二年（前 209 年），南巡到會稽（今浙江紹興），北巡到碣石（今河北昌黎北），最後從遼東（今遼寧遼陽）返回咸陽。在出巡途中，趙高又教唆胡亥：「陛下這次巡遊天下，應該趁機樹立自己的威信，對那些不聽話的官吏格殺勿論，這樣您才能獲得至高無上的地位。」結果胡亥一路上不問青紅皂白，隨意誅殺，弄得各級地方官吏惶恐不安、人人自危。

胡亥很快便厭倦了這種奔波，隨之享樂、淫蕩的慾念迅速浮現。一次，他對趙高說：「人生如同飛奔的馬瞬間穿過牆的縫隙一樣快，如今我好不容易當上皇帝，想盡心享樂，愛卿你怎樣看呢？」這當然正合趙高的心意，如果胡亥只顧享樂，趙高便可以隨心所欲地竊弄權力，於是大加稱許，推波助瀾。

胡亥又去問李斯，如何才能長久地享樂下去，他對李斯說：「我曾經聽韓非說，堯治天下時，用茅草做房，用野菜做湯飯，冬天裹鹿皮禦寒，夏天穿麻衣透涼。到大禹治水時，東奔西走，勞累得大腿掉肉、小腿脫毛，最後客死異鄉。如果帝王要做到這樣，真的是他們的初衷嗎？帝王應該不會希望過貧寒的生活，這大概都是那些貧窮的書生提倡的吧。既然得到天下，就應取天下間的財物來滿足自己的慾望！如果連自己也沒有得到好處，哪有心思去治理好國家呢？愛卿，你對此有什麼良策？」

李斯為了與趙高爭寵，同時進一步強調他在秦始皇時期就提出的政治主張，寫了一篇〈行督責書〉，呈奏胡亥。「督」即督查，「責」是治罪，「行督責」就是用獨斷專行、重罰酷刑來控制臣民，實行極端殘酷的血

腥統治。他在文章的最後說：「只要推行督責之術，皇帝就能想得到什麼就得到什麼。到時候群臣、百姓躲避過失還來不及，怎麼敢圖謀不軌呢？如果這樣，也就完備了帝道，精通了君臣之術，即使韓非再生，也不能超過。」李斯這篇文章對當時及後世產生了非常壞的影響，使老百姓深受其害，他自己最後也咎由自取，自食其果。

有了趙高、李斯的縱容，胡亥便開始肆意放縱，整日燈紅酒綠、夜夜笙歌、淫慾無度、根本無心朝政；同時大興土木，徵募大量民工續建阿房宮和驪山墓地，以致在全國幾乎再無民力可徵；調動五萬士卒到京城咸陽駐守；讓各地向咸陽供給糧草，而且禁止運糧人在路上吃咸陽周圍三百里以內的糧食，必須自帶口糧；除常年的徭役外，百姓的賦稅日益加重，最終導致陳勝、吳廣揭竿起義，不少地方紛紛響應；被秦國滅掉的六國後裔也重新打出了反秦的旗號，各地稱王割據的不計其數；陳勝的屬將周文領兵十萬直奔函谷關，秦政權風雨飄搖。

濫行苛政
孤家寡人

胡亥只顧享樂，對當時所處的險惡形勢茫然不知。使者從關東歸來，向他報告了地方造反的情況，胡亥根本不相信，反將使者治罪。他召來一眾博士，聽取他們對此事的看法。大家都說問題很嚴重，應當發兵鎮壓，胡亥甚為惱火。這時候補博士叔孫通揣摩到其心思，說：「天下根本就沒有叛亂，先皇早已經拆毀了城牆，熔鑄了天下兵器，有陛下您主理朝政，有嚴明法令行於天下，國泰民安，怎麼會有人造反呢？現在陳勝、吳廣這些人只不過是鼠竊狗盜而已，根本毋須擔心。」

胡亥聽了很高興，誇獎叔孫通說得好。然後又問其他博士，有的說陳勝是「盜賊」，有的則說是「造反」。結果說「盜賊」的都沒事，說「造反」

的均遭治罪，理由是「非所宜言」，即說了不該說的話。他賞給叔孫通一套衣服，二十四帛，任命為正式博士官。經過此事，再沒有官吏敢說草寇「造反」的事，凡問起關東的情況，都說是盜賊搶劫，郡縣正在追捕，不值得擔憂。胡亥繼續整日沉醉於天下無憂的幻想和享樂之中。

趙高了解胡亥的心思，同時為了達到擅權的目的，對胡亥說：「天子之所以高貴，是因為只許群臣聞聲，而不准他們見面，故稱為『朕』。況且陛下年輕，經驗不足，也應該少和大臣們見面，以免在他們面前暴露自己的弱點。不如讓我及朝中精通政務的侍臣協助理政，陛下只需聽取彙報，國家便能長治久安。」胡亥聽後居然認同，取消了朝會制度，自己整日深居於宮禁之中，放手朝政，盡情享樂。

趙高意識到要專權必須除掉李斯這個對手，儘管他們在擁立胡亥時是盟友，但李斯是秦朝治國方略的制定者，與他同為丞相，擁有很大的權力，又得胡亥的信任，是他專權道路上的最大障礙，於是暗中策動對李斯的誣陷、攻擊，以挑動胡亥對李斯的不滿。他假造李斯的三項罪名：一是李斯原來參與了擁立胡亥即位，但之後總抱怨說自己不受重用，想和胡亥分土為王；二是李斯的兒子李由任三川郡守，陳勝作亂經過三川郡時，李由不進行積極的鎮壓，是因為他和陳勝是鄰縣的同鄉，聽說二人還時有書信來往；三是李斯作為丞相，權力過大，超過了皇帝，但還不滿足，似乎有異心。

胡亥聽了趙高的話，並未立即拘捕李斯，一則是因為無真憑實據，二則念在李斯有擁立之功，只是派人監視李斯。李斯知道這件事後非常氣憤，上書揭發趙高，說趙高就像戰國時齊國的田常，如不及時剷除，遲早要殺君篡位。田常，又名田成子、田恆，是齊簡公時的丞相，他殺齊簡公和右相監止，立簡公的弟弟為平公，自任相國，獨擅國政。胡亥看過奏書後對李斯說：「哪有的事？趙高是我的故人，他行為清正，在平安時不放肆，在危險中不變心，以忠得升，以信守職，我認為他很好，你卻懷疑他，這是為什麼？我少年喪父，所知甚少，缺乏治國經驗，而丞相你又年邁，說不定哪一天將辭世，我不託付於趙君，又靠誰呢？況且趙

君精明能幹，對下熟知人情，對上能順我心，請丞相不必懷疑。」李斯再行爭辯，胡亥根本聽不進去，甚至怕李斯加害於趙高，悄悄將情況告訴了趙高。趙高說：「丞相忌恨的只有趙高，趙高一死，他便可以放膽做田常所做的事了。」

李斯的控制慾很強，總想用自己的思想影響甚至駕馭他人，其中自然也包括胡亥，這就形成了君臣關係上的某種錯位。君主需要思想或理論，但只是作為統治的工具，而不是作為羈絆和束縛。李斯總想找胡亥闡釋自己的治國理念，特別是「督責之術」，而負責安排大臣覲見皇帝的趙高便有意安排他在胡亥擁挽嬌娥、燕樂狂歡之時進言，弄得胡亥很厭煩，再經趙高大肆挑撥，胡亥下令將李斯逮捕入獄，並交由趙高處置。

這下算是羊入虎口了，獄中李斯身戴刑具，仰天長歎，後悔當初不該為虎作倀、殘害忠良。趙高對李斯施予重刑，李斯忍受不住，只得一邊供認「罪行」，一邊給胡亥上書申訴。但申訴書都落入趙高手中，趙高便派出親信假冒胡亥的使者複查，李斯一改口供，便遭致更慘重的毒打。後來胡亥真派使者前來時，李斯誤以為又是趙高的人，堅持假供，使者回報胡亥，胡亥得意地說：「沒有趙君，朕就被丞相賣了。」於是判處李斯死刑，夷滅三族。

二世二年（前208年），李斯被押赴咸陽刑場。當他走出獄門，想起自己早年在上蔡的布衣生活，感慨萬分，對身後的次子說：「我真想再跟你手牽黃狗，從故鄉蔡城的東門出發，追逐野兔，可是現在又怎麼能回到從前呢？」父子相視痛哭，這可能是那些落難的奸佞、貪官臨死前共有的想法，但世上沒有後悔藥。李斯被處以極刑，先在臉上刺字（黥面）、割鼻（劓），然後砍掉左右腳趾（斬左右趾），再用藤條或荊條活活打死（笞殺之），最後斬首示眾（梟其首），並將屍骨搗爛（菹其骨），將其屍肉當作可以食用的肉在市集上賣（肉於市），名為「具五刑」。李斯力主的「督責之術」殘害百姓，最終自食其果。

趙高從此大權在握，越加肆意妄為，橫行朝野，為了彰顯淫威、打壓異

己，竟演了一齣「指鹿為馬」的鬧劇。二世三年（前 207 年），在一次朝會上，趙高牽來一隻梅花鹿奉獻給胡亥，並說這是一匹好馬。胡亥聽了不禁啞然失笑：「丞相開什麼玩笑，這明明是一隻鹿，怎麼說是馬呢？」趙高仍然堅持說是馬，說胡亥不信可以詢問在場的大臣。一眾大臣因懾於趙高的權勢，很多人都附和說就是馬，只有少數耿直、不滿趙高的人說是鹿，有的則裝聾作啞。趙高暗中記下眾臣的不同態度，事後將堅持說鹿的人一律找藉口殺掉，而說馬的人則視為貼己。

歷經此事，胡亥以為自己受蠱惑而迷亂，於是叫來太卜占卦，太卜說是因為他祭祀時齋戒不夠虔誠而引致。胡亥便到上林苑裡重新齋戒，開始還能堅持，到後來又再耽於享樂。有一次，胡亥誤將進入苑中的人射死，趙高知道後借題發揮，叫女婿閻樂向胡亥上奏，有人無辜被殺後，屍首被扔到苑中。然後趙高對胡亥說，皇帝射殺無罪的人是上天不允許的事，鬼神會奉命降災，建議他到別處暫避。胡亥非常害怕，乖乖住進咸陽城外的望夷宮中，而趙高在朝中更加無法無天，儼然像皇帝一般。

此時陳勝的軍隊已逼近咸陽，胡亥終於知道了真相，慌了神。他聽從章邯的建議，讓其率領釋放的驪山刑徒出戰迎敵。這些刑徒常年從事體力勞動，身體強壯，剛剛被釋放，士氣很高，在章邯的率領下，打了不少勝仗，戰勝了陳勝和項梁的部隊。但項羽破釜沉舟與章邯決戰，秦軍失利。章邯向胡亥求救增援，但是卻遭到趙高的拒絕。章邯蒙受猜忌、心灰意冷而投降了項羽，從此秦軍變得不堪一擊，大秦社稷危在旦夕。

這時胡亥才如夢初醒，知道以前聽信趙高所說天下太平純屬一派胡言，以致形成了如此混亂的局面，他不由得埋怨趙高，派使者去責問。早有篡位之心的趙高知道事情不妙，於是乾脆先下手為強。他部署掌管宮廷警衛的郎中令、弟弟趙成做內應，派女婿閻樂率領上千人，謊稱捉盜賊，直闖望夷宮，進行逼宮。

胡亥見此陣勢，要求見趙高，被閻樂一口回絕；胡亥又表示願意讓出帝位，只做一郡之主，也被拒絕；他再求只做一萬戶侯、甚至做一草民，

閻樂依然不允，胡亥見求生無路，追悔莫及，只得抽劍自刎。他在位三年，終年二十四歲，死後以黔首（即百姓）的禮節埋葬於杜南（現陝西西安西南）的宜春苑中，無謚號和廟號。

漢代

前 206-220

西漢

包括王莽和更始帝，前 206-25

知人善用的劉邦

漢高祖

前 202 - 前 195

劉邦是漢王朝的開國皇帝，是中國封建制度及漢文化的偉大開拓者。他出身「布衣」，卻登上了權力的巔峰；他不諳軍事，卻剿滅秦室、打贏了楚漢之戰；他沒有執政的經歷，卻很快扭轉了秦末出現的社會危機，將國家帶入鼎盛；他少年不喜歡讀書，卻構建起了中國封建文化的基本框架，而且他本身就極具文化內涵。而這都要歸功於他的「知人善用」，照他的話說：論運籌帷幄、決勝千里，我不及張良；論治理國家、撫慰百姓、供給糧草，我不及蕭何；論領兵百萬、決戰沙場、百勝不殆，我不及韓信；但我能做到知人善用，發揮他們的才幹，所以能贏取天下。

漢高祖劉邦像

出身布衣
沛中豪傑

劉邦生於周赧王五十九年（前256年），字季，泗水郡沛豐邑中陽里（今江蘇徐州豐縣）金劉寨村人。父親名煓，共有兄弟四人，他排行第三，有兄弟劉伯、劉仲和劉交。傳說其母在夢中與神交合，當時雷鳴電閃，天昏地暗，父親見到其母有蛟龍附體，不久便生下了劉邦。小劉邦相貌隆準，面有奇異，左腿上有七十二顆黑痣，當然這都是後人的杜撰。

年少的劉邦不喜讀書，他與同年同月同日生、後跟隨他征戰、創業的盧綰一同被送到馬維先生開辦的馬公書院讀書，他經常翹課，屢遭老師訓斥；長大後不喜歡到農田幹活，整日遊逛，酗酒貪色，父親斥他為「無賴」，不如二哥劉仲能操持家業，但他依然我行我素。日後劉邦問鼎天下，還拿此事跟父親開玩笑：「您認為我和劉仲比較，到底誰創下的基業大？」

劉邦性格豪爽，喜歡結交朋友。當時秦始皇統一中國，他通過考試當上了泗水亭長。亭長是個管十里以內地方的小官，這使得他有機會接觸到當地的官吏，而且混得很熟，當時結交的有蕭何、樊噲、任敖、盧綰、周勃、灌嬰、夏侯嬰、周苛、周昌等人，後來都成為了他征戰天下、建立王朝的左膀右臂和功臣。這也使得他對人生有了新的感悟和期頤，在一次送徭役去咸陽的路上，碰到秦始皇大隊人馬出巡，遠遠看去，規模宏大，氣勢威儀，極度奢華，他羨慕地脫口而出：「嗟乎，大丈夫當如此也！」

執行公務返回，劉邦結了婚，妻子是單父（今山東單縣南）人呂公的女兒。呂公原本並不住在沛縣，因與沛令的關係好，為躲避仇家而搬了過來。呂公剛到沛縣時，當地豪傑為其接風，達官貴人紛紛前來拜賀。因來客多，負責操持的主吏蕭何宣佈凡賀禮不足一千錢者坐之堂下。劉邦也來拜賀，兜裡一分錢也沒有，卻對迎客者說：「我出賀錢一萬。」迎

劉邦
漢高祖

客者趕忙跑進去通報呂公，呂公出門迎接，見劉邦相貌出眾，儀態不凡，十分敬重，便拉他到堂上就坐。席間，二人談笑風生、推杯換盞；酒後，呂公示意請劉邦留下，提出願將自己的女兒嫁予他。呂公的老伴聽後很不情願，說：「你總想將女兒許與貴人，沛令善公，求之不與，何自妄許與劉季？」呂公答：「此非女子所知也。」這突如其來的好事讓劉邦欣喜不已，滿口答應，很快便與呂公的女兒呂雉成婚。呂雉即後來的呂后，她為劉邦生下了一兒一女，女兒為魯元公主，兒子即後來的惠帝。

劉邦身為亭長時，不時要告假回家幫助家人打理農田。一次，呂后和孩子們正在田中鋤草，一老者經過討要水喝，呂后予之，不知是出於感激還是真有所見，老者說呂后及孩子們生有「貴相」。老者剛走，劉邦到來，呂后將此事告之，劉邦忙問人在哪？呂后說：「未遠。」劉邦追上了老者問，老者說：「夫人嬰兒皆似君，君相貴不可言。」劉邦聽了非常高興，說：「如果真如您老所言，我一定不會忘記您的大德。」日後劉邦騰達，卻始終未能再找到這位老者。

始皇末年，劉邦以亭長的身份又一次送役徒去驪山。一路上，役徒們紛紛逃跑，劉邦估計到驪山也就跑得差不多了，在豐邑西的大澤裡休息，他喝了不少酒，借著酒勁把役徒們全放了，說：「你們快點逃走吧，自此我也要遠走他鄉了！」役徒們見他仗義，有十多個人願意跟他一起走。一行人夜裡通過一片沼澤，走在前邊的人回來報告：「前面有條大蛇擋在路中，請從其他地方繞行。」劉邦聽後很不高興，說：「大丈夫走路，有什麼可怕的！」他帶頭走上前，見到大蛇便拔劍砍下去，將大蛇斬成兩半。劉邦隨眾人繼續往前走了幾里，酒勁來了，躺在地上睡去。後來趕到的人到了斬蛇的地方，見一老婦在哭，問之，老婦答：「有人殺了我的孩子。」問：「你的孩子在哪裡被殺？」老婦說：「我的孩子是白帝之子，變成蛇，擋在路中間，如今被赤帝之子殺了，我是為此在哭啊！」人們以為老婦胡言，欲訓斥，老婦忽然不見了。這時劉邦正好醒來，人們把剛才的事告之，劉邦心中暗喜，追隨他的人則對他另眼相看。

秦始皇常說「東南有天子氣」，所以曾多次東巡，以壓住邪氣。劉邦砍

殺了大蛇，又聽有「天子氣」之說，便感到自己可能負有這種神異之氣，甚至懷疑秦始皇就是衝著他來的，於是，他帶著跟隨他的役徒藏匿在芒碭山（今河南永城縣東北）。誰知他無論藏到哪裡，呂雉或其他人都能很快找到他。劉邦疑惑不解，問之，呂答：「凡你藏身之處，天空都有五彩祥雲。」劉邦聽後竊喜。這種說法很快傳開，而且越傳越遠，沛縣及附近的人紛紛慕名前來，劉邦的身邊慢慢聚集了一大批人，他也成為了人們公認的沛中豪傑。至於「赤帝之子」和「天有祥雲」之說是否屬實，是捕風捉影還是有意編造，或者兼而有之，人們自有明判。

關中稱王
鴻門脫險

秦二世元年（前209年）七月，陳勝、吳廣在大澤鄉（今安徽宿縣）起義，提出「伐無道，誅暴秦」的口號，攻佔陳州（現在河南淮陽），陳勝稱「王」，建立了「張楚」政權，一時間各地紛紛響應。此時，沛縣縣令為保全自己，也響應起義，手下主吏蕭何和獄掾曹參建議將沛縣流亡在外的人召回，既可以增加力量，又可以凝聚人心。縣令同意，便命劉邦的摯友樊噲將他找回來。這時劉邦已聚集了數百人，聽後便帶著人趕回沛縣。但縣令開始後悔了，他怕劉邦回來後難以控制，說不定還會被殺，等於引狼入室。於是他下令關閉城門，預備捉拿蕭何和曹參。蕭何和曹參知道後逃到城外，劉邦命人將書信用弓箭射入城內，鼓動城內的百姓聯手殺了這個出爾反爾的縣令，一起保衛家園。百姓們平時就不滿這個縣令，結果衝進衙府殺之，開城門迎接劉邦入城，推舉他為沛公。劉邦半推半就地「順從」了民意，設祭壇，立赤旗，自稱赤帝之子，帶領民眾舉起了反秦的大旗，蕭何、曹參、樊噲等分頭招兵買馬，很快便發展到兩三千人。此時為秦二世元年（前209年）九月，劉邦四十八歲。

在劉邦起事的同時，原楚國貴族後裔項梁、項羽叔侄也於吳中（今江蘇

吳縣）起兵，殺死會稽郡守，組成了一支八千人的江東子弟兵。其他六國貴族都紛紛起事，自立為王。陳勝楚軍的主力在周立的率領下攻入關中，至戲（今陝西臨潼東北），全國反秦鬥爭進入高潮。

劉邦起兵後即進攻胡陵（今山東金鄉縣東南）、方與（今山東金鄉縣北），得勝後回守豐邑。秦泗水郡監率兵圍剿，劉邦出戰，秦軍大敗。劉邦命雍齒留守，自己率兵攻薛（今山東藤縣東南），與泗水守軍激戰，大勝，殺泗水郡守。

此時，陳勝的「張楚」政權遭受挫折，秦將章邯反擊周文，經過兩次大戰，楚軍失敗，周文自殺；章邯又擊敗田臧、李歸所率圍困滎陽的楚軍；接著，章邯向楚都陳縣進逼，陳勝親自迎戰，失利後敗退至下城父（今安徽蒙城西北），被車夫莊賈所殺。陳勝死後，其部將召平假借陳勝的名義拜項梁為上柱國（相當於丞相），讓其渡江迎戰章邯。此時，楚國主要靠項梁支撐。

這裡要講一下「楚國」與「張楚」政權的關係。楚原是戰國七雄之一，秦滅六國後建統一帝國，楚已不復存在。陳勝建「張楚」政權，自稱「楚王」，打的是楚國的旗號。為什麼呢？一則原楚國被秦滅亡時很無辜，能博得世人的同情；二則楚當初頑強抵抗秦的進攻，愛國熱情高漲，有血性，不像齊國屈就秦國，最後也落得亡國的下場；三則陳勝起義於楚地，「張楚」即張大楚國的意思。而項梁、項羽兩叔侄是以楚國貴族後裔的身份出現，這樣就將二者聯繫在一起。

此年十二月，劉邦也遭挫折。魏國派周市向豐、沛進攻，對留守豐邑的雍齒勸降，雍齒本就不服劉邦，在威逼利誘下投降了魏國，反過來為魏守豐邑，使劉邦失去了根據地。劉邦立即率兵攻打，沒攻下，只得回到沛城。翌年正月，劉邦聽說在留縣（今江蘇沛縣東南）的陳勝部將秦嘉立原楚國貴族景駒為楚王，便向秦嘉借兵聯合圍攻豐邑，但仍未攻下。

四月，項梁率領的楚軍到薛縣，此時其已擁有六七萬人。聽說秦嘉擅立

景駒，項梁率軍進攻，將二人殺死。劉邦聞訊前來投奔項梁，項梁給其士卒五千，劉邦再攻豐邑，拿下，雍齒逃奔於魏。六月，項梁知道陳勝確實已死，在薛縣召集各部將領聚會，立原楚懷王熊槐之孫熊心為新楚懷王，定都盱眙（今江蘇盱眙）。此時，章邯已攻滅魏國和齊國。七月，楚軍經過休整，開始向秦軍反攻，項梁率主力攻佔亢父（今山東濟寧市南），大破章邯於東阿（今山東陽谷東北）；項羽和劉邦率偏師攻克城陽（今山東菏澤東），大敗秦軍於濮陽（今河南濮陽西南）之東。章邯幾受攻擊後固守濮陽，劉邦和項羽轉攻定陶（今山東定陶西北），未下，又攻雍丘（今河南杞縣），大敗秦軍，斬殺了三川郡守李由，即原秦相李斯之子。

楚軍的接連勝利使項梁驕傲起來，聽不進不同意見。九月，章邯得秦關中援兵，乘其不備夜襲定陶，楚軍大敗，項梁被殺。此時劉邦和項羽正在進攻陳留（今河南開封東南），聞訊後即刻率軍回守，與將軍呂臣將楚懷王從盱眙遷至彭城（今江蘇徐州），呂臣屯彭城之東，項羽屯城之西，劉邦屯城西北。不久，楚懷王命劉邦為碭郡（治所在今河南夏邑東）長，封武安侯；封項羽為長安侯，食邑為魯，號魯公；封呂臣為司徒，其父呂青為令尹（相當於丞相）。

章邯擊殺項梁後，認為楚軍對秦已不構成威脅，於是渡河進攻趙國。此時趙歇為王，張耳為相，陳餘為將。他們迎戰秦軍，被章邯打敗，只得退守巨鹿（今河北平鄉西南）。章邯派王離、涉間重兵包圍，趙王歇派人向楚懷王求援。楚懷王接到求援信，和眾將商議決定兵分兩路：一路以宋義為上將軍，項羽為次將，范增為末將，北上救趙；一路以劉邦為將，西進關中。楚懷王曾和眾將約定：「先入定關中者王之」。當時秦軍強大，誰也不願意搶著入關，只有項羽為了給叔叔報仇，請求和劉邦一起入關。但楚懷王和老將們認為項羽為人彪悍殘暴，不及劉邦寬厚通融，便沒有同意項羽的請求，只派劉邦獨自率軍入關。

閏九月，劉邦率軍從碭郡出發，首戰告捷，在成陽、杠里（今山東範縣西）大破秦軍；十二月，與魏將皇欣、武蒲聯合作戰，再破秦軍。次年

劉邦
漢高祖

二月，劉邦北攻昌邑（今山東巨野東南），未下；西過陳留（今河南杞縣西），有一小吏酈食其求見，說能幫助劉邦成就大業。劉邦問此吏何許人也？手下說看其舉止打扮像個儒生。劉邦對讀書人向來懷有偏見，曾在讀書人的帽子裡撒過尿，於是對手下說請代我謝之，說我正忙於天下大事，沒時間見讀書人。酈食其聽後十分惱火，「啪」一聲將劍拔出，說：「回去稟告，我不是什麼讀書人，是一高陽酒徒！」酈食其遂被領入帳中，劉邦正讓兩個女僕為其洗腳，沒有起身，酈食其很不高興，說：「足下若真想誅滅暴秦，就不該這樣坐著接見一個長者。」劉邦見酈食其仙風道骨，儀態不凡，便向其道歉。酈食其獻計劉邦，先襲取陳留，說：「陳留為天下要衝，城中又多積粟。我和陳留縣令相善，願為勸降，若他不聽，你可舉兵攻之，我為內應。」劉邦聽取建議，次日攻克陳留，封酈食其為廣野君，封其弟酈商為將，領陳留兵。此即「高陽酒徒」的典故，後被泛指那些放蕩不羈的嗜酒人。

劉邦一路西進，六月，與南陽郡守呂齮戰於犫（今河南魯山東南），呂齮戰敗，退入宛城（今河南南陽）。劉邦包圍，呂齮絕望欲死，其門客陳恢越城求見，勸劉邦收降呂齮，官封原職，說這樣既可發宛城之兵西進，又可沿途招降守城的秦將。劉邦接受了建議，封呂齮為殷侯，陳恢食邑千戶。結果劉邦一路高歌，丹水（今河南淅川西）、胡陽（今河南唐河南）、析縣（今河南內鄉西北）、酈縣（今河南內鄉東北）的守將紛紛受降。

八月，劉邦攻入武關，向咸陽逼近。秦相趙高殺秦二世，派人向劉邦求和，劉邦拒絕。九月，秦王子嬰即位，誅滅趙高，派兵在嶢關阻擊劉邦。劉邦繞道於藍田打敗秦軍。十月，抵達咸陽東郊的灞上（今陝西西安東），子嬰見大勢已去，乘白馬素車、頸繫白綾、手捧璽綬投降。秦朝至此滅亡，共立國十五年零四十七天。

漢王元年（前 206 年）十月，劉邦得意洋洋地進入咸陽，以「關中王」自居。看到富麗堂皇的宮殿，準備就此住下，盡享其樂。樊噲規勸，說天下未定，勿忘秦朝前車之鑒，劉邦不以為然。張良親自來勸，說：「秦

朝統治殘暴無道，才使你能進入關中。你想為天下革除暴政，必先以樸素為資。現在剛剛入秦，就貪圖享樂，這是『助桀為虐』。忠言逆耳利於行，樊噲的話雖不中聽，但為奪取天下，望聽從他的勸告。」劉邦醒悟，聽取了二人的勸告，封秦重寶財物府庫，還軍灞上。

十一月，劉邦召集當地名士宣佈：「我們此次入關，目的是推翻秦朝暴政，不會侵犯你們；你們苦於秦苛政已久，誹謗者族，偶語者棄市；我和你們約法三章：殺人者死，傷人及盜抵罪，原來秦之苛法一律廢除，所有官吏和行政都保留。」此舉贏得了廣大民眾、士紳的支持，許多百姓攜牛羊酒肉慰問義軍。

一個名叫鰍生的謀士獻計，說：「秦的財富十倍於天下，地形險固。聽說章邯已投降項羽，被封為雍王，王關中。他們如果來了，你恐怕就做不成關中王了。應當趕快派兵守住函谷關，不讓他們入關。」劉邦聽後覺得有理，立即派兵駐守函谷關。

宋義、項羽和范增接受救趙任務率軍北上。行至安陽（今河南安陽西），宋義按兵不動，停留了四十六天之久。急切之下，項羽殺了宋義，被諸將推為臨時大將軍。楚懷王只得認可。項羽渡河救趙，下令破釜沉舟，以示同秦軍血戰到底的決心，結果楚軍將士以一當十、銳不可當，與秦軍大戰九回合，殺蘇角、虜王離、涉間自焚而死；項羽乘勝在漳南、污水（今河北臨漳）再破秦軍；秦將章邯投降項羽，受封雍王；項羽在新安（今河南澠池東）坑殺了秦軍降卒二十餘萬。

項羽打敗秦軍主力後，也率軍直奔關中。十二月，項羽來到函谷關，見城門緊閉，聽說劉邦已平定關中，大怒，立即命令當陽君英布攻破函谷關，率四十萬大軍直入戲下（今陝西臨潼東北戲水西岸）。劉邦的左司馬曹無傷看項羽強大，暗中派人向項羽挑唆：「劉邦想在關中稱王，讓秦子嬰做相國，將所有秦國珍寶據為己有。」項羽聽後怒火中燒。項羽的謀士范增看出了劉邦的威脅，勸項羽盡快除掉這個對手。項羽下令犒勞士兵，準備第二天一早向劉邦進攻。

此時的劉邦根本無法與項羽相比，他只有十萬軍隊，不可能抗衡項羽的四十萬大軍。但這時有一個人「救」了他，即項羽的叔叔項伯，此人與張良相好，見項羽要進攻劉邦，便連夜潛入劉營找到張良讓其逃走，以免喪命。張良說他作為劉邦的謀臣，逃走的話不能不跟劉邦打招呼，便把消息透露給劉邦。劉邦在驚慌之餘向張良討計，張良請劉邦趕緊向項伯說明自己並無與項羽爭奪王位的野心。劉邦便趕忙找到項伯，酒肉相待，說：「我入關之後，不敢拿取分毫，還登記吏民，封存府庫，等待將軍（指項羽）到來。所以遣將守關，是為了防備盜賊和意外。我日夜盼望見到將軍，怎麼敢反叛呢？望您能向將軍解釋。」談話間還與項伯約為兒女親家。項伯答應了請求，讓劉邦第二天去向項王賠禮。項伯連夜返回了項營，將劉邦的話轉告，說：「沛公先行為我們掃除了障礙，我們才得以順利入關。沛公是有功勞的人，我們不應該猜疑他，應真誠相待。」項羽聽後，便取消了進攻劉邦的計劃。

次日，劉邦只帶樊噲、張良和一百名親兵，來到了項羽所屯的鴻門（今陝西西安郊外鴻門堡村）。見到項羽即行賠禮，說：「我和將軍您合力攻秦，將軍戰河北，我戰河南，沒想到我能先入關，在這裡與將軍再次相見。現有小人說我的壞話，使我們之間產生了誤會。」項羽說：「這是你左司馬曹無傷所言，不然我怎麼會這樣做呢？」說罷引劉邦入席，在座的有項伯、范增和張良。席間，范增幾次示意項羽下令殺掉劉邦，項羽都默然不應。無奈之下，范增找來大將項莊舞劍為酒宴助興，欲借機行刺；項伯看出了玄機，也拔劍起舞，多次用身體保護劉邦，使得范增的計謀未能得逞，此即「項莊舞劍，意在沛公」的典故。

張良見到情況緊急，忙從帳外召來樊噲，進行威懾。劉邦藉故抽身出來，丟掉車乘，自己騎馬，樊噲、夏侯嬰、靳強、紀信等人跟隨步行從小道返回灞上。張良估計劉邦已返，才向項羽告辭，說：「沛公喝多了，不能向您告辭，謹使我獻大王白璧一雙，奉范將軍玉斗一對。」項羽問：「沛公現在何處？」張良答：「沛公恐大王責怪，已返回軍中。」項羽接過白璧放在座上，范增則將玉斗重重地摔到地上，拔劍擊碎，說：「豎子不足與謀！將來奪取天下的一定是沛公，我們都快成為他的俘虜了。」

劉邦回到營中，立刻殺了曹無傷，此即「鴻門宴」的故事，後人常以此來形容不懷好意的宴請。

鴻門宴後，項羽進入咸陽，殺秦王子嬰，燒阿房宮，掠財物婦女，然後東歸。漢王元年（前206年）二月，項羽尊楚懷王為義帝，將其發配江南；自立為西楚霸王，轄梁、楚九郡，都彭城；封了十九個諸侯王，劉邦被封為漢王，領巴、蜀、漢中四十一縣，都南鄭（今陝西南鄭）；同時將秦降將章邯、司馬欣、董翳分別封為雍王、塞王和翟王，領關中地，以扼制劉邦。劉邦忍氣吞聲地接受了封號，領兵赴南鄭；並聽從張良的建議，將通往漢中的棧道燒毀，以示不再東出爭奪天下的姿態。至此，始於陳勝的反秦浪潮終了，歷時三年的戰亂暫告平息。

楚漢爭雄
平定諸侯

劉邦雖到南鄭，但並不甘於只做漢王。可勢單力薄，也只能屈就，這是實力對比的法則。但是機遇很快來了，劉邦所率士卒不服漢中水土，東歸心切，他必須做出決斷；而項羽分封不均，齊國貴族後裔田榮起兵反叛，趕走了齊王，自立為齊王。這便使劉邦有了與項羽一爭高下的機會，並開始著手準備。

此時蕭何向劉邦推薦了韓信，說：「必欲爭天下，非信無可與計事者。」韓信是位軍事奇才，也是很有故事的人物，他曾有「胯下之辱」、「一飯千金」等典故，征戰中又創造出「背水一戰」、「置之死地而後生」、「拔旗易幟」、「十面埋伏」等經典戰例，真可謂攻無不克，戰無不勝。但他跟隨劉邦到南鄭並未受到重用，只做了個管糧草的小官，失望之餘便偷偷地走了。蕭何聽說後連忙去追，即「蕭何月下追韓信」，追回後極力向劉邦推薦，劉邦這才任命他為大將。韓信建議：「我們的軍吏和

漢高祖 劉邦

士兵都是山東（函谷關以東）人，他們日夜期盼東歸，借助這股士氣，可以建立大功。我們應當立即決策，率軍東進。」劉邦聽了很高興，讓韓信全權部署作戰計劃，此即「築壇拜將」。

漢王元年（前206年）五月，劉邦以蕭何為丞相，留守巴蜀，自己和韓信率領大軍表面上修築棧道，實際上暗中奔襲雍王章邯把守的陳倉（今陝西寶雞東），即「明修棧道、暗渡陳倉」，結果擊敗章邯，逼降司馬欣、董翳，很快佔領了整個關中，楚漢戰爭正式爆發。

田榮在東起兵稱王，劉邦在西平定三秦，一下子打亂了項羽的部署，項羽立鄭昌為韓王以拒劉邦，命將軍蕭公角攻打田榮的部將彭越，自己則率軍攻打齊、趙。漢王二年（前205年），正當項羽與齊、趙激戰時，劉邦率軍前往中原，聲勢浩大，河南王申陽投降，劉邦置河南郡；鄭昌頑抗，被韓信擊敗後投降。劉邦還都櫟陽（今陝西櫟陽），頒令只要敵軍將領率萬人投降，就能獲封為萬戶，還開放秦原來的苑囿園池，給百姓開墾為農地耕種。

項羽尊楚懷王為義帝，發配江南，但並不滿意，漢王二年（前205年）十月，又派英布將其殺害。劉邦聽取新城（今河南商丘南）董公的建議，借為義帝發喪之機聯絡各方諸侯，聲討項羽。次年四月，劉邦率五十六萬聯軍伐楚，很快攻下彭城。項羽聞訊後即率三萬精兵回師，當劉邦還在置酒慶功，便被項羽打得落花流水。漢軍沿谷、泗二水逃走，被追殺十幾萬人；接著被項羽追至靈壁（今安徽宿縣西北）東濉水，溺水淹死了十幾萬人，「濉水為之不流」，此即「一敗塗地」的成語。劉邦僅與數十騎兵逃脫，在路上遇到兒女，而父親和妻子被楚軍所俘；各諸侯見劉邦節節敗退後紛紛叛離，反楚聯盟很快瓦解。

六月，劉邦退兵至滎陽，一路上徵收殘兵，派韓信於京、索之間擊敗了楚軍的追兵，蕭何從關中派來了增援兵馬，才得以喘息。他開始重整旗鼓，依託關中豐沛的物產和有利的地勢與項羽對峙。七月，劉邦對於廢丘的章邯進行攻擊，引水灌城，守將投降，章邯自殺；又派人遊說英布

反楚，聯絡彭越擾楚後方；再派韓信開闢北方的戰場，俘魏王豹，破代，滅趙殺陳餘，俘趙王歇。

項羽決定反攻，圍困滎陽，形勢危急。劉邦採取陳平之離間計，使項羽猜忌范增，范增怒而歸鄉，結果沒走到彭城便因背生瘡而死。項羽圍剿劉邦，劉邦派紀信假扮成自己向楚軍詐降，他就乘機逃脫，項羽沒能捉到他，氣得燒死了紀信。項羽加緊圍攻滎陽，並奪取成皋（今河南滎陽汜水鎮）。

劉邦與項羽多次交戰，雙方互有勝負，交替佔領滎陽、成皋。漢王四年（前 203 年），兩軍對峙於滎陽東北的廣武山，項羽為了逼迫劉邦投降，將俘獲的劉邦老父劉煓帶到陣前，對劉邦說：「如果你不趕快投降，我就把你父親烹了。」劉邦竟一點也不在意地說：「我和你曾受命懷王，『約為兄弟』。我的父親就是你的父親，如果你要烹了他，請看在兄弟的情分上分我一杯肉羹。」從此能看出貴族和平民、君子與流氓之間的差別了。項羽氣得發暈，要當場殺掉劉煓，項伯相勸：「究竟誰能得天下仍不知道，況且奪天下者並不顧家室，即使殺了劉煓也不起作用，只會增加仇恨。」項羽只得作罷。

不久，項羽向劉邦單獨挑戰，要「一決雌雄」，劉邦笑而回絕，說：「我和你只鬥智，不鬥力。」他歷數項羽十大罪狀：「你負約，令我於蜀漢為王，是一罪；殺卿子冠軍（宋義）以自尊，是二罪；救趙後本當還報，卻率兵入關，是三罪；燒秦宮室，私收其財，是四罪；殺秦降王子嬰，是五罪；坑秦降卒二十萬，是六罪；分封不均，是七罪；趕義帝出彭城，自己為都，是八罪；暗殺義帝，是九罪；為人臣而殺主，為政不平，是十罪。我率領義兵和諸侯一齊來誅滅殘賊，又何苦與你單獨挑戰呢？」說得項羽惱羞成怒，張弓搭箭射中了劉邦的胸部。劉邦為了不影響士氣，竟握著腳說：「你這個賊虜居然射中了我的腳趾。」項羽無奈，只得返回軍中；劉邦因箭傷嚴重回到了成皋城中。

雙方對峙了十個月，劉邦糧草充裕，韓信在濰水之戰採取迂迴戰略，殲

滅齊、楚聯軍，又派灌嬰領兵直奔彭城；項羽糧道被斷，腹背受敵，兵將疲憊，在辯士侯公的說和下，雙方約定以鴻溝（今河南滎陽、中牟、開封一帶）為界，「中分天下」，西屬漢，東歸楚，即中國象棋中的「楚河漢界」，項羽送還了劉邦的父親和妻子。

楚漢之約後，項羽率兵東去，劉邦本也想引兵西還。但張良、陳平進諫，說：「我們現在已據有大半天下，各諸侯又向我們歸附，楚軍已經兵疲糧盡，這正是天要亡楚之時，如不藉此機會消滅項羽，將會養虎遺患。」劉邦警悟，遂下令全力追擊楚軍。

漢王五年（前 202 年）十月，劉邦在陽夏之南追上項羽。派人與韓信、彭越約期會師，共擊楚軍。但到了固陵（今河南太康西），韓、彭兩軍未至，項羽攻擊劉邦，劉敗，只得堅壁固守。劉邦問計，張良說，若能封王韓、彭，二人肯定會全力出戰。劉邦遂派人通告韓、彭，只要合力擊楚，打敗項羽後即封他們為齊王和梁王。兩人立刻回報：「我們馬上進兵。」此時，楚大司馬周殷被劉邦勸降，淮南王英布也帶兵前來助陣。

十二月，劉邦、韓信、彭越、劉賈、英布等統領各路大軍，約七十萬兵馬，與久戰疲頓的十萬楚軍決戰於垓下（今安徽靈璧縣南）。漢軍以韓信居中，將軍孔熙、陳賀為左右翼，劉邦跟進，將軍周勃斷後。韓信揮師進攻，採用誘敵深入的戰法，前軍詐敗，引兵後退，命左、右翼軍包抄攻擊楚軍後部的步軍，將其與前部的騎士分割成兩半，韓信再指揮全軍反擊，楚軍大敗，四萬餘人陣亡，兩萬人被俘，兩萬人潰散，僅餘下不足兩萬殘兵隨項羽退回營中，被漢軍重重包圍。

楚軍兵疲糧盡，夜晚，韓信命令漢軍士卒高唱楚歌，云：「人心都向楚，天下已屬劉；韓信屯垓下，要斬霸王頭！」項羽以為楚地都已被漢軍佔領，甚為悲慟，命人牽來心愛的坐騎「烏騅馬」，喚來美人虞姬與其一同飲酒，項羽吟道：「力拔山兮氣蓋世，時不利兮騅不逝。騅不逝兮可奈何，虞兮虞兮奈若何！」虞姬和道：「漢兵已略地，四方楚歌聲。大王意氣盡，賤妾何聊生？」唱罷含淚自刎。此即「四面楚歌」和「霸王

別姬」的典故。

項羽擦乾淚水騎上駿馬，率八百騎兵連夜突圍而出。劉邦發現後，令灌嬰率五千騎兵追擊。項羽渡過淮河，只剩下一百多人；行至烏江（今安徽和縣境）被灌嬰追上，身邊只有二十八騎。有一亭長願意帶他逃至江東，重振霸業，遭項羽拒絕。項羽率領身邊餘下的二十八騎，大戰漢軍，殺敵數百人，二十八騎最後戰死沙場，項羽自刎而死，其情景格外壯觀。項羽一生中扮演了英雄和大丈夫的角色，儘管是一位悲情英雄，但其豪邁的氣概和「寧為玉碎，不為瓦全」的精神，是中華民族的寶貴財富，絕不能只用「成王敗寇」來詮釋。楚漢之戰以劉邦的勝利而告結束。

漢王五年（前202年）二月，劉邦兌現承諾，封韓信、彭越為楚王、越王，二人聯合原來所封的燕王臧荼、趙王張敖及長沙王吳芮等人上書，請劉邦即位稱帝。劉邦假意推辭，眾人云：「大王您雖出身貧寒，但帶領群眾掃滅暴秦，安定天下，功勞超過多位諸王，稱帝絕對是眾望所歸。」劉邦便順水推舟：「既然您們都這樣認為，如果我稱帝是有利於天下吏民，那就照你們的意思辦吧。」二月二十八日，劉邦在山東定陶舉行登基大典，都洛陽，國號漢，史稱西漢；立呂雉為皇后，劉盈為太子。劉邦總結自己取勝的原因：我在某一方面不如張良、蕭何、韓信，但我能做到知人善用，發揮各自的才幹，所以能取天下；而項羽只有范增一人能用，又對其猜疑，這是他最終失敗的原因。

此時有個齊國被派往西地的戍卒婁敬進言：洛陽雖處於天下之中，然戰亂頻仍，經濟不穩，民怨四起，定都洛陽利小弊大；反觀關中一帶地區民富土沃，被山帶河，地勢險要，易守難攻，應該定都關中，以保國家長治久安。張良也支持婁敬的提議，於是劉邦決定建都長安。劉邦賜婁敬「劉」姓，任郎中，成為建漢初期的重要謀臣。從此前及日後的經歷看，劉邦特別善於聽取別人的意見，他是一步步靠採納正確意見和建議而走向成功的，一則反映出他海納百川、包容乃大的情懷；二則體現出他集思廣益、汲取多方意見的智慧和態度，他是站在眾人的肩膀上而成就霸業的。

劉邦
漢高祖

劉邦即位後，所面臨的是諸多社會問題及秦末以來所遺留下的殘破局面，新生的政權需要穩固，百廢待興，百業待舉，他採取了一系列措施，展現出極高的洞察、分析、駕馭和掌控能力。

首先要解決的是威脅皇權的多種勢力。當時新建的王朝有幾大勢力存在：一是盤踞於各地擁兵自重的異姓王；二是大大小小對於建漢有功、爭權邀賞的諸多將領；三是可能與皇權分庭抗禮的丞相；四是經秦打擊但依然擁有能量和野心的原六國貴族。劉邦在滅秦和楚漢戰爭中，分封過多位異姓諸侯王，他們分別是楚王韓信、梁王彭越、淮南王英布、趙王張耳（張耳死後子張敖繼）、燕王臧荼（後由盧綰繼）、長沙王吳芮和韓王信。這些異姓王對於漢朝的創立建有大功，坐擁一方有很高的威望和強大的勢力，劉邦在很大程度上是依靠或利用這些人而享有天下的。但江山初定，易幟劉漢，這些人擁兵氣盛，並不把朝廷放在眼裡，該如何處置，是劉邦所必須要抉擇的。是念舊情，姑息縱容；還是翻臉絕義，斬草除根，劉邦選擇了後者，這與其說是他個人的選擇，不如說是封建專制的必然抉擇，他可不管你是否真有異心和是否忠奸，一概滅你沒商量。從人性的角度講，這絕對屬於忘恩負義和恩將仇報，但政治可是不講人性或不以人性來考量的。

最先收拾的是韓信。高祖六年（前 201 年），有人告發韓信謀反。劉邦問眾臣怎麼辦？答曰發兵討伐。但陳平反對，說楚國兵精糧足，韓信善用兵法，發兵不會有好「果子」吃，建議劉邦以「巡遊雲夢」為由，讓各路諸侯王到陳縣（今河南淮陽）聚首，屆時韓信出席，再捉他問罪。劉邦依計行事，將韓信捉住。韓信聽到對他的指控後大聲喊冤：「古人云：『狡兔死，良狗烹；高鳥盡，良弓藏；敵國破，謀臣亡。』現天下已定，我這樣的人自然早該被烹殺了。」劉邦將之押至洛陽，但並沒有確鑿的證據，只得放人，降韓信為淮陰侯，韓信懷恨在心。次年，韓信謀劃安排陳豨在外地叛亂，令劉邦前去平息，自己在都城襲擊太子和呂后，但事情敗露，呂后採用蕭何的計謀，將韓信誘騙入宮拘捕，將其斬於長樂宮鐘室，留下了「成也蕭何，敗也蕭何」的典故。

有韓信在先，其他異姓王自然都難逃「身敗名裂」的下場。這些異姓王除了韓信之外，原本都是地方或降將勢力，無一是豐、沛的舊人，也就是說並非劉邦的嫡系。當初他們抱著「參股」的想法伐楚，事成後自然想得到回報。在他們眼中，與劉邦並非父子關係，而是兄弟的關係，這自然是劉邦所不願看到的，所以對這些人痛下毒手和翻臉不認人便成為了必然。與此同時，劉邦認為秦是由於不分封子弟而招致孤立敗亡，所以他稱帝後便分封了一批劉姓諸侯王，這些諸侯王其實比異姓王也好不到哪裡去，依然會對皇權構成威脅。

按照論功行賞的原則，劉邦加冕後封了蕭何等二十餘人的官職。其他將領因互不服氣，相互爭功，劉邦也就沒有再封官。一次，在洛陽南宮，劉邦見眾將圍坐一起，似乎在商量著什麼，問張良，答他們在謀反。劉邦問為什麼？張良說因為他們怕今後得不到高官。劉邦問怎麼辦？張良問他最不喜歡誰？答雍齒。雍齒當年隨劉邦起事，叛離後又歸附，為人張狂，但有功，劉邦才沒殺他。張良便讓劉邦封雍齒為侯，這樣眾將便會安心。劉邦於是封雍齒為什邡肅侯，並當場命丞相和御史趕緊擬出論功封賞的名單，眾將這下便不再聚眾鬧事了。劉邦又接受妻敬關於強幹弱枝的建議，將原關東六國豪門貴族的後裔十餘萬口遷徙到關中居住，置於朝廷的直接控制之下，消除了其對政權可能帶來的威脅。

雖然經歷了秦短暫統治及秦末戰爭，但人們心中仍未形成忠君的觀念，依然保持著戰國以來「士無常君，國無定臣」的思想，不利於皇權的統治，劉邦欲進行改變。蕭何從豐沛跟隨劉邦，鞍前馬後，嘔心瀝血，建漢後出任丞相。政權穩定後，劉邦感到丞相權力過大，越俎代庖，便產生了要除掉蕭何的想法，但又找不到恰當的理由。一次，劉邦平定英布叛亂回到長安，蕭何提議開放上林苑，讓百姓耕種。上林苑是供皇帝狩獵的地方，因常年不用，基本上已經荒蕪。劉邦聽後覺得不爽，硬說蕭何是受商人賄賂，假借百姓之名為商人牟利，將蕭何關進獄中。有大臣問蕭何犯了什麼罪，劉邦說：「李斯任秦國丞相時，凡有功勞都歸於始皇，自己承擔不好的事。相較之下，蕭何卻接受商人賄賂，為他們請求我開放上林苑，收買人心，所以要治他的罪。」這真是「欲加之罪，何

患無辭」，劉邦就此削弱了相權，強化了皇杖。

劉邦是個很講孝道的人，當年雖有「分我杯羹」之舉，但那是與項羽鬥爭的策略。他即位後與父親住在一起，每五天去拜見一次。劉太公並沒覺得什麼，但屬下感覺不合適，就勸太公：「俗語說天無二日，國無二主，皇帝雖是您兒子，但他是人主；您雖為其父，但是他的子臣。讓人主拜見您這個子臣，不合禮儀。」此乃父權與皇權之間的矛盾。於是，太公等劉邦再來拜見時，便提著掃帚相迎，倒退著進屋，不給劉邦行禮的機會。劉邦不解，去攙扶父親，太公說：「皇帝您貴為人主，不能因為我而破壞了國家的禮法。」劉邦便下詔尊太公為太上皇，這樣不但保持了皇帝的威儀，又能順理成章地拜見父親。劉太公在皇宮中生活久了，有些悶悶不樂，劉邦問由，侍從答：「太上皇以前在家鄉與親朋好友相處，常以踢球、鬥雞、喝酒為樂，現在沒人陪，所以悶悶不樂。」劉邦便在皇宮附近為父親蓋起了一座新豐城，將家鄉的親朋鄰居遷來，老太公高興了。

劉邦和項羽爭天下時，季布和丁公是項羽手下的大將。季布曾領兵幾次將劉邦打敗，丁公領兵追擊過劉邦，最後放過了他。劉邦稱帝後，開始記恨季布，將其捉捕，但想到季布是位忠臣，便放了他，還封為郎中；丁公是季布的舅舅，見季布都能做官，他對劉邦有恩就更不在話下了，可沒想到劉邦卻將他捉起來，對眾人說：「丁公做項羽的將領時不忠，就是他這種人令項羽失了天下。」於是處死了丁公。劉邦此舉是為了警示大家要做忠臣，而不要學丁公。

其次在政治、經濟、文化、軍事等方面採取措施，恢復經濟，促進社會發展。在政治上，繼承秦朝的中央集權制和郡縣制，史有「漢承秦制」之說，同時廢除了秦朝的嚴刑酷法。劉邦攻入咸陽時，即廢除了秦之苛法，平定天下後，命蕭何參照秦朝法律「取其宜於時者，作律九章」，制訂漢律（即《九章律》，又名「漢律九章」）。前六章與秦律基本上相同，即戰國李悝所訂《法經》六篇（盜法、賊法、囚法、捕法、雜法、具法），後三章補充了戶律（戶口管理、婚姻制度和賦稅徵收）、興律

（主要規定徵發徭役、城防守備）和廄律（主要規定牛馬畜牧和驛傳方面）。劉邦奉行的法治思想是以教化為主，刑罰為輔，寬柔相濟。劉邦用叔孫通整理朝綱，命他制定出一套切合時弊的政治禮儀制度，撰寫《漢儀十二篇》、《漢禮度》、《律令傍章十八篇》等著作，為建立和鞏固漢朝起了非常重要的作用。

在經濟上，劉邦實行「無為而治」、「與民休息」的策略，為百姓提供了休養生息的機會。實行十五稅一，降低田租；釋放奴婢，凡民以飢餓自賣為奴婢者，皆免為庶人；「兵皆罷歸家」，豁免復員回家士兵的徭役，繼續推行秦代按軍功授田宅的制度；規定商人不得衣絲乘車，並加重租稅；鼓勵生育，以增加勞動人口；大力推動農業生產，打擊商人及奴隸階級。一系列的政策大大減輕百姓的負擔，民心得以凝聚，社會經濟很快恢復，穩定了封建統治秩序。

在文化上，劉邦大力推行各種基礎建設。劉邦年輕時放蕩不羈，鄙視儒生，稱帝後，認為自己是馬上得天下，《詩》、《書》等並沒有什麼用處。大臣陸賈進言：「馬上得之，寧可以馬上治乎？」劉邦醒悟，命蕭何修律令，韓信申軍法，張蒼定章程，叔孫通制禮儀，陸賈造《新語》；建立起規模宏大的「國家圖書館」天祿閣、石渠閣等。高祖十二年（前195年）十二月，劉邦出巡回京師長安，專程到曲阜以隆重的太牢（豬、牛、羊三牲各一）之禮祭祀孔子，這是中國史上第一位親臨孔府祭奠的君主，同時也開啟了歷代帝王祭孔的先例。

在軍事上，安撫周邊。秦亡後，匈奴乘亂重新佔據河南地（今內蒙古河套地區）；漢初，匈奴不斷擾邊入侵，高祖六年（前201年），韓王信向匈奴投降。翌年，劉邦親身率兵北伐匈奴，在白登（今山西大同東北）被三十餘萬匈奴騎兵圍困七日，後來採用陳平的計謀，重賄冒頓單于的閼氏，開通其中一角，劉邦才得脫險。此後，劉邦對匈奴採取和親政策，開通漢朝與匈奴之間的關市，允許雙方買賣，緩和關係。

劉邦為奪取天下，出生入死；為鞏固皇權，費盡心機；他本來年紀大，

劉邦 漢高祖

漢高祖劉邦稱帝後，將父親劉太公從家鄉豐邑接到都城長安居住，劉太公思鄉心切，
於是劉邦將長安街道改建成豐邑的樣子，又將豐邑居民遷至此。圖為清人唐岱、孫祜
等合繪的《慶豐圖》局部。

又在楚漢之戰中又受過箭傷，終於在平定英布叛亂、回到長安後病倒。呂后找來名醫，劉邦問病情，醫生說可以治好，劉邦自知病情嚴重，說道：「吾以布衣提三尺劍取天下，此非天命乎？命乃在天，雖扁鵲何益！」說完賞賜醫生五十金將其打發。在劉邦彌留之際，呂后問他：「日後蕭何死後，相國一位該由誰來接替？」劉邦說曹參。呂后再問曹參之後如何，劉邦答：「王陵可以接任，但其智謀不足，同時由陳平輔佐他；陳平雖足智多謀，但不能當機立斷，此時可用周勃為太尉，他雖不擅辭令，但為人忠厚，日後劉氏江山安定與否亦須靠他。」呂后再問以後的事，劉邦有氣無力地回答：「你不會知道以後的事了。」劉邦於高祖十二年（前 195 年）四月駕崩，享年六十二歲，葬於咸陽東窯店鎮之長陵，諡號高皇帝，廟號太祖。司馬遷在《史記·高祖本紀》中稱其為高祖，後世沿用。

漢惠帝

宅心仁厚的劉盈

前195-前188

劉盈是漢朝的第二位帝王，年少繼位，弱冠賓天，屬於一個過渡性人物。他承得大漢基業，在曹參等人的輔佐下，堅持「與民休息」，並小有調整和改革，使社會穩步發展。他為人宅心仁厚，頗有善念，然而這些都被其母后呂雉的攬權擅政、兇殘暴虐所遮蔽，以致在人們心目中他是一個懦弱昏庸的人，實際上並非如此，是呂后敗壞了他的名聲。

漢惠帝劉盈像

童年顛沛
儲位不穩

劉盈生於秦始皇三十七年（前 210 年），父親是高祖劉邦，母親是高后呂雉。他是高祖和呂后唯一的兒子，即嫡長子，另外還有幾個同父異母的兄弟，是高祖與外婦或妃嬪所生，有齊王劉肥、淮陽王劉友、趙王如意、梁王劉恢、燕王劉建、淮南王劉長和代王劉恆。他還有一個胞姐，即長公主，死後謚魯元公主，嫁給了當時繼為趙王的張耳之子張敖，而公主的女兒、即劉盈的親外甥女，後來則成為了他的皇后。

劉盈出生時父親是家鄉沛縣的泗水亭長，有事時忙些雜務，比如送徭役赴咸陽等地為朝廷興修土木，沒事時則回到家中務農。劉盈從小便跟姐姐幫父母到田裡幹活，做些除草之類的工作，生活雖然艱辛，但平實而穩定。如此的經歷使劉盈從小便懂得生活的不易，知道心疼父母，在田間與鄉里接觸，養成了與人為善的性格。一次，他在田間工作時發生了「老夫相面」的事情，一老者見呂后及劉盈姐弟倆甚為驚異，說他們面有貴相，家中定出貴人。小劉盈當然不解其中的奧秘，想不到父親日後能成為君主，更想不到自己能繼為天子。這裡要說一句，劉盈的母親呂氏是個很強勢也很能幹的人，家庭主要靠她支撐和打理，從小對劉盈姐弟倆管教甚嚴，這成為劉盈稱帝後出現那樣一種政治格局的原因。

劉盈所處的穩定生活很快被打破。一次，高祖奉命押送當地役徒赴驪山修建皇陵，因役徒大量逃跑而怕被追究，便帶了跟隨他的役徒藏匿在芒碭山。從此，劉盈很少能與高祖見面，整日跟著母親和姐姐在老家擔驚受怕，四處避難。高祖隨反秦浪潮揭竿而起，發展起一支武裝力量，統領漢軍攻入咸陽滅秦，成為「關中王」；反秦鬥爭隨即衍化為楚漢之戰，漢王三年（前 204 年）四月，高祖率五十六萬聯軍伐楚，被項羽打得「一敗塗地」。

高祖僅與數十騎逃脫，路上遇到了劉盈姐弟，便帶他們一起逃命，高祖

的父親和呂后則被楚軍俘虜。姐弟倆被放在高祖乘坐的車上，道路崎嶇，顛簸不已，高祖唯恐楚軍追來，不停催促，車夫拼命地抽打馬匹。高祖逃命心切，為了使車子跑得快些，他竟將劉盈姐弟倆踢下車去，太僕夏侯嬰看不過去，急忙跳下車將姐弟倆抱起，重新放回車上；高祖又將二人踢下，夏侯嬰再抱起，這樣重複了三次。夏侯嬰憤憤地說，車子只能跑這麼快，少兩個孩子又能起多大作用？高祖聽後不再堅持，劉盈姐弟倆這才算保住了性命。

對於高祖此舉眾人看法不一，有的說大丈夫以天下為重，不惜兒女情長；有的則說他為了逃命不顧親情，缺乏人性；更有人對高祖與劉盈的血緣關係起疑，並具體計算劉盈五歲，高祖「立為漢王」，其出生應在高祖藏匿於芒碭山的日子，所以根本跟劉盈幫家人務農、「老夫相面」等不吻合；儘管當時呂后經常能觀祥雲找到高祖，但高祖對姐弟倆的態度實在令人費解，而高祖逃到安全地方時，毆打夏侯嬰洩憤更令人疑惑重重。

但之後的事情似乎沖淡了人們的懷疑，劉盈姐弟被送到漢軍的根據地關中，終於擺脫了那種惶恐不安的日子。漢王二年（前205年），劉盈被立為王太子，住於櫟陽（今陝西臨潼），名為留守，實則由丞相蕭何照看。漢王五年（前202年），高祖打敗了項羽稱帝，劉盈被立為皇太子，時年八歲。

劉盈的儲位並不穩固，這主要取決於高祖的態度。高祖認為劉盈天性仁弱，才華平庸，不像自己；而趙王如意聰明伶俐，英武練達，所以欲廢掉劉盈而立如意。其實真正的原因是高祖寵愛戚夫人，日漸疏遠年老色衰且性格彪悍的呂后，而如意是高祖與戚夫人所生，戚夫人時常在高祖面前撒嬌哭求，高祖便動了心思。至於劉盈的長相像與不像高祖是否有另一層含義，就不得而知了。

高祖十年（前197年），高祖召群臣廷議廢立太子事，遭到很多大臣的反對，御史大夫周昌情緒激動，他是高祖沛縣起事時的元老，是個結巴，說：「臣口不能言，然臣期期（口吃語）知其不可。陛下欲廢太子，臣

期期不奉詔！」高祖見此也只得暫時罷議，但並未放棄廢太子的想法。呂后非常焦急，她不肯坐以待斃，失去問鼎權力的重要籌碼。那怎麼辦呢？她找到老謀深算的張良，張良說可以請出高祖所敬仰的「商山四皓」幫忙。所謂「商山四皓」是秦末漢初的四位著名學者，即東園公唐秉、用里先生周術、綺里季吳實和夏黃公崔廣。他們頗有威望，均不願混跡官場，長期隱居於商山（今陝西商洛境內）而得名，呂后便想辦法找到了四老。

一次，高祖設宴群臣，命太子劉盈作陪。高祖坐定，劉盈及群臣們相繼入席，高祖發現劉盈身後有四位白髮老人跟隨，一問之下才知是「商山四皓」；「四皓」上前叩拜：「我們聽聞太子劉盈是個仁人志士，孝順父母，禮賢下士，便同來作太子的賓客。」高祖見劉盈竟有如此賢人輔佐，驚覺其「羽翼已成」，遂不再提廢立太子的事。高祖十二年（前195年），淮南王英布謀反，高祖準備讓劉盈率部出征，劉盈年少，根本無法統領將帥，勝則再無高位可進，敗則責任難當，於是「四皓」出面斡旋，讓高祖收回成命，改為親征。不想高祖歸來重病不起，不久駕崩，劉盈得以繼位，時年十六歲。

蕭規曹隨
持續發展

劉盈即位後任用高祖時的老臣，沿襲建漢以來的治國方略，使社會持續發展。高祖當年因怕相權過大，功高蓋主，找藉口囚禁了蕭何，說他出讓御苑給世人耕種是為商人謀取利益，邀買人心。幸好有個叫王衛尉的人，平日素敬蕭何的為人，對高祖勸諫：「秦朝正因君臣猜忌才招致滅亡，給了陛下機會。陛下若疑忌蕭何，不但淺視了他，也看輕了陛下自己呀。」高祖聽了雖不太高興，但覺得有理，便下令放了蕭何。高祖病逝，劉盈即位，蕭何不計前嫌，以國事為重，繼任丞相。此時的蕭何年

事已高，因常年操勞，不久便臥病不起，劉盈在蕭何病危之際探望，問：「丞相百年之後，誰可代之？」蕭何答：「知臣莫如主。」問：「曹參如何？」答：「陛下能得到曹參為相，我死而無憾了。」

蕭何死後，曹參繼任丞相，一切政務悉照舊制，無所變更，自己則整日飲酒賞曲，樂在其中。長此以往，有人在劉盈面前奏曹參因循苟且，無心朝政，屬下找他請示工作也不理睬，劉盈對其心生不滿。劉盈打發曹參的兒子規勸其父，兒子卻遭到曹參的棍打。劉盈召見曹參，問其緣故，曹參反問劉盈：「陛下您認為自察聖武，能及先帝嗎？」劉盈被問得臉紅，答：「朕尚未成年，閱歷不足，如何及得上先帝！」曹參又問：「陛下認為臣下及得上蕭何嗎？」「你看來似乎及不上。」曹參說：「陛下說得沒錯！先帝以布衣起家，南征北討，方定天下；蕭何明訂法令，推行已久，百姓頌讚。如今陛下以臣下為丞相，只要遵照舊章，就能承繼舊業。如果自作聰明，推翻舊制，恐怕會令上下無所適從，今日之太平，他日無可得矣！」劉盈恍然大悟，這便是「蕭規曹隨」成語的由來。曹參在位三年，主張清靜無為，不增百姓負擔，他死後百姓稱頌：「蕭何為法，講若劃一；曹參代之，守而勿失；載其清靖，民以寧一。」

之後，劉盈又經歷了王陵、陳平的輔佐，社會穩定，百姓安寧。在經濟方面，劉盈堅持推行與民休息的策略，剛即位便下詔書，恢復原本實行的十五稅一制。高祖晚年因平定叛亂，迎擊匈奴，增加賦稅；到劉盈時，內亂已平，與匈奴亦因和親政策而互不騷擾，所以便取消增加了的賦稅。劉盈為鼓勵農耕，對於耕作努力、收穫頗豐的農民免除徭役；為了促使人口增加，下令督促民間女子及早出嫁，如果女子到了十五歲尚未婚配，便要徵收五倍的「算賦」（即成人的人頭稅，每人交一百二十錢為一「算」）；對商人，也放寬了原本的限制政策，以促進工商業發展，增加國家收入。在文化方面，劉盈廢除了「挾書律」。秦始皇焚書時除了允許官府有關部門可以藏書外，民間一律禁止私自藏書，是為「挾書律」。漢朝初期秉承秦制，「挾書律」仍在實行，劉盈廢除了這法令，令長期受到抑制的儒家及其他思想得以重新活躍起來，也為漢武帝確立儒家思想為國家的統治思想提供了前提條件。劉盈同匈奴繼續採取「和

親」政策，穩定周邊，惠帝三年（前192年），仿照高祖以宗室女為公主，與匈奴冒頓單于和親。這期間經歷了不少曲折，高祖與單于和親，賜贈財物，但以掠奪為主的匈奴並不滿足，仍不斷騷擾邊境，到劉盈即位時雙方關係甚為緊張。當時冒頓單于寫信羞辱呂后：「我沒有妻子，你沒有丈夫，我們二人乾脆和親。」呂后大怒，要斬來使，發兵征討。當時經濟衰敗，人心思定，中郎將季布建議應忍辱，以和親為上策。劉盈及呂后採納建議，決定和親，冒頓單于在朝廷的感召下自覺慚愧，表示自己不懂中國禮儀，希望得到原諒，並向朝廷貢獻馬匹再結姻親。劉盈在稱帝很短的時間內，還完成了對長安城的全面整修。高祖在位時只是修葺了長樂宮和未央宮，還未來得及修城牆，但劉盈在位時，漢朝與外界的交往日增，急需改善城市形象，於是劉盈下令整修，工程從惠帝元年（前194年）正式開工，四年（前190年）完工，擴建後的長安城共有十二座城門，四面城牆各有三座城門，每座城門有三個門道，右邊為入城道，左邊是出城道，中間一門則專供皇帝使用，成為當時世界上規模最大的城市之一。劉盈在位期間採取措施使經濟、社會繼續朝著良性的方向發展，為後世「文景之治」盛世局面的出現打下了良好的基礎。

懾母淫威
篤意善行

就劉盈而言，不說能成為一世英主，起碼也應像後世的文、景二帝那樣有所作為，但因其母后野心極大且手段殘忍，攬權擅政、殘害宗親，試圖以呂氏家族取代劉漢，對他更是百般干涉，以致他做起事來處處掣肘，精神受到極大的刺激，年紀輕輕便一命歸天。他死後漢朝有七年的皇位空檔，紀年為漢高后呂雉，成為劉盈及整個王朝的悲劇。

劉盈在做太子時因年齡尚小，沒有娶太子妃，待他做了皇帝，呂后為他選了張氏做皇后。張氏即劉盈的姐姐魯元公主的女兒，也就是劉盈的親

外甥女，照現在的說法屬於近親結婚，但當時流行這種親上加親的習俗。呂后之所以這樣做主要是想「肥水不流外人田」，以利於對劉盈的掌控。劉盈與張氏大婚後一直沒有行夫妻之實，呂后便暗中作祟，讓張氏假裝自己懷有身孕，將宮中一個美人所生的兒子據為己有，並立為太子，將其生母殺掉。呂后的做法讓劉盈感到很不是滋味。

高祖活著的時候寵愛戚夫人而冷落呂后，並按照戚夫人的意願欲廢劉盈而改立與戚夫人所生之子趙王如意為皇太子，因群臣反對而沒有得逞。呂后對戚夫人懷恨在心，在高祖死後，呂后開始對戚夫人進行殘忍的報復，命人將戚夫人囚禁在永巷中，拔掉她的頭髮，並戴上枷鎖，要她穿上紅色的囚服去舂米。戚夫人悲憤、憂鬱交加，唱道：「子為王，母為虜，終日舂薄暮，常與死為伍！相離三千里，當誰使告女（汝）？」呂后知道後大怒，將趙王如意騙至長安後，用毒酒害死他；然後砍斷戚夫人的四肢，挖去她雙眼，熏聾她雙耳，再強行灌啞藥，最後棄在茅房，稱做「人彘」。 呂后還叫來劉盈觀看，生性仁厚的劉盈見到「人彘」並知道是戚夫人後，儘管其當初曾鼓動高祖廢掉他的太子之位，但對母親殘忍的做法還是實在難以接受，精神受到了極大刺激，痛哭不止，對呂后說：「此非人所為。臣為太后子，終不能治天下。」不久病倒，長達一年之久。從此不理朝政，終日醉酒後宮，以此來排遣心中的恐怖與苦悶。

心地善良的劉盈雖不能阻止母親作惡，但卻想方設法地保護他人，這也是需要相當大的勇氣的，其中就包括對當初曾可能取代他的趙王如意。呂后為報復戚夫人而召如意進宮，劉盈知道呂后的陰謀，親自到長安城外的灞上迎接，並將其留在自己身邊，與之共同起居飲食，使呂后在很長時間裡都難以對如意下手。齊王劉肥來朝觀，其雖為庶生，但是長子，是劉盈的兄長，劉盈將其置於上座，以兄長之禮待之，此舉引得呂后不悅，遂起了謀害之心，暗中讓人將兩杯毒酒置於劉肥的席前，命其敬酒，劉盈覺察到呂后的殺意，故意端起另一杯毒酒要同劉肥一起飲，呂后大驚，急忙打翻了劉盈的酒杯，劉肥覺察到了暗中的兇險，佯裝喝醉而得以脫身。

惠帝七年（前 188 年），劉盈終因承受不了巨大的心理壓力，在苦悶和煎熬中死去，年僅二十二歲，謚「孝惠」，廟號惠帝，葬於陝西長安之安陵。謚「孝」，意為「孝子善述父之志」，劉盈之後漢朝所有的皇帝，除光武帝有「中興」之功，其餘死後的謚號中都有「孝」字。

最後要說一下呂后。呂后是中國史上頗為著名的人物，不僅因為她開啟了女人攝政的權力模式，實際掌權十數載，培植呂氏家族勢力，欲對漢劉政權取而代之；而且她報復的手段殘忍至極，令人髮指，暴露出其人性中極為恐怖的一面，也為專制政權注入了極為醜陋、陰暗的內涵。她對後世的影響很大，特別是那些女性專權者，武則天、慈禧太后等幾乎都能從她的身上找到痕跡。

但客觀地講，呂后早年是一個很賢慧的女人，操持家務，生兒育女；高祖入關滅秦，她被立為王妃；楚漢戰爭中她被項羽所俘，歷盡艱辛；高祖稱帝，被立為皇后，助滅韓信、彭越等異姓王，頗有韜略；劉盈即位，掌控政權，面對匈奴的挑釁，冷靜處之，平息事態；劉盈死，臨朝稱制，任用蕭何、曹參等老臣，無為而治，從民之欲，不增加百姓負擔，展現出很高的治國才幹。司馬遷在《史記》中未作「惠帝本紀」而作「呂后本紀」，肯定了她的施政地位，評價她：「政不出戶，天下晏然；刑罰罕用，罪人是希；民務稼穡，衣食滋殖」，與她的險惡行為形成了巨大的反差。

劉盈死後，呂后立後宮美人所生之子為少帝，自己臨朝稱制。她一方面大力培植呂氏勢力，封呂台、呂產、呂祿等兄弟、侄子為侯王；另一方面打殺劉氏宗室成員。齊王劉肥當初未被毒死而脫身，上書願獻齊城陽郡，尊長公主為齊太后，才倖免於死；淮南王劉友在如意死後改封趙王，因娶呂氏女不寵愛，被告之，幽禁而死；梁王劉恢繼封趙王，不滿呂氏專權，悲憤自殺而死；燕王劉建守藩十五年，去世，其子被害；淮南王劉長因自幼喪母而由呂后撫養，沒有受難；代王劉恆因其母柔弱，又居於邊郡，未被加害。

高后八年（前 180 年），呂后死，諸呂欲發動政變，建立呂氏政權。大臣周勃、陳平、劉章等人聯合各方力量剪滅了呂家的勢力，維護了大漢王朝的生存與穩定，廢少帝劉弘，迎立代王劉恆繼帝位，即後來的漢文帝，開始了漢朝的全新時代。

欽定四庫全書

史記集解卷九

宋　裴駰　撰

史記九

呂后本紀第九

呂太后者　徐廣曰呂后父呂公漢元年為臨泗侯四年卒高后元年追謚曰呂宣王　高祖微

時妃也　漢書音義曰許雄　生孝惠帝　漢書音義曰　女曾元太后及

高祖為漢王得定陶戚姬　如淳曰姬音怡泉妾之総稱也漢官曰姬妾数百蘇林曰清河

漢惠帝劉盈是漢高祖劉邦與皇后呂雉之子，是中國史上第一位由皇帝所立的「皇太子」，但由於在位期間，其母呂后干預朝政，漢室當時決策者實為呂后，故《史記》設〈呂太后本紀〉而未設惠帝本紀。

謹慎寬和的劉恆

漢文帝

前 180-前 157

提起西漢，讓人們想到最多的大概是高祖和武帝，一個百折不回，奪得天下，平定諸侯，崇尚黃老；一個氣勢恢宏，強化集權，擴展疆土，獨尊儒術，二者在中國史上都有很高的聲望。而在二者之間有位帝王名聲雖不甚顯赫，才華也未必出眾，但地位卻異常重要，功績也可圈可點，甚至要超過二者，他就是開創「文景之治」的劉恆。

漢文帝劉恆像

曲折稱帝
穩定局面

漢高祖五年（前202年），劉恆生於宮中，是高祖的第四子，惠帝同父異母的弟弟，母親為薄姬。薄姬是個很弱勢的女人，但正是這種弱勢，在某種程度上成就了劉恆帝王的機緣，劉恆在呂后大肆殺戮劉氏宗親中得以倖免，在周勃、陳平等大臣平定諸呂之後，一致贊同擁立他為帝，跟薄姬有著直接的關係，儘管她並未採取什麼行動。

高祖三年（前204年），高祖打敗了項羽封立的魏國（都平陽，今山西臨汾西南），將魏王豹的宮人擄掠到滎陽（今河南滎陽東北）織布。一次，高祖到織布房閒逛，見一女子頗有姿色，便帶到了後宮，此女子即薄氏。薄氏的父親為吳（今江蘇蘇州）人，秦朝時，與原魏王宗室女子私通，生下了薄氏。但高祖將薄氏帶到後宮後竟忘記了她，當時高祖與項羽爭鬥正酣，一年後，戰爭形勢好轉，高祖帶了管夫人、趙子兒兩個美人到河南宮成皋台（今河南鞏縣）遊樂。當時薄氏與這兩位美人一起從魏宮被高祖擄走，曾相約誰先尊貴了勿忘姐妹，她們便將薄氏的事當作笑話說出，結果讓高祖「心慘然，憐薄姬」，當天便叫來薄氏「幸之」，薄氏萬分激動地說：「昨夜我夢見肚子上盤了一條蒼龍」，高祖道：「這是尊貴的好兆頭，我成全你！」不想此話成真，一年後薄氏生下了劉恆。可薄氏並未因此而顯貴，始終是「姬」而沒成為「夫人」，高祖也很少再親近她，以致成為了她生活中的不幸，然而這種不幸竟成為了她及劉恆的「萬幸」。

子以母貴，薄氏的地位決定了劉恆的處境，他別說能像戚夫人之子如意那樣在父皇跟前撒嬌、親近，倍受呵護，就是說話辦事都要考慮周全，生怕得罪了誰。他平時話不多，喜歡思考，給朝臣們留下了「賢智溫良」的印象，在朝臣們看來，他並不會對惠帝的太子地位構成任何威脅。

高祖十年（前197年），代郡（治代縣，在今河北蔚縣東北）太守陳豨

漢文帝 劉恆

謀反，高祖派兵平叛。此地位於邊塞，與匈奴相接，高祖從穩固邊防的大局出發，決定以代郡為基礎，加上太原郡（治晉陽，今太原以南）大部及其他地方，建立代國，作為北方的屏障。當時的藩王都由劉氏宗親擔當，經丞相蕭何等三十多位大臣舉薦，劉恆受封為代王，都晉陽。劉恆隨即帶了一批官員到晉陽赴任，這年他才七歲。此項受封，使他遠離了政治及是非的中心，也遠離了呂后的視線，看來落寞和失意有時未必不是件好事。

呂后是個嫉妒心很強且醋意十足的女人，高祖即位時她已青春不再，飽受冷落，以致她非常嫉恨受高祖寵愛的女人，戚夫人則首當其衝；而對薄姬這樣不受寵的女人，倒多少有些惺惺相惜，起碼沒有憎恨。高祖十二年（前195年）四月，高祖駕崩，呂后擔心朝臣及諸王乘機造反，遲遲沒有發喪，劉恆作為藩王並沒有進京弔唁；惠帝六年（前189年），長安城修繕竣工，惠帝為了展示成就，請「諸侯來會，十月朝賀」，劉恆曾回過一次長安，此外直至他稱帝，就再也沒有回過京都。呂后見不著他，自然不會產生什麼惡感。

呂后並沒有忘記劉恆，高后七年（前181年），即呂后臨死的前一年秋天，派人去告訴劉恆，打算讓他繼任趙王。此時呂后正忙於安插諸呂勢力，恨不得將所有的權力都交給她的娘家人，而在此之前，劉恆已有三個哥哥死在趙王的位子上。趙國都邯鄲，經濟、社會條件好且安全，讓劉恆從偏遠、落後的代國去趙國，呂后顯然有所居心。劉恆當即婉言謝絕了呂后的「好意」，表示要「顧守代邊」，事實證明，呂后是在試探他，看他是否懷有野心。劉恆辭讓後不久，呂后將趙王的桂冠給了她的侄子呂祿。高祖死，後宮「唯獨無寵疏遠者得無恙」，其他「皆幽之，不得出宮」。薄姬屬於「無寵疏遠者」之列，呂后沒有為難她，讓她出宮到了劉恆的身邊，成為了王太后。

呂后死後，按理說劉恆及薄姬該感到高興，一掃壓抑於心頭的陰霾，但他們卻高興和輕鬆不起來。因為經呂后長期的經營，呂氏家族的勢力盤踞於朝間，把持著很大的權力，若讓他們得手，不僅大漢王朝將易姓，

他們母子倆的身家性命也難保全。然而朝中傳來的訊息卻令他們欣慰，上將軍呂祿、相國呂產圖謀作亂，在形勢危急的情況下，劉姓宗室和高祖時的老臣聯合，齊王劉襄發難於外，太尉周勃奪取北軍於內，盡殺諸呂，史稱「蕩滌諸呂」和「周勃安劉」。

誅滅諸呂的勝利令母子倆興奮，但他們並不清楚對自己將意味著什麼？他們沒有得罪過高祖時的老臣，也沒有過密的關係，事態將如何發展，只能拭目以待。接下來的事情就是舉事的大臣主張讓誰來當皇帝了，有人提議立齊王劉襄，其不僅為高祖之長孫，而且有起兵伐呂之功，但朝臣們考慮他母舅家族勢旺，怕再來個呂氏專權，被否決了；淮南王劉長也因年齡小、「家母惡」而被否決。看來大臣們真讓呂后擅權給整怕了。

這時朝臣們想到了劉恆，太尉周勃和丞相陳平講：「代王方今高祖親子，最長，仁孝寬厚。太后家薄氏謹良。且立長固順，以仁孝聞於天下，便。」意思是說從血脈上講劉恆是高祖的親兒子，現為最大，人品好，母親薄氏也善良。立長是祖宗之法，仁義孝道是立國之本，所以立劉恆最為合適，結果贏得了眾人的一致贊同。劉恆就這樣成為了帝王的候選人，應當說是夠幸運、也挺偶然的。自己沒動什麼心思，也沒跟誰拼得你死我活，眾臣把呂家人給滅了，兄弟又早讓呂后給殺了，家母一系又不強勢，皇位不輪到他坐該給誰呀？有言道「有福之人不在忙」，做什麼事都得信「命」，天上掉餡餅，想躲都躲不開。

眾臣派人去代國迎請劉恆。劉恆見到使者，半信半疑：難道這是真的嗎？當皇帝也太容易了吧？不會是誰設下的圈套吧？他找到了薄太后商量，薄氏也拿不定主意。於是請來卦師用龜裂占卜，又決定先由劉恆的舅父薄昭到長安去見太尉周勃，周勃講明大臣們立劉恆為帝的由來，劉恆這才放心啟程進京。

劉恆當代王的時侯，呂后曾賜諸王宮女，竇漪房被送到了代國。劉恆見竇氏天生麗質、風姿綽約，非常寵愛，與其生下了女兒劉嫖、兒子劉啟、劉武。竇氏是個很了不得的女人，原代王后去世，她被立為王后，代王

后所生的三個兒子先後夭折，她的兒子劉啟被立為太子，即後來的景帝，一直到武帝繼位，她先後為皇后、皇太后、太皇太后，對劉恆的影響很大。從劉恆、景帝到武帝初期，竇氏實際掌控朝政達幾十年。說來劉家幾輩人的娘家都夠能幹的，中國陰盛陽衰可能就在這時打下的底。

劉恆到了京城，丞相陳平等叩拜道：「子弘等皆非孝惠子，不當奉宗廟。大王，高祖長子，宜為嗣。願大王即天子位！」意為少帝劉弘等都不是惠帝的親生兒子，不能當漢朝的皇帝；而劉恆是高祖的長子，才有資格繼承大漢基業，請劉恆登上皇位。劉恆當然要象徵式地推讓一番，在大臣們再三懇求下，於高后八年（前180年）九月三十日即位。人們用車輦載少帝出宮，簇擁著法駕迎接劉恆，當晚劉恆入住未央宮。

劉恆入宮後首要的是穩定局勢，入京時他僅帶了宋昌、張武等六人，入宮當晚即任命宋昌為衛將軍，鎮撫南、北二軍；張武為郎中令，巡察保衛宮中；安排有司衙門分別誅殺了少帝及三個兄弟，然後連夜頒詔大赦天下。這就能看出劉恆的特點了，他並不是一味的軟弱仁慈，而是該忍時能忍得住，該硬時則毫不手軟，進退有序。

高祖時曾封了一批劉姓諸侯王，各據一方，勢力強大，對朝廷構成威脅。劉恆稱帝，有人認為他是「摘桃派」，靠老臣登上皇位，內心不服氣。劉恆則採取恩威並施的策略，消弱諸侯王的勢力，鞏固皇權。首先封賞誅呂的有功之臣，周勃、陳平為丞相，灌嬰為太尉，組成新的朝政班子；其次對諸侯王採取寬撫政策，保留爵號和封地，不讓其成為朝廷的麻煩；同時將大的諸侯國進行分割，瓦解其勢力；又新立了一批諸侯王，原趙幽王劉友之子劉遂為趙王，原琅琊王劉澤為燕王，劉遂的弟弟劉強為河間王，朱虛侯劉章為城陽王，東牟侯劉興居為濟北王，皇子劉武為代王，劉參為太原王，劉揖為梁王。

當然，對諸侯王只採取安撫的策略是不行的。漢初分封諸藩，諸侯王畫地為牢，地方勢力惡性膨脹。這些人在高祖生前還給些面子，高祖一走，也就沒有那麼多顧及了。對此，劉恆態度堅決，文帝前元三年（前177

年），濟北王劉興居叛亂，劉恆立刻派軍鎮壓，叛軍很快瓦解，劉興居被俘，及後自殺；文帝前元六年（前 174 年），淮南王劉長也想叛亂，還未來得及行動，就被朝廷察覺，劉恆派人詔劉長入京，奪去其封號，將其發配蜀郡，劉長在途中絕食而死。經過一番整治，局面基本上穩定了下來。

溫和從政
以民為本

按照劉恆的性格，他主政是不會大殺大砍、勞民傷財的，平穩過渡是最理想的選擇。他沿襲高祖時期實行的「無為而治，與民休息」治國方略，很快扭轉了呂后當政時期民生困苦的狀況。因為他從小不受恩寵，長期居於藩國，沒有高高在上的感覺，也沒有沾染過多奢靡、浮華的習氣，對基層的情況比較了解，對老百姓有著相當的感情，所以在他執政期間比較關注民生，體現出一定民本主義的色彩。他鼓勵農耕，發展生產，百姓安居樂業，與景帝在位時期並稱為「文景之治」，是中國史上的第一個盛世。

首先是發展經濟。惠帝在位、呂后亂政期間，造成國家財力不足，人民生活困難。究其原因，是「一人耕之，十人聚而食之」所致，即幹活的人少，吃飯人多，百姓飽受剝削，淫侈之風日盛。劉恆採取措施，一是減省租賦，激發農民的生產積極性，文帝前元二年（前 178 年）和前元十二年（前 168 年），曾兩次「除田租稅之半」，即租率由十五稅一減為三十稅一，前元十三年（前 167 年）還全部免去田租；二是減輕徭役，實行「偃武興文」，「丁男三年而一事」，即是將成年男子的徭役由每年一次減為每三年一次；三是令列侯歸國，劉恆即位初期，列侯大多於長安居住，離所屬食邑甚遠，導致「吏卒給輸費苦」，轉輸費用加重百姓的負擔，文帝前元二年（前 178 年），詔令列侯返回自己的封邑，官

吏和有詔令特許的子女亦要送返封邑，不得留在長安；四是弛山澤之禁，文帝前元六年（前 158 年），下令將原本屬於國家的山林川澤開放給百姓，准許百姓私自開採礦產，開發和使用漁鹽資源，促進農業生產和鹽鐵生產；五是廢除過關用傳制度，漢初為了控制人口流動，在軍事重鎮或邊地要塞設置關卡，出入關隘時要檢查行旅是否持有「傳」（即過關的憑證），文帝前元十二年（前 168 年），取消了用「傳」制，促進各地往來和商品流通；六是入粟拜爵，文帝前元十二年（前 168 年），劉恆採納建議，為了充實邊防軍糧，公開招標賣爵，即「入粟拜爵」，此法實行後，邊境和郡縣的糧食充裕，可免除天下田租。

劉恆提出和施行的措施，有效地促進了經濟的發展，而且具有相當的水準，拿到現代也具有借鑒意義。古往今來，在強農惠民的問題上，無非是減輕農民負擔、多種經營、開放經濟自由度、加強糧食儲備等幾個問題，劉恆提出的措施有針對性，操作性強，從機制層面入手，在兩千多年前提出，實為難能可貴。

儘管經濟發展，國力增強，奢侈、浪費也是不行的，還需注意節儉，開源必須節流，富日子要當窮日子過。這不單是一個經濟問題，還是一個社會風氣的問題。劉恆在這方面也為後人樹立了榜樣，他在位二十三年，為首躬行節儉，基本上沒有增添車騎服禦之物，還多次下詔禁止郡國貢獻奇珍異寶，而他平時都是穿著用粗糙布料做的衣服，為自己修的陵墓也非常簡樸，與中國歷代帝王相比實屬罕見。

為了緩和社會矛盾，劉恆改革刑制。文帝前元元年（前 179 年），廢除「連坐法」，明令宣佈「廢除一人犯罪，家人收為奴婢及各種株連的法律」；同時廢止嚴酷的肉刑，漢初有黥刑（臉上刺字）、劓刑（割去鼻子）和斬左右趾（砍去左足或右足）等多種酷刑，劉恆廢止了這些刑制，這在中國法制史上意義重大，它使古代刑制由野蠻、殘忍而步入了較為文明的階段，同時為刑制向新「五刑」（笞、杖、徒、流、死）的過渡奠定了基礎。

經濟發展必須具備寬鬆的周邊環境。劉恆即位後面對的是「胡強南勁」的形勢，所謂「胡強」即北方的匈奴，自高祖「白登之圍」後，漢朝廷對匈奴實行和親政策，雖收到一定的效果，但並沒有從根本解除威脅，雙方處於不戰不和的狀態。劉恆則繼續採取和親的策略，避免動用干戈。匈奴雖受益於和親，但經常不守盟約，侵擾邊地，劉恆採用晁錯「募民實邊」之策，先在邊地興建城邑，再招募內地人口搬遷至邊地，然後由政府發放農具、衣物、糧食，按什伍編制將邊地人口組織起來，一邊種田，一邊屯兵，防範匈奴；凡抵抗匈奴人侵擾，奪回他們掠去財物者，官府照價賞賜一半；此外，劉恆還在邊地建立馬苑三十六所，用人三萬，養馬三十萬匹。這極大地增強了漢朝抗擊匈奴的力量，同時還有利於邊郡開發，為日後武帝征服匈奴奠定了基礎。

所謂「南勁」即南越國，秦始皇時派趙佗等征服嶺南，設桂林、南海和象三郡，秦滅後農民起義爆發，趙佗兼併三郡稱王；高祖時趙佗接受「南越王」封號，南越成為藩屬國；呂后當政時對南越實行經濟封鎖，趙佗立國，與漢朝分庭抗禮。劉恆即位後，改變對南越的剿殺政策，向其提供發展生產所需的鐵器、農具、牲畜等，並派人修葺趙佗在河北家鄉的先祖塚，置守邑，歲時祭祀，安排趙氏兄弟做官，同時派遣陸賈出使南越。在劉恆誠意的感召下，趙佗謝罪稱臣。

劉恆在位期間，對周邊的少數民族很少動武，盡力維持相安友好的關係，以禮相待，兄弟相稱，既為中原地區的經濟發展提供了和平的環境，也加強了中原人與周邊少數民族的交往，促進了民族間的團結與融合。

為人寬厚
躬行節儉

人常說要保持平常心，不與人爭，不為物累，把名利看淡；與人相處，

劉恆
漢文帝

要多念別人的好，少記彼此的仇，吃虧是福，海納百川。但這些都是對老百姓講的，因為功名利祿離他們遠，很少能得到，把慾望放低，失望或絕望就來得少；人們彼此間多些諒解，少些計較，能關照的關照一把，說不定誰在什麼時候能用得著誰，說到底，是不得已而為之，否則就難於立世。但帝王們就不同了，功名利祿無止境，至尊至貴，居高臨下，別人只有俯首貼耳的份，在這種情況下若能保持淡定的心態，就非常不易了，而劉恆就是一個很好的例子，或者說他做得很好。

劉恆的心態當然與他的人生經歷有關，從小不被人看高，甚至蒙受羞辱的帝王並不算少，多數人得勢後伺機報復，手段殘忍，兇相畢露，不但要報復輕蔑者，還要報復整個社會，秦始皇、北齊文宣帝高洋等人就是例證。而劉恆則不同，他過去雖不被高抬，處於邊緣，但入宮後卻沒有表現出不可一世的姿態，對臣屬謙和，對百姓厚道。不就是當個皇上嗎？有什麼了不起，沒必要趾高氣揚、目中無人，我還是我，劉恆的素質就是不一樣。

他主要表現在這幾個方面：一是懷有悲憫之心，心腸軟，可憐別人，不把人往死路上逼，得饒人處且饒人。劉恆對母親薄氏很孝敬，史料有他為薄氏親嘗湯藥的故事，作為中國《二十四孝》之首，令人感動；他即位後聽從竇后的建議，宴請天下鰥寡孤獨，賜布匹、米麵、肉食給生活窮困的人，分別賜予八十歲以上的老人、九歲以下的孤兒每人一石米、二十斤肉、五斗酒、兩匹帛和三斤棉絮；刑制改革則起源於「緹縈救父」的故事，文帝前元十三年（前 167 年），齊太倉令淳于公犯了罪，被押赴長安受刑。剛才說了漢初的肉刑極為殘酷，其女緹縈異常悲痛，隨父到長安，上書劉恆，說：「民女願意入官府為奴婢，以抵贖父罪」。劉恆得知後挺憐憫這個弱女子，同時也為她的行為所感動，下令赦免了淳于公的肉刑，令其攜女歸家，並且下詔廢除肉刑，改革刑制。

二是他能聽得進不同意見，甚至允許別人反駁自己。這別說是帝王，就算是芝麻官也很難做到。劉恆即位不久，即廢止了「誹謗妖言」罪，使臣下能大膽提出不同意見。自秦代以來，設有所謂「秘祝」官，即凡有

漢文帝劉恆是漢高祖劉邦的第四子，漢惠帝劉盈同父異母的弟弟，母親為薄姬。劉恆
為人仁孝，薄太后常年臥病在床，劉恆事必親嘗湯藥，才給母親飲用，亦成為中國
《二十四孝》故事之首。圖為陳少梅《二十四孝圖》之一「親嘗湯藥」局部。

災異都加罪於該名臣下，文帝前元十三年（前167年），劉恆下詔廢除，並且聲明：「百官犯下錯誤和罪過，身為皇帝都要負責。」高高在上的皇帝能做到這個份上，實在是太難了，令人欽佩。

一次，劉恆出行時路過渭橋，突然有人從橋下走出，使他乘車的馬受驚狂跑，這在當時可是非常大的罪過，叫「犯蹕」，即觸犯了皇帝的行動。劉恆很生氣，要求處死此人。廷尉張釋之是個敢於據理力爭的人，他經過審查，得知此人看到皇帝的車馬，因躲避不及便藏到橋下，過了一陣他以為車馬已過，便從橋下走出，結果正撞上了劉恆的車駕，嚇得拔腿就跑，使得馬匹受驚。看來皇帝的馬平時也慣得厲害，一點動靜都見不得。張釋之依法罰其四兩「罪金」，劉恆知道後很不高興，嫌判得太輕，張釋之解釋說：「法律是天子和天下人共同制定的，如果我們輕易地改變法律，就會使人們對法律失去信任，不知怎樣做才對。」劉恆聽後覺得有理，便不再追究了。

魏尚是雲中郡的太守，鎮守邊郡，多次擊敗匈奴，使得匈奴不敢輕易南下，因為一次上交敵人的首級比報告的少了六個，劉恆一怒之下罷免了他的官職，還判了刑。此後劉恆在一次與中郎署長官馮唐聊天時，得知馮唐的祖先是趙國人，便提到了趙將廉頗，說若能得到像廉頗一樣的猛將就不怕匈奴侵擾了。馮唐聽後很不客氣地說，即便陛下得到廉頗也未必能重用。劉恆聽了很生氣，問為何？馮唐說廉頗之所以能常打勝仗是因為趙王信任他，可如今魏將軍僅因上交首級少了幾個便落得罷官入獄的下場，因而得此結論。馮唐的膽可是真夠大的，無異於在老虎嘴上捋鬚，當然從另一個方面講當時朝政的氣氛很寬鬆。劉恆居然聽了馮唐的意見，當天就派人釋放了魏尚，官復原職，並提拔了敢於直言的馮唐做了車騎都尉。

周勃是建漢的元勳，高祖臨終時托孤的老臣，在剿滅諸呂、擁立劉恆為帝中起了關鍵作用。劉恆對他很尊重，但也有些不放心，封官時仍讓他作太尉，陳平任丞相。陳平認為周勃功高，自己作丞相不太合適，便託病不出，要求把周勃的位置安排在自己之上，劉恆無奈，只得將丞相一

分為二，周勃任右丞相，居第一，陳平任左丞相，位第二。周勃因功高權大，每當「朝罷趨出，意得甚」，「有驕主色」，但劉恆卻對其「禮之恭，常目送之」。時間一長，便有人提醒劉恆這樣「君臣失禮」，周勃也意識到了不妥，「請歸相印」，劉恆毫不猶豫地答應了。周勃到了受封的絳地（今山西曲沃），有人上書，說他在家中常身披戰甲，待客時常手握兵器，像是要造反，劉恆立即將周勃抓進了監獄。幸虧周勃與薄昭素有交情，通過其向薄太后解釋，說罷職後常擔心被害，因而有所戒備，絕無反意。薄太后是個明白人，她找到劉恆，拽著他的帽帶子說：「周勃在懷揣皇帝寶璽、統帥長安北軍的時候沒有造反，難道現在住在小小的絳地裡反而會造反？」劉恆查閱了案卷確無實據，便放了周勃，恢復其爵邑。

三是躬行節儉，劉恆在這方面堪稱楷模。文帝前元二年（前 178 年），劉恆下詔清點長安城的公用馬匹，將多餘的馬匹全都送到驛站使用。劉恆在位時，宮殿、皇苑等都為前任帝王所留，他不嫌簡陋沿用，也不再添置。一次，他本來想建造一座宴遊時用的露臺，看到工程預算要用「百金」，便說：「『百金』就等於十戶中等人家的財產，我住在先帝的宮殿就已經覺得很奢侈了，就不用建露臺了。」因為劉恆的監督，後宮的衣服和器物等都很簡樸，沒有攀比之風。

文帝後元七年（前 157 年）六月，劉恆崩於未央宮，享年四十七歲。諡孝文皇帝，廟號太宗，葬於長安（今陝西西安北）之霸陵。劉恆生前為自己修建的陵墓非常簡樸，形制不大，使用普通的磚瓦，裡面也未放置珠寶玉器等殉葬品。正因為它簡樸，後來漢室別的陵墓全被盜掘，唯獨霸陵保存完好，其結局很耐人尋味。

寡恩忍殺的劉啟

漢景帝

前 157-前 141

劉啟的名氣是與其父文帝緊密地聯繫在一起的。

他秉承父業，治國安民、休養生息，對內重農、薄斂、輕刑、教化，對外繼續與匈奴和親，使經濟、社會穩步發展，與文帝共同締造了令世人稱道的「文景之治」時代，也為稍後「漢武盛世」的出現奠定了基礎。但他與文帝性格不同，文帝仁慈寬厚、悲憫憐惜；劉啟則刻薄寡情、不重恩誼，致使君臣間缺乏信任，給政權帶來了負面的影響。

漢景帝劉啟像

而立稱帝
平藩除亂

漢惠帝七年（前 188 年），劉啟生於代地中都（今河北蔚縣一帶），是文帝的第四子，嫡長子，母親為竇后，即史上著名的竇太后。劉啟前面有三個哥哥，是文帝做代王時的代王后所生。當年，呂后給各諸侯王賜送宮女，竇氏被送到了代國，與文帝生下了兒子劉啟、劉武和女兒劉嫖。代王后死，竇氏被立為王后，不久，原本代王后所生的三個兒子先後夭折。文帝於「周勃安劉」後入京稱帝，竇氏被立為皇后，劉啟自然成為嫡長子。關於代王后及三個兒子的先後亡故，史界似乎並沒有人追究是自然死亡還是有人為的因素，總讓人感到有些蹊蹺。

文帝前元元年（前 179 年），劉啟被立為太子，沒有任何異議；文帝後元七年（前 157 年），文帝駕崩，劉啟繼位加冕，也沒有任何障礙，順理成章地竇氏被立為皇太后，劉啟開始了他為期十六年的帝王生涯。

劉啟稱帝後所面臨的最大問題是諸侯王對皇權構成的威脅。大漢之初，高祖分封了一批劉姓諸侯王，他認為秦滅的很大原因在於置郡縣而不封宗室，強幹弱枝，以致朝廷遇難時無人相助。但這些諸侯王似乎並沒有像高祖所期望的那樣出於宗族大義，成為維護朝廷的堅實力量，這些人受封後割地坐大，政治、經濟實力及野心膨脹，很多人根本不把朝廷放在眼裡，肆意妄為，我行我素。文帝時，濟北、淮南二王相繼謀反，雖遭鎮壓，但並未從根本上解決問題。文帝時被召為博士、太中大夫的賈誼指出，諸侯勢力是王朝的一大疾患，必須設法割除；劉啟的太子家令晁錯也堅持此觀點，主張削藩。

當時，諸侯王中要數吳王劉濞的勢力最強，危險性也最大。劉濞為高祖之姪，天生似有叛逆之性，當初高祖封他為吳王後，頗有些後悔，但已下旨，只得好言囑教，讓他赴國而去。劉濞到吳後，開採銅礦，鑄造「半兩」錢，用海水煮鹽，設立官市，免除賦稅，吳地經濟迅速發展，其政

治野心也隨之滋生。劉啟即位，晁錯上疏《削藩策》，主張先削吳地，說：「今削之亦反，不削亦反。削之，其反亟（迅速），禍小。不削，其反遲，禍大。」外戚竇嬰則堅決反對晁錯的主張，使削吳一事暫被擱置。不久，楚、趙、膠西分別以賣官等罪名被削，楚王被削了東海郡，趙王被削了常山郡，膠西王被削了六縣，晁錯又修改了有關律令三十章，一時間各諸侯譁然。晁錯的父親得知後趕到京師，勸兒子千萬別這麼做，晁錯態度決絕，其父說：「劉氏安定了，我們晁氏卻危險了，我走了，不忍心看到大禍臨頭！」說罷服毒自盡。晁錯不為父親之死所動，依然堅持削吳，劉啟則同意削去其會稽、豫章二郡。

景帝前元三年正月，朝廷將削地的詔書送至吳國，劉濞當場就翻臉，誅殺了朝廷派來的二千石（郡級）以下的官員，以「誅晁錯，清君側」為名，聯同膠西王劉昂、膠東王劉雄渠、菑川王劉賢、濟南王劉辟光、楚王劉戊、趙王劉遂，公開揭起了叛亂的大旗，史稱「吳楚七國之亂」。

劉濞率二十萬大軍西渡淮水，與楚軍會合，揮師向西，殺漢軍數萬人，勢頭兇猛；梁王劉武派兵迎擊，結果漢軍大敗。消息傳到長安，劉啟立即派絳侯周勃之子周亞夫為太尉，帶領三十六名將軍迎擊叛軍；再任命曲周侯酈寄擊趙，將軍欒布率兵解齊之圍，而竇嬰（竇太后之堂侄）為大將軍，駐守滎陽督戰。劉啟雖派兵迎擊叛軍，但內心卻很猶豫，這使大臣袁盎有機可乘。袁盎原為吳相，與劉濞關係甚密，他對劉啟說：「方今計，獨有斬錯，發使赦吳、楚七國，復其故地，則兵可毋血刃而俱罷。」意思是殺了晁錯，恢復各國封地，七國便可停戰。劉啟覺得有理，便按照袁盎的話，表示「不愛一人以謝天下」，殺了晁錯，並誅其九族。可憐晁錯的一片忠心，竟成了劉啟與七國妥協的替死鬼。但劉啟誅殺晁錯的舉措並未使七國罷兵，而是繼續進擊，使劉啟追悔莫及，遂堅定了武力平叛的決心。周亞夫率漢軍很快平定息了七國之亂，劉濞逃到了盟友東甌國，被東甌王所殺。

七國之亂很快被平息，得益於人心的相背。當時，廣大臣民歷經秦之暴政、楚漢相爭、呂后亂政，度過了文帝偃武修文、與民休息相對平穩、

安定的日子，經濟發展，百姓富足，人心向治；而叛軍為一己私利而挑起戰火，破壞安定，犯上作亂，再加上勾結匈奴，為廣大臣民所不恥。因此，臣民與朝廷同心同德，獻計獻策，共擊叛軍。太尉周亞夫進言：「楚兵勇猛強悍，與他們正面交戰恐怕難以取勝，希望放棄梁國屬地，然後斷絕吳、楚的糧道，那就可以平定他們了。」意思是以暫且放棄梁地來贏得時間，達到牽制叛軍、挫其銳氣的目的，而戰局的進展恰恰證實了周亞夫的預判。平民趙涉提議周亞夫一個取得出奇制勝的方案：命漢軍經藍田出武關，既可以迅速控制洛陽的軍械庫，又可以避開吳楚的伏兵。結果也得到了應驗。

七國叛亂失敗後，形勢發生了很大變化，劉啟捉住有利時機，著手解決諸侯國的問題：調整諸侯國的設置，除了保留楚國並另立楚王外，將參加叛亂的其餘六國全部廢掉；此後，大部分諸侯國僅領有一郡之地，實際地位已與郡同級，領地大為縮小；諸侯國所領的土地由高祖時的四十二郡減少為二十六郡，而朝廷直轄郡則由高祖時的十五郡增至四十四郡，經此調整，漢郡的總數遠遠超過各諸侯國的郡數；同時，還抑制諸侯王的許可權，「令諸侯王不得復治國」，收回諸侯王手中的官吏任免權，取消「諸侯皆賦」，僅保留其「食租稅」之權，並收回鹽鐵銅等天然資源及相關租稅，從此，大大削弱了諸侯王與朝廷對抗的物質基礎。

經劉啟調整，漢初所推行的諸侯國制，至此發生了重大的改變，諸侯王在名義上是封君，實際上「唯得衣食租稅」而已，這對加強中央集權、維護國家統一具有著重大意義。但這一問題並未得到徹底的解決，以致後來漢武帝不得不繼續採取相應的措施。

和戰匈奴
促進發展

自秦以來，匈奴一直是中原政權的心腹之患，其鐵騎經常南下侵擾漢地，燒殺搶掠，嚴重威脅著王朝的統治。從高祖「白登之圍」到文帝，漢室對匈奴一直採取「和親」政策，但由於匈奴的民族天性及缺乏誠意，他們從未停止過搶掠，雙方戰事不斷。到劉啟時仍要面對這一問題，他的態度是繼續堅持和親，盡量減少軍事衝突，為國家穩定、經濟發展贏得時間，創造條件；同時又不能一味地遷就、妥協，要進行必要的抵禦。說到底，和平及安定是以軍事和實力做基礎、為前提的，安撫和親和只能緩和於一時，不能和平於一世。劉啟對匈奴的具體做法是有戰有和，和多戰少，以和為主。

劉啟在為數不多反擊匈奴的戰鬥中，有力地打壓了匈奴的囂張氣焰，提升了朝廷及官兵們的士氣，湧現了李廣、程不識、郅都等一批卓越的將領，其中尤以李廣為最。李廣，隴西成紀（今甘肅秦安）人，先祖李信為秦國名將，堪稱「將門虎子」。他有一套自己總結出的治軍方法，非常適合於塞外的地理環境和敵情條件，其部隊簡單、靈動、長於應變。司馬遷讚道：「勇於當敵，仁愛士卒。號令不煩，師徒向之。」以致匈奴人聽到李廣的名字便聞風喪膽，稱李廣為「飛將軍」。

劉啟在和親、抗擊之外，還採取了一些措施，鞏固邊防。中原內陸地區自古以來都缺少馬匹，既不利於軍事作戰，也不適應農耕生產的需要，更限制了交通、運輸等事業的發展。劉啟即位後，大力加強馬政建設，下令擴大設在西邊（如北地郡）、北邊（如上郡）的軍馬牧場的規模，並鼓勵各郡國和百姓飼養馬匹。由於馬政建設的發展，劉啟在位期間的軍馬數量增加不少，養有四十餘萬匹屬於官府的馬匹，而民間的馬匹更是數量大增。實行「賣爵令」及「贖罪之法」，這是文帝時由晁錯提出並批准實施的，劉啟即位後繼續推行，使其完善，讓大批徙民充實於邊地，成為一支亦兵亦農的墾戍隊伍，不但減輕了內地百姓的徭役，還爭

取到一個安定的周邊環境。

劉啟堅持「清靜恭儉」的行政理念，採取多項措施，推動經濟、社會的發展。「清」即為政少事，「靜」則安定百姓，「恭」是善待臣民，「儉」為節省汰用。具體講，包括以下幾個方面：

重農抑商，發展經濟。劉啟說：「農，天下之本也。黃金珠玉，饑不可食，寒不可衣，以為幣用，不識其始終。」他十分重視農業發展，多次要求郡國官員的首要政務是勸勉農桑；並允許農民可以從貧瘠的土地遷徙到水源豐富、肥沃的土地耕作，無地、少地的農民可以租用租「長陵田」；多次頒詔，凡擅用民力的官吏都用法律懲治，以確保農業正常生產；還先後兩次下令禁止用穀物釀酒，內郡亦不得用粟來餵馬。劉啟在位期間農業屢獲豐收，物價低廉，有人統計，整個西漢時期稻米價格下降幅度最大的，就是他與文帝在位的近四十年時間裡，其他各方面也獲得了較快的發展。

輕徭薄賦，約法省禁。劉啟重視法律的制定與實施，強調要約法省禁，即法律條文要簡約明瞭，施刑量刑要寬疏謹慎。他部署朝臣，將文帝時期修改過的法律條文再行修正，繼續減輕刑罰，廢除肉刑中的不當之處；用法謹慎，加強司法過程中的公正程度；對特殊罪犯給予某種照顧。強調要減輕徭賦，他即位之初便頒佈詔令：「令田半租」，即三十稅一，只收取文帝時十五稅一之半，從此成為西漢的定制；翌年，又下令將男子開始服徭役的年齡推遲三年，並將服役時間縮短，此規定一直沿用至西漢昭帝時代。

發展教育，打擊豪強。劉啟非常重視文教事業的發展，在他的影響下，尊師重教蔚然成風，其中很出名的是為文翁辦學。文翁是盧江郡舒（今安徽盧江縣西南）人，年輕好學，通曉《春秋》，以郡縣吏被察舉（即郡國守相經過考察後向朝廷推薦），劉啟末年任命其為蜀郡太守。文翁首創了郡國官學，對文化的傳播起到了重要作用，後來武帝讚賞他的辦學模式，在全國予以推廣。注重打擊豪強勢力，在修建陽陵時，仿效高

祖的做法，將部分豪強遷至陽陵邑，令他們宗族親黨之間相互分離，強幹弱枝；任用酷吏，如郅都、寧成、周陽等，嚴厲打擊那些橫行郡國的邪惡勢力，在一定程度上緩和了社會矛盾，有利於社會的發展。

由於採取的措施得當，劉啟在位期間人口增加，百姓富庶，府庫充實。據說，在劉啟統治的後期，國庫的錢堆積如山，串錢的繩子都漚爛了；穀物多得糧倉裝不下，有的只能堆放於露天。但是，物質豐富也帶來了人們貧富上的懸殊，此種局面為武帝施政提供了雄厚的物質基礎，同時也給西漢中期帶來了一些社會問題。

寡恩忍殺
不重情誼

劉啟的歷史功績是毋庸置疑的，他躬行善政、安世恤民，經濟、社會發展及社會風氣較好，在後世有著不錯的口碑。按理說他應當是一個很親善的人，但事實卻相反，他為人冷酷，寡情薄義，說翻臉就翻臉，而且做了對不住別人的事絲毫沒有愧疚感，一副鐵石心腸。他擁有著雙重的性格，這可能是不少政要的通性。究其原因，是專制、集權賦予了他這種秉性，而這種秉性又加劇了專制、集權的嚴酷。

劉啟從小就顯露出兇狠、冷漠的性格。當年吳王劉濞的反叛應當說與他有著非常大的關係，或者乾脆說就是直接的導因。《史記·吳王濞列傳》記載：「孝文時，吳太子入見，得侍皇太子飲博。吳太子師傅皆楚人，輕悍，又素驕，博，爭道，不恭，皇太子引博局提吳太子，殺之。」意為在文帝時，吳王劉濞的世子到京城與劉啟下棋，雙方發生爭執，被劉啟用棋盤擊殺而死。當時，劉啟是一個十幾歲的孩子，為了一點雞毛蒜皮的小事，竟將自己的堂兄弟活活打死，可見他兇狠的程度。因一盤棋，自己的兒子被打死，而且對方沒有一點歉意，劉濞十分憤怒。當文帝派

人將屍體運送至吳國時，劉濞火冒三丈地說：「天下一宗，死長安即葬長安，何必來葬？」又將靈柩運返長安埋葬。從此，劉濞便記下了仇恨，稱疾不再入朝，文帝也覺得理虧，賜其几杖，即茶几、手杖，表示對其尊敬和優待，允許他不用朝請。但即使是這樣，也沒有消除劉濞心中的怒火，以致十多年後，公然揭起了叛旗。

如果說劉啟打死吳世子尚屬年少輕狂，他即位後整治鄧通則屬於處心積慮、心胸過於狹窄了。鄧通是文帝的寵臣，深受信任和恩典，文帝賜鄧通「蜀嚴道銅山，得自鑄錢」。據史料載，文帝曾患癰疽，鄧通一直守候在身邊，並用嘴為其吸吮膿血。「文帝不樂，從容問通曰：『天下誰最愛我者乎？』通曰：『宜莫如太子。』」文帝為了檢驗劉啟是否真的愛自己，便讓他也像鄧通那樣為自己吸吮膿血。劉啟不得已為之，但吸時面露難色。事後，劉啟聽說「鄧通常為帝唶吮之，心慚，由此怨通矣」。文帝死後，劉啟便洩憤於鄧通，「盡沒入鄧通家」，將其家產全部抄走，甚至連一根簪子都沒留下。可憐鄧通從一個大富豪變成了窮光蛋，「不得名一錢」，最後竟然餓死在別人家裡。

劉啟最讓人寒心的要數腰斬晁錯。晁錯是劉啟為太子時的太子家令，頗具才氣，劉啟即位後為內史、御史大夫，輔佐劉啟可謂一片忠心。如前文提及，晁錯上書《削藩策》，力主削藩，得到劉啟的支持。不想削吳的詔書下達後，引發吳楚七國以「清君側」之名反叛，戰火一時間燃遍了半個中國。劉啟對局勢顯然缺乏預判，在派兵討伐的同時，內心充滿了猶疑和後悔。這時大臣袁盎乘機挑唆，說殺掉晁錯、恢復七國封地便可息兵。劉啟為保一時之安，居然將晁錯作為了與叛軍妥協的犧牲品，給晁錯定下罪名「無臣子之禮，大逆無道」，將其殺害。殺害的方式更是無法讓人接受，他派人到晁錯家中傳旨，說讓其上朝議事，可憐晁錯對劉啟鞍前馬後、盡忠盡力，為削藩日夜操勞，臨死前竟然完全被蒙在鼓裡，到朝堂後幾個劊子手一擁而上，將其腰斬，並誅其九族。一代才俊沒能成就於削藩大業，竟慘死於劉啟之手。

周亞夫是平定「七國之亂」的首功之臣，下場也格外淒慘。劉啟改立太

子時周亞夫曾表示過異議，二人關係開始疏遠。匈奴王徐盧等五人向漢室投降時，周亞夫認為不應封背主的降將為侯，劉啟對此不以為然。周亞夫身為丞相，劉啟很多時候卻不採納他的建議，再加上他在朝中樹敵眾多，便稱病請辭。這下正中劉啟下懷，隨即宣佈免去其丞相之職。周亞夫辭相後，劉啟仍對其充滿敵意，一次，劉啟在席間嘲弄周亞夫，賜其一大塊肉，周亞夫見肉沒有切過，也沒有餐具，便讓服侍去取筷子。劉啟走過來笑道：「這還未滿君意？」周亞夫聽出了劉啟話中帶刺，趕緊離開座位下跪謝罪，二人不歡而散。後來，周亞夫的兒子買縣官器具，他因而受到牽連，劉啟派廷尉審問其謀反罪，周亞夫在獄中悲憤交加，連續五日絕食後嘔血而死。一代忠臣就這樣蒙受冤屈，周亞夫死後，劉啟下令絕其侯國，不准其子嗣為侯。

劉啟的同胞兄弟劉武先後受封代王、淮陽王和梁王，兩人自幼關係很好，生母竇太后對劉武很疼愛。劉啟即位後仍與劉武同車出入，並說過自己身後要將帝位傳予劉武，劉武內心竊喜。劉武在平定「七國之亂」中立有大功，野心開始膨脹，大造宮室，修築苑囿，又受賜天子旌旗，千乘萬騎陪同出入，其府庫存錢百萬，都在模仿皇帝的待遇。袁盎向劉啟陳明傳位於弟的危害，劉武得知後懷恨在心。起初劉啟對劉武並未防範，劉武在謀士羊勝、公孫詭的建議下，派人殺害了袁盎等十多位大臣，劉啟才感到了問題的嚴重。追查案件確是劉武所為，要將其治罪，由於竇太后絕食求情，劉啟才沒有對親兄弟下手。這其中劉武當然要負主要責任，並不能全怪劉啟。劉武在一次出獵途中見到一頭怪獸，驚嚇病亡。

劉啟共有十四個兒子，正妻薄后為祖母薄太后的娘家孫女，是劉啟做太子時由祖母包辦，未生育，所以劉啟無嫡子。傳嗣予誰便成為劉啟很傷腦筋的事，景帝前元四年（前 153 年），他立栗姬所生的庶長子劉榮為太子，同時封王夫人王娡之子劉徹為膠東王，即後來的漢武帝。三年後，栗姬失寵，劉啟經過一番調解，廢劉榮為臨江王，另立劉徹為太子。臨江王的王宮較小，劉榮想擴建，偏巧王宮旁邊是文帝的祭廟。於是，有人以「侵佔廟地」為由向劉啟告發，指其是忤逆的惡行。對此，劉啟沒有親自去詢問，而是將其交給酷吏郅都，郅都理獄雖秉公，但非常嚴厲，

落入他手，如送羊入虎口，更何況劉啟有著某種暗示。果然，郅都追究訊問時甚嚴，劉榮十分恐懼，想要刀筆直接寫信給劉啟謝罪，但郅都不允許。外戚竇嬰知道後，悄悄派人送來刀筆，劉榮寫信後絕望地在中尉府自殺，後來消息傳到劉啟耳中，他並沒有表現出絲毫的自責和惋惜，只是下令草草收葬了事。

景帝後元三年（前141年）正月，劉啟患病，日趨加重，他自知將時日無多，臨終前對太子劉徹說：「人不患其不知，患其為詐也；不患其不勇，患其為暴也。」意指叫劉徹不但要知人、知己，還要知機、知止。不久，劉啟崩於未央宮，享年四十八歲，葬於陽陵（在今陝西咸陽正陽鄉）。從陽陵南發掘出數里長的殉葬坑看，為其殉葬者達萬人以上，很多骨骸的手腳上還戴著鐐銬，有的被斬首，有的被腰斬。劉啟諡號孝景皇帝，沒有像高祖、文帝、武帝、宣帝、元帝那樣稱宗立廟，在後人所言「漢稱七制」中，也沒有像高祖、文帝、武帝、宣帝、光武帝、明帝、章帝那樣擁有一席之地，如此的歸宿，不能不說是與他薄情寡義的性格及做法有關。

好大喜功的劉徹

漢武帝

前141-前87

元光 元朔 元狩 元鼎 元封 元初漢 天漢 太始 太征 後元
建元

劉徹在中國史上可謂名聲顯赫，毛澤東在詩詞《沁園春・雪》中將秦皇、漢武、唐宗、宋祖、成吉思汗等幾位重量級的君主相提並論，賦予了其極高的歷史地位。劉徹功勳卓著：抗擊匈奴、開拓疆土、出使西域、設立中朝、鹽鐵官營、建立年號、罷黜百家、創立太學等，許多是屬於開創性的，使漢朝成為當時世界上最強大的帝國；但他「窮奢極欲，繁刑重斂；內侈宮室，外事四夷；信惑神怪，巡遊無度」，又給百姓及社會帶來了沉重的負擔和災難，晚年頒佈「罪己詔」，進行懺悔。

漢武帝劉徹像

少年稱帝
初行掣肘

劉徹生於景帝前元元年（前 156 年），是景帝的第十子，高祖的重孫，母親為王姱。王姱在進宮前已婚，嫁給了一戶姓金的人家，並生有一女。劉徹的外祖母聽了算命先生的話，將她從金家帶進宮，進予皇太子劉啟，即後來的景帝，二人生下了劉徹。景帝正好於當年登基，劉徹一出生便成了皇子。據王姱講，她在初懷劉徹時，夢見太陽入懷，景帝說這是個吉兆，將來孩子必定大富大貴。這種說法很快傳遍宮中，使小劉徹一出生便著有一層神奇的色彩。當然這是後人的附會之談。

王姱在宮中是個美人，即妃嬪中的一個不高不低的級別，劉徹屬於庶生，按照規制，他是沒有資格繼承皇位的。但景帝的皇后薄氏沒有生育，即景帝沒有嫡子。景帝的十四個兒子全為庶生，劉徹排行居中靠後，上有哥哥，下有弟弟。在所有的皇子當中，要數栗姬所生的劉榮最大，幾年後，景帝立劉榮為皇太子，劉徹受封為膠東王，這年他僅四歲。

景帝有個胞姐叫劉嫖，稱長公主。她有個女兒叫陳阿嬌，本想許配給皇太子劉榮為妻，以求女兒今後榮華富貴。但劉榮的生母栗姬因長公主經常給景帝進獻美女而對其很反感，不願意接受這門親事，兩人從此結下芥蒂。長公主很喜歡劉徹，又想將女兒許予劉徹，但阿嬌比劉徹大好幾歲，景帝不太同意。一天，長公主當著景帝的面問小劉徹，願意不願意娶阿嬌姐為妻，小劉徹聰明地答道：「如果能娶阿嬌為妻，我一定造一所金房子給她。」引得滿堂哄笑，此即「金屋藏嬌」的由來。景帝從笑聲中看出了劉徹的聰慧，便同意了這門親事。從此長公主與王美人結為親家，二人關係格外密切。

長公主是個很有機心的人，因薄后不能生育，景帝想改立栗姬為后，栗姬是個性情中人，總愛耍個小性子。因為有「拒親」的事，長公主便對景帝說：「栗姬心胸太狹，如果她做了皇后，悲慘的人彘事件難免不會

重現。」「人彘」即指當年呂后殘害戚夫人的事。長公主又經常在景帝面前說王美人和劉徹的好話，使景帝打消了立栗姬為后的想法。

景帝逐漸對栗姬產生不滿。王美人看出玄機，略施小計，請一位與栗姬關係不錯的大臣到朝堂上請景帝立栗姬為后，景帝聽後大怒，殺了這個大臣，朝臣們從此不再敢提立后的事。不久，景帝又廢掉了劉榮的太子之位，改封為臨江王。栗姬的兄弟栗卿出面反對，也被殺了頭，栗姬怒氣而死。

景帝的弟弟梁王劉武見太子被廢，動了由自己繼位的念頭，他找到母親竇太后。竇太后從小寵愛劉武，便對景帝施加影響。景帝不知是出於對母親的尊重還是真有此想法，在一次公開場合說過身後將傳位給劉武。這可是個原則性的大問題，大臣袁盎出面表示反對，以春秋時宋宣公傳弟不傳子而引發大亂為例說服景帝。景帝接受了勸告，劉武見希望落空，惱羞成怒，派人殺害了袁盎等十多位大臣。

經過一番爭鬥，景帝於前元七年（前 150 年）立美人王娡為后，劉徹被立為太子，成為皇位繼承人，這年他七歲。劉徹從小聰明伶俐，景帝很喜歡他，立為太子後，更是悉心培養。他找來德高望重的衛綰做劉徹的老師，衛綰精通儒學和文學，還會駕車和修車等技藝，曾輔導過河間王劉德，使其成為學識淵博的人，「實事求是」便始於劉德之筆。在平定「七國之亂」中衛綰指揮作戰有功，升為中尉，受封建陵侯。衛綰培養了劉徹六七年時間，對他的影響很大。

劉徹自幼很喜歡學習，且文武兼涉，詩騎並行，對經典、文學、騎射等都很感興趣。他非常愛好詩賦，且有很高的造詣。他非常敬佩著名文學家枚乘的賦，一直想見見老先生，但未能如願，後來他做了皇帝，派人用安車蒲輪接枚乘進京。他還向匈奴出身的韓王信的後代韓嫣學習騎射，馳騁千里，彎弓搭箭。這使他既有豐富的學識，又有強健的體魄，能文能武，有膽有識，志向高遠，心境開闊。而所有這些，都為他未來登基、開創功業打下了良好的基礎。

景帝後元三年（前 141 年），景帝崩，劉徹在眾臣的擁戴下繼承皇位，順理成章，水到渠成。立陳阿嬌為皇后，母親王氏為皇太后，祖母竇氏為太皇太后，始設年號建元。使用年號是劉徹的一大創建。從此開始了他漫漫的帝王生涯。

劉徹從先祖手中繼承的是一個強盛的王朝。漢代自高祖創立，清靜無為，與民休息，使社會獲得了休養生息的機會。後雖歷呂后擅政，但在朝臣的主持下，經濟發展並未止步。再經文、景兩朝，經濟及社會發展達到高峰，史稱「文景之治」。據《史記·平準書》記述，至劉徹繼位，「漢興七十餘年之間，國家無事，非遇水旱之災，民則人給家足，都鄙廩庾皆滿，而府庫餘貨財。京師之錢累巨萬，貫朽而不可校。太倉之粟陳陳相因，充溢露積於外，至腐敗不可食。」這對於雄心勃勃、志存高遠的劉徹來講，無疑獲得了一份非常豐厚的政治、物質遺產。從這一點上講，劉徹很像秦始皇，均為前輩經過多年的打拼和經營，夯實了社會發展的基礎，他只要乘勢而上，便可以獲取功名。所以，英雄和偉人有時未必多麼能幹，而是借助於前人的努力和鋪墊。劉徹面對如此的局勢，急欲大展宏圖，一顯身手。

然而，事情的發展並非如劉徹想像的那樣順暢，在他施政之始便遇到了阻力，而掣肘的不是來自朝中和世間，而是源於皇室內部，即從小疼愛他的祖母、太皇太后竇氏。竇氏我們在講文帝時介紹過，名竇漪房，清河觀津人，現地屬河北衡水，是文帝的皇后，景帝的皇太后，劉徹繼位被立太皇太后。她是個非常強勢且有很高施政能力和經驗的女人，在文帝和景帝執政期間，包括打造「文景之治」盛世，都發揮了異常重要的作用，當然，在欲嗣梁王、安插族親等方面也費盡了心機，她在宮中地位很高，權勢很大，甚至很跋扈，在某種意義上可以說是文、景兩朝政權實際的操控者。至劉徹繼位，老太太似乎並沒有收手的打算，儘管她年事已高，且患有眼疾，卻還要插手朝政，處處干預。如此的政權格局，使劉徹很無奈，而理念上的分歧則更加劇了祖孫間的矛盾。

劉徹繼位不久便推行幾項措施：一是「舉賢良文學之士」。劉徹認為治

國安邦必須依靠大批人才，於是便下詔讓各級官員舉薦，品德優良的稱「賢良」，以文詞見長的稱「文學」。不久，全國各地推舉上來一百多人，他命令在長安先行筆試，然後面試。他饒有興致地召見成績優異者，其中佼佼者便是大名鼎鼎的董仲舒，董仲舒向他講述了「天人感應」、「天不變道亦不變」、「大一統」、「三綱五常」等政治主張，令他大開眼界，成為他日後推行「罷黜百家、獨尊儒術」的思想基礎。二是調整政權班子。衛綰是劉徹的老師，經景帝生前安排做了丞相，其年事已高，缺乏進取心，且在景帝生病期間，濫殺了一些官員，引起眾人的不滿，令劉徹很失望。衛綰看出了劉徹的態度，借病請退，劉徹沒顧及師恩，馬上批准。他啟用了一批年輕力壯的人為官，以竇嬰為相，田蚡做太尉，趙綰為御史大夫，王臧做郎中令；趙綰、王臧又推薦其老師申培，劉徹將其迎到長安做了太中大夫。三是嚴於法治，進行改革。要求臣屬檢舉揭發行為不軌的皇親國戚，罪行核實給予貶謫，消弱王侯權力，要求在京的王侯都還回封地。削減「轉置迎送」的衛士萬餘人，停止餵養苑馬，將苑地賜予貧民，廢除關卡稅收制度；給年滿八九十歲以上的老人免除賦稅及一子的徭役。另外，還做好了設立明堂、曆法、封禪、打擊匈奴等多方面的準備。

這些措施堪稱針砭時弊，很有開拓性，利於政權及社會的發展，但卻觸動了一些人、特別是皇親國戚們的利益，當時的王侯、貴戚恃寵怙勢，為非作歹，遭檢舉的很多；列侯的夫人多為公主，在京城的關係盤根錯節，都不願去封地，再加上其他既得利益者，都紛紛跑到竇老太后跟前去告狀，詆毀「新政」。老太后自己也早有覺察，對孫兒已有不滿；而且自大漢創立以來，一直信奉「黃老之學」，劉徹推崇儒說，則更加重了老太后的反感。建元二年（前 139 年），御史大夫趙綰上書提議不要再讓太皇太后干預朝政，使得矛盾激化。老太后畢竟是經過世面的人，幾十年大權在握，對此絕不能容忍，於是稍動權杖，便勒停了劉徹的「新政」，罷免了竇嬰和田蚡，關押了趙綰和王臧，送走了申培。趙綰和王臧在獄中被迫自殺，劉徹的「新政」夭折，繼任的丞相許昌，御史大夫莊青翟、郎中令石建等都是老太后的人，政權仍然旁落，劉徹只能等待時機。

強化皇權
抗擊匈奴

劉徹並沒有就此消沉，因為他比起老太后有著無可比擬的優勢，那就是年輕。在新政受挫的日子，他繼續強化自身、馳騁林苑、逐狩獵物、修身養性、研讀詩賦。他曾北到池陽（今陝西涇陽西北）、西到黃山（今陝西興平以北）、南到長楊（今陝西周至）、東到宜春（今西安東南），為方便遊獵，他下令在多地修建行宮，擴建上林苑。他喜愛詩賦，一日，讀到司馬相如的《子虛賦》，大為讚賞，速召司馬相如進京，司馬氏再做《上林賦》，洋洋三萬言，詞藻華麗，音韻鏗鏘，劉徹非常滿意，留其在京城做了郎官。經司馬相如指點，劉徹寫下了不少詩詞歌賦，著名的有《瓠子歌》、《天馬歌》、《孝夫人歌》、《秋風辭》等，流傳至今。他還創立了樂府官署，掌管俗樂，收集民間歌辭，促進了中國文學藝術的發展。

劉徹繼續發掘和招攬人才，培植自己的勢力。後來成為一代良臣的韓安國、汲黯、公孫弘，著名文學家司馬相如、東方朔，在開拓東南、西南地區中立下汗馬功勞的唐蒙、莊助等，都是於這一時期發現的，後來都成為了他的左膀右臂。另外，劉徹成功地解決了東南沿海的東甌和閩越問題，為自己樹立了威信。建元六年（前135年），竇老太后死，劉徹終於擺脫她的束縛。他馬上下令罷免她任命的丞相許昌、御史大夫莊青翟，清除了老太后在朝中的親信黨羽，任命田蚡為丞相，韓安國為御史大夫，開始了他大刀闊斧的施政進程。

但凡新上臺的統治者，大都要從調整政權結構及官員的成分入手，以適應自己施政的需要，劉徹也是如此。漢朝政權是在秦末農民起義的基礎上建立起來，漢初的官員多為軍功貴族，高祖雖下過求賢令，表示要與賢士大夫共治天下，但並沒有多少士人能進入朝廷，「漢興二十餘年，天下初定，公卿皆軍吏」；惠帝、高后時，「公卿皆武力功臣」；文帝、景帝時，任用的都是有最高軍功的列侯、關內侯軍人或嗣襲侯爵的軍功

漢武帝劉徹文治武功俱全，在位期間，擴建上林苑，除了作遊玩之用，亦是尚武之地，
司馬相如為其作《上林賦》，描寫壯麗的上林苑環境與劉徹射獵的壯闊場面，呈現出
當時漢室的繁盛和氣魄。圖為明代仇英所畫的《上林圖》局部。

貴族子弟。這些人擁地分權，狂妄自大，很多人根本不把中央政權、甚至皇帝放在眼裡。太常屬官博士雖由文人擔任，但僅具官待問，並未進入公卿的行列，這就使得朝廷成為了各方勢力的附庸，人才被排斥在外，嚴重地缺乏進取與活力；致使社會矛盾凸顯，土地兼併嚴重，出現了「富者田連阡陌，貧者無立錐之地」的現象。依靠這樣的政權來實現劉徹的雄心與抱負，顯然是不可能的，他必須進行改革。

自建元元年（前140年）在全國大規模推舉人才後，劉徹又於元光五年（前134年）、元封五年（前106年）幾次要求郡國推舉孝廉、賢良方正、秀才，下詔表示要將「有非常之功」的「非常之人」破格任用為「將相」或「使絕國者」，即出使遠方國家的使臣。此即漢朝的察舉選官制，實際上在漢初已經存在，有賢良和孝廉兩科，劉徹更增加了科門：包括德行、學術和儒學、律令、行政等，元封五年（前106年）又增加了茂材異國科，並規定了推舉人數的比例。同時實行公車上書制，允許吏民直接向朝廷上書言事，有才能的人可以毛遂自薦。一時間上書言政的人很多，因此而得官的有東方朔、主父偃、徐樂、嚴安等等。其中主父偃是個文士，貧窮不得志，元朔元年（前128年）上書九條，闡述健全法律和反擊匈奴等主張，劉徹看後大為讚賞，立刻召見，一年內接連提拔四次，後來成為「推恩令」的主要籌劃者。另外，還推行徵召制，將有才能且不肯出仕的社會賢達、隱居高士、學者名流等招致朝廷，充當智囊。建元之初，徵召的有辭賦家枚乘、儒學大師申培等；元光五年（前130年），徵召通世務曉習道術者；元狩元年（前122年），派遣博士行天下徵召君子隱士等。劉徹稱得上是求賢若渴，不遺餘力，他做出嚴格規定：各地長官，一次不推薦人才的黜爵，兩次的黜地，三次的爵地全黜。附下欺上者死，附上欺下者刑。參預國政而無益於民和在上位而不能進賢的斥退。二千石的高官不舉孝廉、不奉詔的，應以不敬論處，不廉潔、不勝任工作的，應當免官。

為了將更多、更優秀的人才輸送到朝廷，劉徹聽取董仲舒的建議，興建太學，設立五經博士。太學乃國立大學，在中國史上屬首創，由太常選拔十八歲以上的優秀青年入學受業做博士弟子，郡國可選品學兼優的青

年送到太學，學制一年，經過考試，通一經以上者，可補文學掌故等官缺；成績甲等者並為郎官；下材而不通一藝者不用；如有特別優異的茂材異等，可直接上報。元朔五年（前 122 年），劉徹打破原有列侯拜相的舊制，任命「賢良對策」出身的公孫弘為丞相，使文人學士首次登頂政壇，成為從漢初軍人貴族政權向文官政府轉變的標誌，是中國政治史上的一大進步。

劉徹選人用人，包括選后選妃，堪稱不拘一格，唯才是舉，打破了各種人為的限制和條條框框。當然必要的關係還是要照顧的，也可適當保留一些特權，如通過任子制度，可以讓二千石以上官吏的子孫當官可通過「貲選」讓有錢人當官，特別照顧先賢的後裔，如賈誼兩個兒子之所以做了郡守就是受到關照。但絕大多數人靠的是才能和賢德，而不是靠出身和地位，如皇后衛子夫是奴婢出身，後被選中；名將衛青、霍去病是奴僕和家奴的子女出身；丞相公孫弘、御史大夫兒寬，以及嚴助、朱買臣等人都是平民；御史大夫張湯、杜周和廷尉趙禹本來只是小吏等等。劉徹特別在軍事將領方面，選用了多名越人、匈奴人，其中匈奴人金日磾被俘後淪為官奴，被安排在漢室宮中養馬，後來竟與霍光、上官桀一起被作為托孤的重臣。正因為劉徹有如此的胸襟和氣魄，使得他身邊人才濟濟、高人輩出，給予其施政以強大的智力及多方面的支持，無怪乎班固驚歎：「漢之得人，於茲為盛！」

選官的問題解決了，政權結構也要隨之變化。過去王朝的權力混亂而分散，皇權孤立，甚至被架空；朝臣及列侯的權力過重，弱幹強枝，離心離德，劉徹必須進行改革。首先，削弱相權。漢初的丞相都是開國功勳，總攝朝政，百官恭謹從命，甚至像內史（都令）一級的高官，只要是丞相認為有過失的官員，都可以先斬後奏。同皇帝議政時，丞相的意見分量很重，一般都要聽從，丞相推薦的官員一出任就可以做九卿郡守品級的大官，相權在某種程度上甚至要超越皇權。劉徹在改變丞相身份、任用賢達的同時，建立起「中朝制」，即將原來的朝廷分為外朝和中朝。外朝即原本以丞相為首的相府，中朝則是將原本少府屬下主管文書檔案的尚書台，轉變為審閱公文、謀劃政事、起草詔令的日常工作機構，再

加上侍中、中書等，聚集起一批有學識、進取心強的文人學士，皇帝遇有朝政大事先與中朝商討，決定後再交外朝公佈和執行。如此一來，相府由決策機構變成了執行機構，九卿有事可以不經過丞相而直接上奏，皇帝通過中朝而獲得了絕對的權力。劉徹對丞相可謂玩於股掌，召之即來揮之即去，他在位期間共任用了十三名丞相，除了田蚡、公孫弘、石慶、田千秋等善終外，衛綰、許昌、薛澤被免職，李蔡、莊青翟、趙周「畏罪自殺」，竇嬰、公孫賀、劉屈氂被斬，丞相一職最後竟無人敢承擔了。

其次，削弱地方割據勢力。漢初封了一批同姓王侯，這些人享有兵甲、賦稅、物產等多方面的權力，我行我素，恣意妄為，對中央政權構成極大的威脅。景帝平定「七國之亂」後情況雖有所好轉，但有的侯國仍「連城數十，地方千里」，成為中央集權的隱患。如劉徹的叔叔梁王劉武，出行千乘萬騎，前呼後擁，「擬於天子」，他「招延四方豪傑，自山以東遊說之士，莫不畢至」，自做弩弓數十萬，「府庫金錢且百巨萬，珠玉寶器多於京師」；江都易王劉非在其封地為非作歹，橫行霸道，其子劉建看中了邯鄲人梁蚡本來想獻給劉非為妻妾的女兒，與父爭風吃醋，最後霸佔梁女，還派人殺死了梁蚡，朝廷竟不敢受理此事。劉徹於元朔二年（前 127 年）採納主父偃的建議，頒佈「推恩令」，削弱侯國。規定諸侯王除了由長子繼承王位外，還可將其餘諸子在原封地內封侯，新封的侯國不再受原侯國管轄，而由各地郡縣管理，名義上是施以恩德，實際上剝奪了各侯國的政治軍事權力，使得「大國不過十餘城，小侯不過數十里」，結果，小國只夠「衣食租稅」，大國被化整為零，梁國一分為五，長沙國分為十六，菑川國分為十七。

「推恩令」的實施引發了一些諸侯的不滿，有的諸侯王起而反抗，目標直指朝廷。淮南王劉安、衡山王劉賜是親兄弟，高祖之孫，其父劉長勇武傲慢，為爭奪皇位，曾派人謀殺文帝，事敗自殺。「七國之亂」中劉安曾發兵回應叛軍，沒有得逞。「推恩令」頒佈後劉安勾結劉賜，「陰結賓客，拊循百姓，為釁逆事」，甚至暗中製造登基時的印綬，準備篡奪帝位，元狩元年（前 122 年），事情敗露，劉徹下令將劉安逮捕，依法懲辦，劉安聞風自盡。淮南、衡山兩國被廢，改為九江和衡水

郡。劉徹發現在此過程中朝廷有人與之勾結，又頒佈了「左官之律」、「附益之法」、「阿黨法」等，進行打擊。據統計，漢初因功封侯的有一百四十餘人，而到劉徹太初年間，只剩下五人。

劉徹在削弱諸侯的同時，還著手打擊地方豪強勢力。地方豪強有點類似於現在的黑社會，「以強凌弱，以眾暴寡」，橫行鄉里，與諸侯勢力相勾結，「權行州城，力折公侯」，獨霸一方。劉徹一方面繼續推行漢初以來遷徙豪強的策略，將其遷入關中，置於朝廷的控制之下，另一方面則任用酷吏進行誅殺，使社會秩序大為好轉。

劉徹還對漢初的監察制度進行改革。元封五年（前 106 年），將全國劃為十三部（州），每部（州）派刺史一人。刺史於每年秋天巡行郡國，但並不處理一般事務，只檢查各地豪強的違法亂行和地方郡守、國相的營私舞弊，經過考察，優秀的可向上推薦，惡劣的可以罷免。刺史的職權很大，但品級並不高，又不管具體日常事務，所以不會形成新的權貴。

劉徹在改革中注重制度建設，而非以事論事，他命張湯、趙禹制定各種法律條文，任用酷吏執行，執法從嚴。當時出名的酷吏除張湯、趙禹外，還有周陽由、義縱、王溫舒、尹齊、減宣、杜周等。另外，還改革兵制和法制方面，在中央常備軍中增設八校尉、期門軍、羽林軍等，分屬南北軍，並增設樓船（水軍）等。劉徹時期制定的律令具體、嚴密、明確，多達「三百五十九章，大辟四百九條，千八百八十二事，死罪決事比萬三千四百七十二事」，以致「文書盈於几閣，典者不能遍睹」。

第三，整頓經濟。王朝的興盛要靠經濟來支撐，經濟是社會發展的第一要務。由於頻繁的戰爭和宮廷的龐大支出，劉徹繼位後經濟出現緊張，僅元狩二年（前 121 年）至元狩四年（前 119 年），所花錢物數額驚人，為招降匈奴渾邪王而賞賜的財物價值百多億；山東發生水災，郡國倉庫錢糧用完，只得把七十二萬多名貧民遷至西北和東南；張騫第二次出使西域，帶去錢物多達幾千萬。面對如此狀況，劉徹採取措施：一是改革幣制，把鑄幣權收歸朝廷。漢初，允許各郡國自行鑄錢，文帝時「除盜

鑄錢令，使民放鑄」，一時「盜鑄如雲而起，棄市之罪又不足以禁矣」，使得幣制混亂，物價上漲，錢幣貶值，阻礙商品的流通；官僚貴族、商賈借機操縱易市，牟取暴利，自我膨脹，與中央政權分庭抗禮，「七國之亂」的首謀吳王劉濞即是如此。元鼎四年（前113年），劉徹下令禁止郡國鑄幣，在全國成立專門的鑄幣機構，新幣稱「五銖錢」，品質很高，便於流通。從劉徹至隋朝的六七百年間，五銖錢一直作為官方統一使用的貨幣。劉徹頒佈法令：「盜鑄諸金錢罪皆死」。二是鹽鐵官營。漢初鹽鐵歸私人經營，國家收稅，特別是文帝時的寬鬆，造成了官宦列豪對於採礦、冶鐵、煮鹽的壟斷，不僅影響到朝廷的財政收入，還助長了地方勢力的惡性膨脹。劉徹於元狩五年（前118年）採納商人孔僅和東郭咸陽的建議，下令將冶鐵、煮鹽、釀酒等全部收歸朝廷，禁止民間經營，在全國設鹽鐵專賣署，任命各地的鹽官和鐵官。三是推行「均輸平準」制，防止投機商人囤積居奇。劉徹於元封元年（前110年）採納桑弘羊的建議，推行均輸平準政策，由國家統一調配運輸和物價。「均輸」即調配運輸，在各郡國設均輸官，負責各地貢品的轉運和買賣，以減少直接運輸的損耗；「平準」即平抑物價，在京師置平準官，總管全國運到京師的物資財貨，平衡物價，防止投機商人從中漁利。四是實行算緡、告緡，打擊富商大賈。劉徹於元狩四年（前119年）頒佈算緡令、告緡令，「算緡」即向大商人、高利貸者徵收財產稅，商人每兩千錢抽稅一算（二十錢），手工業者四千錢抽一算，車船等也要抽稅，不如實申報財產者，沒收全部財產並罰戍邊一年。鼓勵知情者告發，查實後獎勵告發者一半，稱「告緡」。劉徹派楊可主持告緡事務，告緡之風一時遍及全國。

整頓後朝廷的財政收入大大增加，負責理財的桑弘羊說：「鹽鐵官營後，政府增加收入達億萬之計，當時四方征討的費用，全仰『鹽鐵之福也』。」但這裡要說的是，劉徹對待經濟與他的政治主張一樣，主要著力於將原各侯國及民間的權力收歸朝廷，所以我們用「整頓」經濟而非「發展」經濟。從數量上講，朝廷的財力大增，但並沒有施利於地方及百姓，而且主要用於戰爭及宮廷奢侈的支出，百姓們為此要付出沉重的賦稅和徭役，國富而民窮，這是必須記取的，也是劉徹最後頒「罪己詔」

的重要原因。

第四，拓展疆土，打擊匈奴。這是劉徹業績最為突出的方面。漢初實行「無為」政治，加強了漢族與少數民族的交往，為建立統一的多民族國家奠定了基礎，但也在一定程度上助長了北方匈奴的貪婪與掠奪性。匈奴是秦漢之際活躍於西北和蒙古高原的一支少數民族部群，勢力強大，經常騷擾秦漢的北部邊境。漢初採取戰和相間、以和為主的策略，同匈奴和親，將漢室的公主嫁給單于，每年送予其大批絲綢、糧食、酒類等，與之結為兄弟，以求邊境的安寧。但匈奴出於民族習性，雖接受了和親及禮物，但仍對內地侵擾不斷。劉徹繼位後，下定決心要解決這一問題。

建元六年（前135年），匈奴派人來請求和親，劉徹召集百官廷議，主戰、主和兩派爭論激烈，依照主和派的意見，決定和親，將一民間女子裝扮成公主，嫁予匈奴單于。第二年，雁門馬邑土豪聶一通過朝官王恢獻計，說：「現在匈奴與朝廷和親，不會懷疑，我們不如把他們引誘進來，用伏兵襲擊，定能取勝。」說實在這不夠厚道，但政治似乎根本無厚道可言。劉徹再行廷議，主戰派佔了上風，劉徹遂調兵遣將，積極準備，元光二年（前133年），大行令王恢派商人聶一詐降，潛入匈奴營地，以殺死馬邑官吏、開城相迎為誘餌，召匈奴單于前來，劉徹在馬邑旁的山谷裡埋伏了三十萬大軍，以李廣、公孫賀、王恢、李息、韓安國等人為將軍。單于率兵進至離馬邑百里遠的地方，發現情況有些不對勁，遂捉一漢吏逼問，知道了真相，連忙退兵。劉徹很生氣，將王恢囚在監獄。但此行並未改變劉徹打擊匈奴的決心，他下令積極備戰，儲備糧草，修築工事，從此開始了對匈奴大規模的戰爭。他前後用兵十五次，重要的有元朔二年（前127年）、元狩二年（前121年）和元狩四年（前119年）三次：

元光六年（前129年），匈奴興兵南下，前鋒至上谷（今河北懷來），燒殺搶掠。劉徹派兵分四路出擊，結果除了車騎將軍衛青一路獲勝外，其餘兩路失敗，一路無功而返。元朔二年（前127年），匈奴又集結兵力進攻上谷、漁陽，殺掠吏民一千多人。劉徹派衛青、李息率軍從雲中

出發，迂迴包抄，深入敵軍腹地，殲敵五千，收復了久為匈奴盤踞的河南地（今內蒙古河套地區）。這一帶草水肥美，地勢險要，劉徹採納主父偃、朱買臣意見，在此修築朔方城（今內蒙古杭錦旗西北），設置朔方郡、五原郡，將十萬內地百姓遷至該地定居；還修復了秦代蒙恬所築的要塞，一來鞏固了邊防，二來解除了匈奴騎兵長久以來對長安的威脅。此為第一次大戰役，《史記》、《漢書》盛讚漢軍「全甲兵而還」，衛青立下大功，劉徹封其為長平侯，食邑三千八百戶。

對於在河南地的失敗，匈奴一直都不甘心，想奪回朔方，幾年內多次出兵，都被漢軍擋回。元狩二年（前 121 年），劉徹下令對匈奴進行遠距離追殲，是年春，驃騎將軍霍去病領兵一萬出隴西，轉戰六天，打過焉支山（今甘肅山丹東南），直抵皋蘭山（今甘肅蘭州附近）下，經過激戰，殺死兩個匈奴王，俘獲了王子、相國、都尉，滅其十分之七的軍力，奪回其祭天的金人，使匈奴受到沉重打擊。匈奴的渾邪王帶四萬部眾降漢，劉徹將之安置在隴西、北地、上郡、朔方、雲中五郡，稱「五屬國」；又在河西走廊設置了酒泉、武威、張掖、敦煌四郡，將大批內地貧民遷往，保證了漢往西域通道的暢通，加強了漢與西域各國的經濟文化交流。

元狩四年（前 119 年），劉徹發動對匈奴的第三次大規模戰役，集結騎兵十萬，步兵和運輸隊幾十萬，由驃騎將軍霍去病帶五千精騎從定襄出發，以迅雷不及掩耳之勢，北進兩千餘里，殺掉匈奴的裨王、相國等首領八十餘人，滅其主力七萬多人；衛青出定襄千餘里，與匈奴軍相遇，在大漠中展開夜戰，匈奴逃竄，衛青率部追擊，進至置顏山趙信城，滅敵一萬九千餘，大勝而還。匈奴從此一蹶不振，其王廷遷至漠北，再無力騷擾中原。漢朝北部的疆域由原長城沿線推至陰山以至更遠，秦漢以來的匈奴邊患，至此基本解決。

劉徹在打擊匈奴的同時，對大西北進行開發，建成了一條富饒的河西走廊，打通了中原通往西域的道路。建元三年（前 138 年）和元狩四年（前 119 年），劉徹先後兩次派張騫出使西域，開闢出一條享譽古今的「絲綢之路」，將中原人先進的冶鐵、農耕、紡織、灌溉等技術傳往西域，

將西域的畜產、瓜果、蔬菜飼養和栽培技術，以及舞蹈、樂器等帶回中原，豐富和提高了兩地人民的經濟文化生活。同時與烏孫國和親，出征樓蘭（今新疆若羌一帶）、姑師（今新疆吐魯番、烏魯木齊一帶）等地，確立了漢對西域的宗主地位。此外，還完成了對閩越、南越，以及東北地區的用兵，在當地設郡置縣，確立了華夏大一統的版圖。

罷黜百家
輪台悔過

作為一位統治者，在奠定物質及政治基礎的同時，還必須提出思想上的論點及主張，一方面論證政權及皇權的合理性及主導性，另一方面作為政治的策略和統治手段。劉徹這樣做了，而且影響深遠。他一改漢初以來尊崇黃老之學的傳統，提出「罷黜百家，獨尊儒術」，開領了華夏兩千餘年以儒家思想為正統理論之先河，延綿至今，餘音尚存。

漢初自高祖至景帝的六七十年間，反思秦亡之痛，採用黃老之學，「無為而治」、「與民休息」，希冀以此而達到「民自化」、「民自正」、「民自富」、「民自樸」的功效。實踐證明，其做法是正確且行之有效的。當然，這與漢初戰亂初平、百廢待興，高祖出自民間、體民恤民之心甚濃、其思辨中飽含有黃老之術變及智慧有關。而當社會發展到劉徹執政，形勢則發生了重大變化，社會物質條件充裕，政權趨於穩定，執政者已非打江山的元勳，而王臣、貴戚也不再是對聖上畢恭畢敬、俯首貼耳的下臣，無為和放任給了列侯擴張勢力、為非作惡的機會，而各種思想紛繁複雜，社會矛盾凸顯，則嚴重危及到了皇權，這就需要尋找一套新的理論體系來做支撐，以強化皇權的至高無上，強調國家的大一統，對人們的思想及行為進行約束和防範，在這種情況下，董仲舒提出的「罷黜百家，獨尊儒術」便應運而生，而劉徹接受這一主張並作為政治上的方略則成為了一種必然。

董仲舒，後人稱董子、董二聖，漢廣川郡（今河北衡水景縣）人，著名的今文經學大師。他為學奮勉，處事執著，古籍說他「專精一思，志不在他，三年不窺園菜。」即鑽研起學問來特別專注，心無旁鶩，多年來連園子種植什麼都不知道，有點不食人間煙火的味道。劉徹舉賢良文學之士，他三次應詔對策，提出了他的政治主張。其理論博大精深，概要地說主要有這樣幾個方面：一是君權神授。他提出「天人感應」說，認為「天」用符瑞、災異，表示出對統治者的希望和譴責，用以指導其行動，「道之大原出於天，天不變，道亦不變」，「天子受命於天，天下受命於天子」，天子的職能是「上謹於承天意，以順命也；下務明教化民，以成性也；正法度之宜，別上下之序，以防欲也」，以此論證皇權的至高無上和神聖不可侵犯。二是大一統格局。他說「《春秋》大一統者，天地之常經，古今之通誼也」「有天子在，諸侯不得專地，不得專封，不得專執……不得致天子之賦，不得適天子之貴」，並進一步提出「君君、臣臣、父父、子子」的等級觀念，論證了加強中央集權、建立大一統國家、維護封建秩序的必要性及合法性。三是統一思想。他認為「師異道，人異論，百家殊方」不利於國家的發展，必須實現思想、文化的統一，提出「諸不在六藝之科、孔子之術者，皆絕其道，勿使並進。邪辟之說滅息，然後統紀可一而法度可明，民知所從矣」，將天下人的思想統一到儒家思想的範疇內，即「罷黜百家，獨尊儒術」。四是德化教育。對待人民要施以仁政，「薄賦斂，省徭役，以寬民力」，「限民名田」以「塞兼併之路」，並提出了「三綱五常」的倫理規範，強調要用政權、族權、神權、夫權強化對人民以及社會的統治。

董仲舒的理論可謂觀點鮮明，邏輯縝密，非常符合當時政治統治的需要，劉徹與之一拍即合，接受了其政治主張並加以推行。但客觀地說，劉徹所尊的儒術與孔子所創的儒學並非是同一回事，劉徹接受的主要是大一統和君權至上，統一思想、統一行動，而實施的手段則是嚴苛、甚至殘暴，有史家說他是外儒內法，應該說是他的實際狀況。當時，敢於直言的內史汲黯曾批評他殺人太甚，即使是他信任的人，也不予寬恕，如果這樣搞下去，天下人才遲早會被殺光。但劉徹卻不以為然，漠然一笑，說何世無才，只是人主沒有識才的慧眼，如果能夠辨明人才，何必擔心

劉徹
漢武帝

天下無才？這與孔學的核心「仁愛」、「己所不欲勿施於人」等觀點實在相去甚遠。當然，他摒棄黃老思想主要因為不贊成其「清靜無為」、「小國寡民」的主張，而並非拋棄其處事的謀略及手段。我們看中國的統治者，其實是萬變不離其宗，無論打什麼旗號，貼什麼招牌，都是要加強中央集權，加重對人民的統治，只不過在表現形態及手法上有所不同，什麼儒道、儒法，在統治者眼中只不過是一種符號或標籤而已。

但文人卻是認真或是較真的，他們窮經皓首，熬燈耗蠟，總認為靠他們的理論可以救國、興國，而治學的目的則是「學而優則仕」，得到統治者的提拔、重用，入仕為官。當年的孔子這樣，董仲舒也是如此。其實他們並不明白，如果僅靠什麼理論便可以治國、興國，那統治者還要軍隊、衙獄、謀臣幹什麼？還會出那麼多野心家、陰謀家？但統治者又需要理論，因為那是他們統治的一個部分，既能為他們的地位及行徑找到依據，又可以教化和迷惑臣民。這就是統治者與知識分子在認知上的差異了。統治者看中的是你的理論、主張，為我所用，而並非是相中了你這個人；但知識分子則將治學視為步入仕途的敲門磚，這就容易出現反差，導至失望和失落了。董仲舒向劉徹提出思想文化的大一統可謂殫精竭力，但並未得到應有的提攜，相反卻受到了嫉妒和排擠，面對人生的境遇，他有些心灰意冷，異常鬱悶，寫下了《士不遇賦》，傾訴了內心的種種不平和感慨。這篇文章對後世的影響很大，引發了漢代大史學家司馬遷、晉代大文學家陶淵明的共鳴，相繼寫下了《悲士不遇賦》和《感士不遇賦》。應當說這是時代的悲哀，更是中國知識分子的悲哀。

劉徹整頓朝廷，東征西戰，為強化中央集權、拓疆擴土、打造強大的帝國做出了傑出的貢獻，但其中卻包含有很大他急功近利、好大喜功的成分。過度的揮霍和支出，使得國力和民力嚴重匱乏，給人民及社會帶來了難以承受的負擔和苦難。如元狩四年（前 119 年），對匈奴獲勝後獎賞有功將士竟花費了五十萬金，相當於漢朝廷平常全年的總收入。他前後用兵四十年，大小戰役不計其數，軍費開支構成天文數字，而且動用龐大的民力還未計算在內。司馬遷在《史記》中說，劉徹繼位之初「人給家足」，府庫充實，但經過幾十年的戰爭，「海內虛耗」。劉徹在很

多方面跟秦始皇很相像，特別喜歡巡遊，先後出巡十幾次。元封元年（前110年），他北至朔方（今內蒙古烏拉特前旗南）閱兵，向匈奴炫耀軍威，南下登中嶽嵩山，東巡海上，至泰山封禪，再沿海北上至碣石（今河北昌黎），轉向西沿北郡經九原（今內蒙古包頭西）折返回長安，行程達一萬八千里，沿途「所過賞賜用帛百餘萬匹，錢金以巨萬計」，其耗費要遠遠超過秦始皇。

隨著歲月的流逝，劉徹日感衰老，他又像秦始皇，開始迷信鬼神，尋求長生不老藥。元鼎五年（前112年），方士欒大來到長安，說自己往來於海上，見過仙人，會煉黃金，能治黃河決口，能招來神仙，找到長生不老的仙藥。劉徹信以為真，先後封其為五利將軍、天士將軍、地士將軍、大通將軍、樂通侯，賜黃金萬斤，將自己的女兒長公主嫁予他，並專門刻了一方玉印，以對待賓客的禮儀封其為天道將軍，不再作為臣屬。不知為什麼，那些雄才大略的政治家，到了老了做事往往陷入荒唐，可能是萬歲聽多了，誰都會犯暈。在滿足了欒大各種荒謬的要求之後，派其出海尋求仙方，結果當然可想而知。元封元年（前110年），騙局敗露，劉徹將欒大腰斬。但劉徹並未放棄求仙的夢囈，仍不斷派人到海上求仙，以求有人能夠成功。

劉徹廣開三邊，對外交往頻繁，各方使者進獻各種奇珍異寶及高檔奢侈品，大大刺激了他的物慾與享樂。他廣設苑囿，大興土木，宮殿的建造和陳設極盡奢華，整日燈紅酒綠，夜夜笙歌。他優禮前來的使者、賓客及商人，招待賞賜無數，盡顯威儀。

朝廷的巨額花銷耗盡了文景以來的積蓄，他不得不尋找財源，雖號稱「民不益賦而天下用饒」，可實際上「利不從天來，不從地出，一取之民間」，各種負擔只能落到民眾頭上，使得大批農民破產流亡。到元封四年（前107年），關東流民多達二百餘萬，社會矛盾激增，終於釀成了天漢年間（前100-前97年）的農民起義。義軍遍及南陽（今河南西南）、楚（今長江中游）、齊（今山東）和燕趙（今河北北部）等地，攻城奪寨，釋放罪犯，懲治官吏。劉徹急派朝廷大員到各地督促鎮壓，這些大員身

穿繡花衣裝，手持節杖、虎符和刀斧，被稱為「繡花使者」，他們對農民的鎮壓非常殘忍，有時義軍只有幾千人，屠殺的卻達幾萬人。同時還打壓地方官吏，上至刺史、太守，下至一般小吏，凡不能及時發現起義或捕殺不力者，一律正法，稱「沉命法」。許多官吏死於非命，農民起義則越來越多。

劉徹晚年多病，開始疑神疑鬼。當時有一種洩憤的方法叫作巫蠱，即將所痛恨的人做成木俑，埋入地下或放在家中進行詛咒。劉徹一夜夢見有數千木人打他，醒來後病倒，他認為是吏民詛咒所致，便派都尉江充去調查，於是便發生了震驚朝野的「巫蠱之禍」。江充出身市井，手段殘忍，他大行冤獄，先後殘害了幾萬人，其中包括丞相公孫賀父子、劉徹的女兒諸邑公主、陽石公主、衛皇后的子侄長平侯衛伉等顯貴。他利用劉徹與太子劉據之間的矛盾，誣陷說在太子府中挖出了大批木俑並有詛咒劉徹的帛書。征和二年（前 91 年），太子劉據逼於無奈之下假傳聖旨捉捕江充，將其斬首，並攻佔長安要地。劉徹聞訊後大怒，令丞相劉屈氂帶兵逮捕太子，兩軍在長安激戰數日，太子兵敗自殺，衛皇后也隨之自盡。

這裡要說一下衛皇后，即衛子夫，西漢平陽（今山西臨汾）人。她本是劉徹姐姐平陽公主家的侍女，一次偶然的機會，年輕的劉徹到姐姐家做客，遇到了衛子夫，平陽公主見到劉徹衝動的眼神，便成全他臨幸了衛子夫，隨後劉徹將衛子夫接入宮中。陳皇后被廢，衛子夫晉為皇后，她也是中國史上做皇后時間最長的人之一。衛子夫是個很有才華和謀略的女人，她任皇后後使奴婢出身的衛家顯赫一時，其弟衛青做了大司馬、大將軍，娶了平陽公主；外甥霍去病做了大司馬、驃騎將軍，當然兩人在征討匈奴中都立下了赫赫戰功。衛子夫為劉徹生育了一男三女，即太子劉據和衛長、諸邑、石邑三位公主，在「巫蠱之禍」時，她已年老而逐漸失寵，結果兒子和兩個女兒被殺或自殺，她在傷痛中自刎。次年劉徹意識到所謂巫蠱及太子之死多無實證，純屬江充等人製造的冤案，於是誅殺了江充九族，終止了這一事件。

接二連三的事件使劉徹備受打擊：派李廣利伐匈奴不利，全軍覆沒；赴海邊求神仙無果，怏怏而返；「巫蠱之禍」父子相殘，太子自殺。他開始反思自己的行為，征和四年（前89年），他從海濱赴泰山祭祀明堂之後，在輪台（今新疆輪台）頒佈《罪己詔》，說：「朕即位以來，所為狂悖，使天下愁苦，不可追悔。自今事有傷害百姓，糜費天下者，悉罷之！」並說：「當今務在禁苛暴，止擅賦，力本農。修馬政復令以補缺，毋乏武備而已。」此為中國史上第一位帝王頒佈「罪己詔」，進行自我的批評與反省，也算是一種創建。他承認過失，對民懺悔，其擁有的意義應當說並不亞於他所創立的業績。偉人就應當有這樣的胸襟，不貪功，不諉過，敢做敢當，勇於承擔。不像有些人據天下之功為己有，而對待過失和錯誤則推諉搪塞，避而不談。

後元元年（前88年），劉徹命人畫《周公背成王朝諸侯圖》送給霍光，意為讓霍光輔佐他的小兒子劉弗陵做皇帝。子幼母壯，為了防止太子年輕的母親鉤弋夫人重演呂后稱制的悲劇，劉徹下狠心找藉口將其賜死。後元二年（前87年），劉徹駕崩於五柞宮，享年七十歲，葬於茂陵，諡號「孝武」，廟號世宗。

年少沉穩的劉弗陵

前87-前74

但凡那些雄才大略的帝王，似乎身後事總解決得不好，秦始皇、隋文帝、康熙帝是這樣，漢武帝也是如此。期間會出現兄弟相爭，佞臣弄權的局面。劉弗陵在這樣的背景下繼位，被立為太子和登基時只有八歲，又失去了母親，只能仰仗顧命的大臣了。但劉弗陵並非完全受人擺佈，而是表現出了與其年齡不相符的沉穩與自立，辨別真偽，挫敗了宮廷的政變；經「鹽鐵之議」，使武帝一朝嚴重受損的經濟慢慢復蘇，開啟了「昭宣中興」之路。只可惜他英年早逝，治國興邦的責任只能留予後人了。

漢昭帝劉弗陵像

堯母傳說
武帝托孤

當年武帝出巡，大隊人馬來到河間國（今河北滄州）境內，聲勢浩大，旌旗蔽日。專門負責觀天象、卜吉凶的「望氣者」奏告武帝，河間上空有祥雲，此地必有奇女。在車中昏昏欲睡的武帝一聽，馬上精神起來，趕忙派人去尋找。不一會，隨行官員找來一位妙齡少女，面容俊秀，體態婀娜，兩手握拳，不能伸展。武帝被女子的容貌所吸引，伸手將少女握成拳的手輕一掰，其手指隨即伸開，只見掌心中握有一尊玉鉤，潔若羊脂，造型精美。史家對此說法不一，有的說少女的手是先天形成，甚至說是小時候得過小兒麻痹症，有的則說是官員做了手腳，為的是取悅於武帝。似乎後者較為可信。武帝忙命人將其扶進一輛隨行的輕車，帶回了皇宮。

少女成為了武帝後宮的一名妃嬪，號「拳夫人」。她姓趙，其父因觸犯法律被處以宮刑，做了宦官，職為中黃門，病死於長安，葬在長安西北的雍門。少女很快成為武帝的新寵，不久被封為婕妤。此為武帝創設的妃嬪級秩，地位僅次於皇后，爵比列侯。趙婕妤搬進了未央宮中的一處宮舍，叫「鉤弋宮」，武帝稱她為「鉤弋夫人」。

太始二年（前95年），鉤弋夫人妊娠。一般孕期是十月懷胎，鉤弋夫人卻懷了十四個月，方才分娩生下了個男嬰，宮人不禁議論紛紛。武帝聽後說：「當年堯帝的母親懷孕十四個月而生堯帝，想不到鉤弋也是如此。」遂命名鉤弋的宮門為「堯母門」，男嬰號曰「鉤弋子」，名弗陵，字不。

小弗陵一出生便貴為皇子，母親是武帝的寵妃，自然幸福無比。但他前面有著太子及幾個同父異母的哥哥，他排行老么，按理說是沒有資格繼承皇位的，但很多事情並非按常理運行。武帝性情剛猛，用法嚴苛，重用酷吏，太子劉據性格溫和，待人寬厚，在辦案中常對認為處罰過重的

事從輕發落，從而引起了酷吏們的不滿。劉據是衛皇后的長子，衛氏家族在朝中很有勢力，大司馬衛青、霍去病分別是劉據的舅舅和表哥。衛皇后曾勸劉據要順從聖意，別固執己見，武帝知道後卻認為太子做得對，這就使得朝中寬厚長者多依附於太子，酷吏們則緊跟皇帝。衛青死，酷吏們覺得太子失去了娘家勢力的庇護，開始對其進行詆毀。

征和二年（前91年），武帝在一天午睡時夢見有幾千個木人手持棍棒打他，被嚇醒。當時人們有將仇人做成木俑埋在地下或放在屋中進行詛咒的習俗，稱巫蠱。武帝認為有人在詛咒他，急派江充追查。江充是名酷吏，心狠手辣，對太子早有不滿。丞相公孫賀的兒子公孫敬聲擅自挪用一千九百萬錢軍費，東窗事發後被捕下獄。當時武帝正在通緝陽陵大俠朱安世，公孫賀為了替兒子贖罪，極力追捕朱安世移送朝廷。怎料朱安世在獄中上書，說要告發公孫敬聲與陽石公主私通，將木人埋藏在馳道上，詛咒武帝。武帝得知後大怒，在獄中殺死公孫賀父子，並將其滿門抄斬，衛皇后的兩名女兒諸邑公主、陽石公主和衛青之子長平侯衛伉相繼被牽連而死。

江充帶同胡人巫師到各地掘地找木人，逮捕所謂詛咒武帝之人。江充見武帝對自己的女兒及衛皇后的侄子都能下手，便公報私仇，欲加害於太子，當搜查到太子和衛皇后的住處時，將事先準備好的木人放在他們的宮殿，陷害他們。武帝當時不在長安，而在甘泉宮養病，對此並不知情。

征和二年（前91年）七月，太子受人鼓動派人假冒使者將江充等人捉捕入獄，並殺了江充。武帝派人打探情況，使者謊報太子謀反，武帝聞後大怒，命丞相劉屈氂率兵平亂。太子在與官兵的激戰中失敗，逃至湖縣（今河南靈寶西）藏匿，被發現後自縊而死。在戰爭中，兩位皇孫也一同遇害，只有皇孫劉進的兒子劉病已因為尚在襁褓中而得以倖存，改名劉詢，後為漢宣帝。武帝事後經調查得知江充所查大多不實，完全是製造出來的冤案，下令誅江充九族；痛惜太子無辜，在湖縣修建了一座「思子宮」，以寄託哀思。此即著名的「巫蠱之禍」。

太子一死，弗陵幾個同父異母的哥哥便動開了心思。武帝共有六子，長子劉據，次子齊懷王劉閎（早逝）、燕王劉旦、廣陵王劉胥、昌邑王劉髆和弗陵。劉旦在劉據死後迫不及待地上書武帝，說願回都城長安擔任保衛，希望武帝能立他為太子，武帝大怒，殺死了其派來的使者，削其封國三縣；劉胥揮霍無度，喜好遊樂，行為不軌，目無綱法，不會是太子人選；劉髆是武帝與寵妃李夫人所生，是貳師將軍李廣利的外甥，李廣利和丞相劉屈氂是兒女親家，征和三年（前90年），二人謀立劉髆為太子，事發後劉屈氂被腰斬，李廣利投降於匈奴。後元元年（前88年）正月，在武帝去世前一年，劉髆去世。

小弗陵身體發育良好，十分健壯，且聰明伶俐，武帝很是喜愛，常對人說：「此兒像朕」，萌生了要立小弗陵為繼承人的想法。但這一想法卻久久沒有實施，讓武帝猶豫不決的是弗陵的母親。弗陵年幼，鉤弋夫人還很年輕，若立弗陵為太子，自己一旦駕鶴西去，弗陵繼位，難免會出現母后臨朝的局面。當年高祖死後呂后擅政的事將君臣們都整怕了，武帝也是心有餘悸。但此事不久便解決了。一次，武帝去甘泉宮，鉤弋夫人隨行，不知是鉤弋夫人真惹怒了武帝，還是武帝借題發揮，武帝對鉤弋夫人大興斥責，弄得鉤弋夫人很沒面子，不久憂鬱而死。武帝悲喜交加，悲的是失去了心愛的美人，喜則可以無所顧忌地選立接班人了。

小弗陵年幼，需要有大臣輔佐，武帝仔細權衡百官公卿，認為奉車都尉光祿大夫霍光能擔綱此任。霍光，河東平陽（今山西臨汾西南）人，父親霍仲孺，當年在平陽侯家供職，與侍者衛少兒私通生下了霍去病。霍仲孺任職期滿回到家鄉，娶妻生下霍光，與衛少兒母子斷絕了音信。

光陰荏苒，衛少兒的妹妹衛子夫成為了武帝的皇后，霍去病因姨娘而顯貴。他知道了自己的身世，欲去認生父，還未來得及，武帝便任命他為驃騎將軍，率軍出擊北方的匈奴。霍去病率大軍路經河東，遣吏去迎霍仲孺，父子倆在驛站相認，霍去病為生父購買了田宅、奴婢，然後揮師北上，大獲全勝。在班師回京、路過河東時，將同父異母、年方十多歲的弟弟霍光帶到了長安。霍光成為了皇帝身邊的一名侍衛官——郎官，

他很能幹，當然也有哥哥的庇護，幾年間便做了侍中。這是個侍奉皇帝、很有權力的官職，霍去病去世，武帝任命霍光為奉車都尉光祿大夫，出則奉車，入侍左右，很受信任。

武帝選中霍光作為弗陵的輔弼，讓宮中畫師畫了一幅《周公背成王朝諸侯圖》，賜予霍光。此畫講的是西周武王死後，年幼的成王繼位，由周公輔佐治理天下，「背成王朝諸侯」即被諸侯朝拜的意思，寓意為讓霍光做周公，輔佐年少的弗陵執掌皇權。後元二年（前 87 年），武帝在長安五柞宮遊玩時突然病倒，病情惡化，在其身邊侍奉的霍光涕泣叩問：「聖上如有不諱，誰當嗣位？」武帝答：「卿未曉前賜畫之意？立鉤弋子，卿行周公之事。」霍光忙推辭，說：「臣不如金日磾。」

金日磾我們在前面講武帝時曾提過，是被俘匈奴軍中一個養馬的奴隸。實際上他原是匈奴休屠王的太子，休屠王、渾邪王在漢軍的打擊下連吃敗仗，匈奴單于責怪於他們，欲誅之，他們便商量著降漢。後來休屠王後悔了，渾邪王殺了他，兼併其部眾投降了漢朝。金日磾和他的母親、弟弟都淪為官奴，十四歲的他被罰去養馬。一天，武帝檢視禦馬，身邊站滿了嬪妃、宮女，馬奴們一個個牽著馬從武帝面前走過，莫不窺視那些佳人，唯有金日磾昂首挺胸，牽著一匹膘肥體壯的駿馬，目不斜視地從武帝前走過，給武帝留下了良好的印象。武帝問他的姓名及來歷，金日磾從容作答，武帝聽罷，即任命他為馬監，遂又遷為侍中駙馬都尉光祿大夫，視為親信。

這時金日磾也服侍在武帝身旁，見霍光舉薦，忙辭謝道：「臣是外國人，不如霍光。」武帝說：「卿等不必謙讓。」遂任命霍光為大司馬、大將軍，封金日磾為車騎大將軍，太僕上官桀為左將軍，搜粟都尉桑弘羊為御史大夫，四人共同輔佐弗陵。翌日，武帝駕崩，弗陵在霍光等人的輔佐下即皇帝位。

專任霍光
鹽鐵之議

弗陵即位時年僅八歲，還是個不懂事的孩子，別說治理朝政，就連基本生活都不能自理。於是，弗陵的姐姐鄂邑長公主住進皇宮，照顧弗陵的起居，朝廷的事，則由武帝托孤的幾位大臣打理。霍光是首輔大臣，領尚書事，政無大小，都要經他裁決，總攬著國政大權。霍光應當說也勝於此任，延續武帝一朝後期的治國方針，且並不因循守舊。可由於過分專斷，與朝臣、特別是另外幾位顧命大臣之間逐漸產生矛盾，為以後的爭鬥埋下了伏筆。

弗陵從武帝手中繼承的是看似輝煌的盛世，實則國家已經精氣耗盡，虛弱不堪。由於武帝常年對外用兵、大興土木、封禪名山，導致國府空匱，民賦加重，百姓困苦，社會矛盾日增。但還好武帝晚年痛定思痛，頒《罪己詔》，檢討了自己的過失，表示要改變對內、對外政策，禁苛暴，止擅賦，力本農，將瀕於崩潰的政治、經濟來了個急剎車，進行了止損。一年後，武帝崩，弗陵接手了這個爛攤子，當然，他是渾然不知的，這就要看霍光等人的政治韜略和智慧了。霍光並沒有辜負先帝的期望，他力主革除弊政，重整江山，經奏准接連下了幾道詔令：遣吏持節巡行郡國，舉賢良，問民間疾苦、冤恨，查處不良、失職官員；遣使者賑濟貧民，發放糧種，豁免一年租稅；武帝時期的案件，皆赦免不究。處置了縱容反叛的少府徐仁、廷尉王平、左馮翊、賈勝胡等人，任命楊敞為相，雋不疑為京兆尹等。這些措施雖不能從根本上解決武帝一朝所積攢下來的問題，但改變了多年來形成的尚武、奢侈、強暴之風，體現了愛民、恤民之意，安排了務實的官員，緩解了社會的危機和矛盾。

年幼的弗陵在姐姐鄂邑長公主的撫養下，逐漸成長。請人教授詩書史籍，主要是儒學的典籍；掌握皇家的各種規範、禮儀，包括倫理綱常、言談舉止。在他即位的第二年，年方九歲的他便在未央宮演練了「籍禮」，即每年春播時節祭祀天地、祈盼豐收的儀式，他親自扶著犁鏵耕播，詔

漢昭帝　劉弗陵

告天下要不誤農時，精耕細作。

在弗陵即位後的第六年，一位世人熟知的人物蘇武從遙遠的匈奴地歸來。蘇武，杜陵（今陝西西安西南）人，當年為朝廷掌管鞍馬鷹犬射獵用具的官員，天漢元年（前100年），奉命出使匈奴，被羈留，歷盡艱辛，威武不屈，「蘇武牧羊」的故事在後世廣為流傳。時隔十九年後，他終於返回了長安。弗陵詔令他謁拜武帝宗廟，任命他為典屬國，即司職少數民族事務的官員，賜錢二百萬，公田二頃，宅一區。

弗陵的母親鉤弋夫人因武帝逼迫抑鬱而死，葬於雲陽。弗陵即位後，追封鉤弋夫人為皇太后，徵發役徒兩萬人修建雲陵（位於甘泉宮南，後稱女陵），設置園邑三千戶。追贈鉤弋夫人的父親為順成侯，在扶風設置園邑二百家，對其兄弟姐妹按照親疏關係都進行了賞賜。關於鉤弋夫人，民間有不少傳說，有說她死後出殯，屍不發臭，香氣飄至十多里外；又傳說弗陵即位後將其重新安葬，撬開棺木發現竟是空的，裡面僅有一雙絲織的鞋子。在今河北阜城有一座娘娘廟，供奉著鉤弋夫人的塑像，香煙縹緲，求拜者不斷。明代嘉靖年間（1522年-1567年）兵部侍郎竇章志路過此地，作七絕一首：「遠上土山望天涯，趙河畔上有人家。漢武停車選蓮花，順城楓樹映朝霞。」當地民間有一種遊戲，將一隻鉤藏於不同的掌中讓對方猜，猜中者獲勝，最早即源於鉤弋夫人。

霍光推行的治國方針得到多數人的支持，但也遭到了一些人的反對，認為他改變舊制，有違先帝。於是，在朝臣中分為了兩派，主變派以霍光為首，反對派則以御史大夫桑弘羊領銜。為了闡明觀點，明辨是非，朝廷於始元六年（前81年）二月舉行了一場著名的「鹽鐵會議」。會議的起因是弗陵下詔命丞相田千秋、御史大夫桑弘羊召集郡國所舉賢良文學之士，詢問民間疾苦，結果竟衍變成了雙方對治國方針的辯論。參加會議朝廷方面有丞相田千秋，御史大夫桑弘羊和他的御史，霍光沒有出席，派其屬官丞相史參加，其他則是從民間徵選的賢良文學之士。

雙方唇槍舌劍，互不相讓。主要圍繞幾個問題展開：一是繼續推行還是

廢止鹽、鐵、酒官營的政策？二是對匈奴是繼續出擊還是轉為和親、防禦？三是繼續實行法治還是改行德治？爭辯的實質是繼續堅持武帝一朝所採用的高度集權還是有限度的放權？是更多地關注國家的強大還是百姓的福祉？對百姓是實行高壓還是相對溫和的政策？

桑弘羊一派主張繼續推行前朝的政策，特別是鹽、鐵、酒的專營，而賢良、文學之士則多力主改變。丞相田千秋主持會議，在雙方進行辯論時，多沉默不語，只是在雙方爭辯激烈時，才說上幾句不偏不倚、模稜兩可的話。霍光雖沒有出席會議，但實際上是丞相田千秋和賢良文學之士的後臺。正是由於霍光的支持，力主派在辯論中佔了上風。經過此次會議，鞏固和堅定了武帝死後以霍光為首的當權者對治國方針的轉變，會後即罷除了榷酒（酒類專賣），在很大程度上遏制了當時社會呈現的頹勢，為王朝的發展贏得了生機。但朝臣內部的矛盾進一步激化，導致在會議召開的第二年便發生了一場未遂的朝廷政變。

挫敗政變
加冠親政

幾位輔政大臣之間的關係是錯綜複雜的。霍光與金日磾和上官桀都有姻親關係，其中上官桀之子上官安娶了霍光的長女，生有一女，兩家結為親家，關係密切，每當霍光休假或回家沐浴，經常由上官桀代替他處理政務。但姻親關係有時是非常脆弱的，一旦與政治和利益關係發生衝突時，便會變得不那麼牢固，甚至反目成仇。

始元元年（前86年），輔政一年多的金日磾病逝，四人組變成了三巨頭。始元四年（前83年），弗陵十二歲，鄂邑長公主為其挑選皇后。上官桀的兒子上官安打算讓自己年僅六歲的女兒入主後宮，便想辦法進行疏通。鄂邑長公主有個情夫叫丁外人，河間人，原是長公主兒子家的門客，

上官安便盡力靠近並巴結丁外人，兩人交往甚密。

鄂邑長公主看中了一個姓周的女孩，召進宮，打算許配給弗陵。上官安知道後很著急，便忙不迭地跑去找岳父大人，懇求霍光出面讓他的女兒、即霍光的外孫女入選皇后。讓自己的外孫女做皇后，對霍光來說自然是件好事，但他認為弗陵年齡尚小，還不到立皇后的時候，況且外孫女還是個小女孩，故沒有答應。

上官安仍不死心，又跑去找丁外人，說：「聽說長公主打算選立皇后，我有一女，容貌端麗，請長公主垂愛。此事成功與否，全仰仗於足下。漢家向來列侯尚公主，足下何愁不封侯？」丁外人一聽很高興，馬上去找鄂邑長公主，長公主見情人來做說客，當然會給足面子，遂改變初衷，答應立上官女。於是，六歲的上官女被迎娶入宮，先封為婕妤，一個月後被立為皇后。

父以女貴，上官安很快晉升為車騎將軍，封桑樂侯。上官安是個酒色驕縱之徒，專橫跋扈，荒淫無度，自從女兒入主後宮，更加有恃無恐。他從宮中出來，逢人便說：「和我女婿喝了一場，快活極了！」他整日飲酒作樂，與奴婢、甚至後母淫亂，毫無節制。為了回報鄂邑長公主，他找到了霍光，央求將丁外人封為列侯，霍光以「無功不得封侯」駁回，他又央求委任丁外人為光祿大夫，霍光也沒有同意。

上官安見自己說情不成，便請出了父親上官桀出面替丁外人說情，但也遭到霍光拒絕。此前上官桀曾有幾次替家族成員討要官爵遭拒的事，遂與霍光有些過節。御史大夫桑弘羊自恃功高，為子弟求官也曾被霍光拒絕過，況且二人的政治主張相左，在「鹽鐵會議」上敗陣，對霍光早有不滿。鄂邑長公主聽說霍光拒封丁外人，心有不快。另外，弗陵的哥哥燕王劉旦，因沒爭得皇位，便認為是霍光從中作梗，也對霍光很仇視。於是，這幾個人便暫時聯合起來，試圖搞垮霍光，廢掉弗陵。

始元六年（前81年），一場政變在悄悄的醞釀。上官桀和桑弘羊暗中

收集霍光犯下的過失，將所得的證據交給燕王劉旦。劉旦則將奪取帝位的賭注壓在這幾個人身上，前後幾次派人帶著大批金銀珠寶去賄賂長公主、上官桀、桑弘羊等人。不久，劉旦打出了「清君側」的旗號，遣人上書，說：「霍光離開京城長安，去東面的廣明亭檢閱御林軍，道上稱蹕；令太官先行前往為他準備飲食，僭用天子的儀仗；任人唯親，從來沒有聽過其長吏楊敞有功，卻當上搜粟都尉一職，還擅自調動幕府校尉，專權自恣。臣懷疑霍光圖謀不軌，願歸還符璽，入宮宿衛，保護皇上。」

按照朝政的程式，吏民上書言事，要先經過尚書台才能送達至皇帝手上，而霍光領尚書事，遇有他認為不妥的，便可壓下不報。上官桀則趁霍光回家休沐之機，將奏章直接送到了弗陵手中，想讓弗陵將此事批復下來，然後由他按照奏章的內容宣佈霍光的「罪狀」，再由桑弘羊組織朝臣共同脅迫霍光退位。但上官桀沒有想到是，當奏章送到弗陵手中，竟被壓在那裡，未予理睬。

次日早朝，霍光已得知遭燕王彈劾的事，便站在懸掛武帝所贈《周公背成王朝諸侯圖》的畫室之中，未去上朝。弗陵見廷中沒有霍光，問：「大將軍來了嗎？」上官桀答：「大將軍聽說燕王告發他的罪狀，故不敢來上朝了。」弗陵詔霍光入朝，霍光進宮，免冠叩首。弗陵說：「大將軍戴上帽子，朕知道燕王奏疏有詐，將軍無罪。」霍光頓首謝恩，問：「陛下怎知有詐？」弗陵說：「將軍到廣明亭檢閱御林軍，可是廣明亭近在咫尺，何須準備飲食？調動校尉一事才發生不足十日，燕王遠在封地，怎能得知？況且，大將軍若圖謀不軌，又何須如此大動干戈！」弗陵將燕王的誣陷逐條道破，在場的大臣無不表示驚歎。這年弗陵十四歲。

劉旦派遣上疏的人聞訊逃跑，弗陵下令通緝，上官桀、桑弘羊害怕了，對弗陵說：「小事不值得追究。」弗陵則不予理睬。上官桀等人仍不死心，又指使他人詆毀霍光，弗陵大怒，道：「大將軍忠心耿耿，先帝遺命他輔佐朕，再有敢詆毀者按罪處置。」

上官桀等人不敢再造次。但他們並不甘心，知道經過此番較量，若不除

漢昭帝　劉弗陵

去霍光，今後的日子將不會好過，官位、甚至性命都將難保。於是，下決心鋌而走險。他們商定，由鄂邑長公主出面設宴邀請霍光，設伏兵殺掉霍光，廢除弗陵。這時上官桀手下問皇后怎麼辦？上官桀惡狠狠地說：「逐麋之狗，哪有空理睬一隻小兔子！這是千載難逢的大好時機，機不可失！」他竟連自己的小孫女都全然不顧了，可見他本人及政治的殘忍。

不料，他們的密謀被鄂邑長公主門下的稻田使者（管理稻田租稅的官員）燕倉知道了，密報給了大司農楊敞（司馬遷之婿），楊敞又轉告給諫大夫杜延年，杜延年則奏告給弗陵和霍光。弗陵和霍光知道情況後，先發制人，捕殺了上官桀父子、桑弘羊和丁外人，誅滅三族。鄂邑長公主、燕王劉旦自知罪責難當，先後自殺。上官皇后年僅八歲，沒有參與謀反，又是霍光的外孫女，故未被廢黜。

政變平息後，霍光的地位更為穩固，弗陵對他也更加信任。霍光乘機擴充勢力，安插親信，其子霍禹、侄孫霍雲是統率宮衛郎官的中郎將；霍雲的弟弟霍山為奉車都尉侍中；兩個女婿分別擔任東宮和西宮的衛尉，掌管著整個皇宮的警衛；其他堂兄弟、親戚也都擔任了朝廷的要職，形成了盤根錯節、遍佈朝廷的勢力網，霍光已成為實際上的最高統治者。

元鳳四年（前 77 年），弗陵年滿十八歲，舉行了加冠禮，即行親政。弗陵雖親政，但軍政大事仍委予霍光。而霍光執掌大權但並不專權跋扈，君臣間相安無事。「成王不疑周公，孝昭（弗陵）委任霍光」，成為歷史上的美談。

在弗陵和霍光的共同治理下，漢朝政局穩定，經濟、社會得到了較快的恢復和發展，「百姓充實，四夷賓服」，開啟了「昭宣中興」的進程。怎奈在他親政的第三年夏，弗陵暴病亡於長安的未央宮，年僅二十一歲。謚號「昭」，意為「聖聞周達」，葬於今陝西咸陽西北的平陵。

長於吏治的劉詢

漢宣帝

本始｜地節｜元康｜神爵｜五鳳｜甘露｜黃龍

前 74- 前 48

劉詢是一位身世奇特且頗有作為的皇帝。他自布衣登基，隱忍蓄勢，平定叛亂，掌握了至高的權力。經過治理，政治清明，社會和諧，經濟繁榮，「吏稱其職，民安其業」，史稱「宣帝中興」。而這些在很大程度上要歸結於他幼年遭遇變故、長期生活於民間的緣故，使他對百姓的疾苦和吏治的得失有所了解，在施政中舉措得當。史界對他的評價甚高，甚至說他在位期間是漢朝武力最強盛、經濟最繁榮的時期。

漢宣帝劉詢像

幼年罹難
貴人相助

劉詢原名劉病已，劉詢是他稱帝十年後（元康二年，前 64 年）為免去臣民避其名諱而改用的名字。他是武帝的曾孫，戾太子劉據的孫子。所謂「戾」，即橫遭災禍而死的意思。他的父親是武帝之孫，因其母家姓史，史稱「史皇孫」，他的母親姓王，稱王夫人。劉詢生於征和二年（前 91 年），出生後沒幾個月，便發生了「巫蠱之禍」。在此次事件中，劉詢的祖父劉據、父親史皇孫、母親王夫人等都慘死於冤案。當時仍在繈褓中的劉詢躲過一劫，但被投入了牢獄。一夜之間，尊貴無比的皇曾孫變成了孤苦伶仃的階下囚，命運就像過山車，將劉詢一下子從天堂拋向地獄。當然，在繈褓中的劉詢是渾然不知的。

天無絕人之路，吉人自有天相。危難中的劉詢得到了兩位貴人相助，其中一位叫邴吉，巫蠱之禍案發後，邴吉被調到京城任廷尉監，即掌管朝廷司法事務的九卿廷尉的重要助手，負責處理巫蠱案所涉及的犯人。邴吉為人正直，富有同情心，他知道太子是遭誣陷的，憐憫劉詢這個無辜的嬰兒，找來兩位善良、樸實的女囚住在寬敞乾淨的牢間裡哺育劉詢。為了讓一位多年照看劉詢、刑滿後能繼續留下來，邴吉甚至自己花錢雇用了這個女犯。因為得到較好的照顧，年幼體弱的小劉詢硬是在監獄的惡劣環境中活了下來。

但厄運再次險些降臨。後元二年（前 87 年），武帝病重，對死亡的恐懼和對權力、地位的不捨，使他變得多疑和暴戾。此時，負責觀天相的「望氣者」啟奏，說長安監獄的上空有「天子氣」，只有消除這股邪氣，陛下的疾病才可痊癒。急於保命的武帝立即下令，將長安獄中的犯人全部殺掉。執行命令的官員連夜趕到監獄，但遭到了邴吉的嚴正拒絕，他說：「皇曾孫在此，我要對他的安全負責。至於其他犯人，所犯的都不是死罪，也不能濫殺無辜！」面對邴吉的堅持，派來的官員只得悻悻而歸。在邴吉的保護下，小劉詢死裡逃生。事後，武帝對自己的決定有所

劉詢 漢宣帝

悔悟，下詔表彰了邴吉的行為。劉詢五歲那年，經大赦出獄，邴吉護送他去了其祖母史良娣家，生活相對安穩也舒適多了。

這裡要說一下邴吉，他對於悉心、甚至冒著生命危險照顧劉詢的事，始終未向任何人提及，即使劉詢做了皇帝，他也守口如瓶。直到劉詢稱帝後很長一段時間，才從別人口中得知邴吉的情況，從此能看出邴吉在做人方面的崇高境界。

另一位貴人叫張賀。劉詢出獄後不久，朝廷下令將他重新列入宗室，發放生活費用。張賀曾是戾太子劉據的舊吏，時任掖庭令，即負責照顧皇室權力機構的長官。他對小劉詢體貼入微，從其六七歲時起，自己出錢給他找老師，「輔導朕躬，修文學經術，恩惠卓異」，使劉詢從小便接受良好的教育。到劉詢十六七歲時，張賀又幫助他娶了妻子。張賀原打算將自己的女兒許配予劉詢，但張賀的弟弟勸他不要這樣做，史籍講張賀「稱譽皇曾孫，欲妻以女，安世（張賀弟弟）怒曰：『曾孫乃衛太子後也，幸得以庶人衣食縣官，足矣，勿復言予女事。於是賀止。』」可見在危難之際救助他人能看出真情。張賀為劉詢迎娶了朝臣許廣漢的女兒許君平為妻，即以後的許皇后。

在張賀及外祖母家人的呵護和照料下，小劉詢慢慢成長。他從小早慧好動，聰敏好學，喜歡結交朋友。他與市井鄉里的孩子們接觸，鬥雞走馬，有時甚至惹是生非，打架鬥毆。他喜歡遊山玩水，多次到長安諸陵、三輔之際遊歷，流連於蓮勺縣鹽池一帶，尤其是喜到長安郊外的杜縣、鄠縣，基於對此地的喜好，他死後就埋在了這裡，稱「杜陵」。正因為他有著如此的經歷，使得他從小能洞察到百姓的疾苦、世間的冷暖和人性的奸邪，同時也擁有了很好的體魄，這對於他日後稱帝，剷除奸邪，整頓朝政，不無裨益。

命運對於劉詢來講可謂一波三折，跌宕起伏。巫蠱之禍使他家破人亡，慘遭橫禍，從人生的峰巔跌至谷底；而昭帝的早亡及昌邑王的被廢又使他起死回生，重見光明。很多事情你不信命真不行。元平元年（前74

年），年僅二十一歲的昭帝突然去世。昭帝無嗣，由誰來繼承皇位，便成為朝廷爭論的焦點。當時，武帝的兒子僅剩廣陵王劉胥一人，不少大臣主張立劉胥，但遭到霍光的反對，他認為劉胥「內行不修」，不可立為皇帝。後經挑選，由霍光定奪，決定召昌邑王劉賀進京，擇時立為皇帝。劉賀為武帝之孫，昌邑哀王劉髆之子，他進京後不久，便舉行了正式的即位儀式，登基加冕。

但劉賀只做了二十七天皇帝便被趕下了台。據史書載，是以霍光為首的朝廷大臣聯名上書皇太后，要求廢掉劉賀，罪名是「荒淫無行，失帝王禮宜，亂漢制度」。其實這只是藉口，真實的原因是劉賀以諸侯王身份入主朝廷，以霍光為首的朝臣原以為其稱帝後一定會特別感激他們這些人的援立之功，倚重朝中的有功之臣，誰想到劉賀將原昌邑國的屬下全都帶到了京城，完全撇開和冷落了霍光這些朝廷舊臣。從昌邑國來的地方官很快與原朝政官員產生了摩擦，隨即矛盾激化，以霍光為首的朝臣畢竟擁有很強的勢力，他們借助皇太后的威望，廢掉了劉賀，把二百多名來自昌邑國的官員全部處死。上官太后詔令劉賀回到故地昌邑，賜其湯沐邑兩千戶。劉賀死在了昌邑，史稱漢廢帝，又稱海昏侯。二〇一六年，江西南昌發掘了一座古墓葬，裡面有大量珍寶陪葬，被確認為就是劉賀的墓。

如此一來，皇位又出現了空缺，那麼該選誰呢？這時邴吉站了出來，提議將流落於民間的劉詢迎入宮中。這時，武帝的後代中已經沒有什麼人可供選擇了，邴吉極力讚許這位皇曾孫「通經術，有美才，行安節和」，霍光等人便同意了邴吉的提議。當然，霍光也有自己的考慮，一來劉詢出自於民間，政治上沒有背景，也沒有勢力，當上皇帝後肯定要依靠他們這些推舉人；二來劉詢比較年輕，年僅十八歲，缺乏政治經驗，容易控制。於是，以霍光為首的朝政大臣便將劉詢接進宮，先封為陽武侯，繼而舉行了隆重的即位大典。這時，劉詢從一介平民一躍而成為了西漢王朝的第七位君主，改元本始。

劉詢
漢宣帝

隱忍蓄勢
平息叛亂

劉詢上位後首先面臨的是他權力匹配的問題。也就是說,做了皇帝並不意味著擁有至高無上的權力,在我國歷史上,皇權被分割、被架空,甚至成為傀儡的現象屢見不鮮,特別是幼主上位,更可能大權旁落。劉詢的前任昭帝,由於年幼稱帝,權力基本上掌握在霍光手中,而其早逝後立廢昌邑王,更是由霍光等人一手操辦。這樣的權力格局延續下來,年僅十八歲的劉詢的處境是可想而知的。

霍光是武帝時抗匈奴名將霍去病同父異母的弟弟,於武帝彌留之際顧命,輔佐幼主,主理朝政。他擊敗上官桀、桑弘羊等政敵,大權獨攬。他將家族成員及親信安插到各個要害部門,權傾朝野,氣勢逼人,他是當時最高權力的實際擁有者,「政事壹決於(霍)光」,而在廢除昌邑王帝位、擁立劉詢一事上,更是到了登峰造極的地步。

劉詢早在民間時,對霍光的權勢就有所耳聞,入主皇宮後,更是切切實實地領教了霍光的威嚴。他在被迎入皇宮、受封陽武侯、接受百官奉上的印、綬,以及即位為皇帝的過程中,就像受霍光擺佈的玩偶,謁見「高廟」時,霍光陪同驅車前往,讓他感到渾身上下都不自在,如「芒刺在背」。但是,擁有底層生活經歷的劉詢深深地知道,自己初入宮闕,勢單力薄,僅憑著皇帝的名號是根本無法與實力強大的霍光所抗衡的,他需要的是忍耐和時間,需要保持最大限度的克制,慢慢強化自己,以尋求時機。這是他多年草根生涯所形成的思維模式及不得已而為之的處事理念。所以,在他即位之初,當霍光擺出姿態表示要還政於他時,劉詢「誠懇」地回絕了,他明確地表示非常信任霍光,欣賞霍光的才幹,請霍光繼續主持朝政,並當眾宣佈,事無大小,先報請霍光,然後再奏知他本人。事後,他還專門下詔褒獎霍光的援立之功,益封七千戶,每次上朝,都給予霍光以極高的禮遇。劉詢的此種舉止既是一種無奈,也是一種積極的調整和應對,這對消除霍光對於他的猜忌和提防、緩和朝

廷內部潛在的危機、為他日後統治創造良好的政治氛圍起到了很好的作用。最直接的效果則是避免成為「昌邑王第二」。

但劉詢絕非一味地退讓，而是在尋找時機。本始二年（前72年）五月，即位不足兩年的他下了一道詔書，全面頌揚其曾祖父武帝，要求丞相、御史，以及列侯、年俸二千石的官員、博士一起討論武帝的「尊號」和「廟樂」。群臣莫不贊成，唯獨長信少府（皇太后師傅）夏侯勝提出了不同的意見，說武帝「雖有攘四夷廣土斥境之功」，但同時帶來很多負面影響，「不宜為立廟樂」。夏侯勝的言論招來群臣的反對，丞相蔡義和御史大夫田廣明帶頭聲討其「非議詔書，毀先帝」的罪行，定性為「大逆不道」；又揭發丞相長史（丞相府秘書長）黃霸事先知道夏侯勝的觀點而未予檢舉揭發，犯有包庇惩惡罪。兩人一同被捕入獄，被判處死刑。但劉詢並沒有按照慣例將夏侯勝和黃霸以「大逆不道」罪處死並「夷三族」，而是長期關押，後逢大赦，出獄後繼續當官。當然這是後話。

大臣們很快擬定出方案：尊武帝的廟號為世宗，在廟中演奏《盛德》、《文始》、《五行》舞曲，武帝生前巡行過的四十九個郡國（約佔全國郡國的一半）均建立世宗廟，與高祖（劉邦）廟和太宗（劉恆）廟相同。劉詢下詔批准，立即在全國實行。為慶祝這一重大決定，給全國成年男子普遍增加一級爵位，並賞賜酒肉。

劉詢的做法可謂一箭三雕，一則當初昭帝並未為武帝立廟，劉詢以此方式來表明自己才是武帝的嫡系遺脈，因為戾太子劉據為武帝的嫡長子，他藉此與庶子身份即位的昭帝區別開來，昭示了自己繼承武帝遺業的正統性和合法性；二則為武帝盡孝心，標榜了孝道；三則當出現夏侯勝反對的現象，劉詢順勢將其下獄，殺一儆百，為自己樹立了威信，讓群臣不敢再輕視自己是沒有外戚撐腰、全無根基的布衣皇帝。實際上這也是劉詢與霍光暗中進行的一次博弈，彰顯了他的能量，也表明了他的態度。由於是打著武帝的旗號，霍光並無法反對。難怪西漢晚期的劉向稱劉詢「聰明遠見，制持萬機」，在文帝之上。

劉詢
漢宣帝

劉詢與霍光的另一次博弈是在立后一事上。前面講過，劉詢離開牢獄後，由張賀做媒，娶了許廣漢的女兒許君平為妻，婚後兩人感情很好，一年後生下兒子劉奭，即後來的漢元帝。劉奭生下沒幾個月，劉詢就登基做了皇上，許君平被封為婕妤。不久，朝廷張羅著為劉詢立后。霍光有個小女兒，年紀與劉詢相仿，一些趨炎附勢的大臣在霍光夫人的指使下提議立霍家小女為后，向劉詢施壓。當時，劉詢對霍光可謂百依百順，但在這一問題上卻堅持了主見，他下了一道意味深長的詔書：「我在貧微的時候，曾經擁有一把舊劍，現在我十分想念它啊，諸位愛卿能否為我將其找回來。」群臣們揣摩上意，自然明白這是劉詢堅決不拋棄結髮於民間之妻的表白，於是紛紛請立許君平為后，結果劉詢如願以償。此事拋開政治上的玄機，能看出劉詢是個很重情義的人，珍視與糟糠之妻的患難之情，史稱「故劍情深」，頒佈的詔書則為史上最為浪漫的詔書。

對此，霍光夫人懷恨在心。許君平在被立為皇后的第二年，又懷上了身孕，但在懷孕期間不幸染病，負責為皇室看病的女醫淳于衍奉命入宮診斷。淳于衍與霍家很熟，霍光夫人在她出診前找來，跟她說：「霍將軍很愛他的小女兒，想立她為皇后，可惜現在不行了，你若能在這件事上幫我的忙，一定重重地報答你。」淳于衍自然明白霍夫人的意思，但卻故作不知，說：「請夫人明示。」霍光夫人乾脆挑明，說：「婦人生產，是九死一生的事。如今許皇后馬上要生產，你可見機投藥，毒死她！」淳于衍聽後面露難色，說：「這可是滅九族的彌天大罪呀！」霍光夫人為其打氣，說：「如今霍將軍大權在握，到時候會為你開脫的。」礙於脅迫，淳于衍在給許皇后的藥中下了毒，使其死於非命。事情追查下來，淳于衍成為重要的嫌疑人，霍光夫人怕事情敗露，將真相告訴了霍光。霍光事前並不知情，聽後大驚失色，知道問題的嚴重性，可事已至此，也只好硬著頭皮出面為淳于衍開脫。基於霍光的威勢，群臣們不敢說什麼，但心裡都明白，這件事很可能與霍家有關。許皇后死後不久，霍光又一手包辦，把自己的小女兒霍成君迎進宮，立為皇后。

劉詢對許皇后的死異常悲痛，追封其為「恭哀皇后」，葬於後來自己的安葬地杜陵的南園（也稱少陵）。他能猜度出許皇后的死因，但懾於霍

光的權勢，又沒有足夠的證據，只好隱忍不言。霍成君入宮後，飛揚跋扈，揮金如土，與許皇后的持儉、賢德大相徑庭，使劉詢對霍成君及霍光一家產生了強烈的反感。他在許皇后去世一周年之際，為了告慰賢妻的在天之靈，也是向霍光一家示怨，下令立他與許皇后所生之子劉奭為皇太子。這下可激怒了霍光夫人，她原想毒死許皇后，立自己的小女兒為后，與劉詢生子，其孫繼承皇位。可如此一來，她的如意算盤便落空了，她大罵道：「將這個民間出生的小兒立為皇太子，將來置我的外孫以什麼位置？」她氣急敗壞，又叫女兒霍成君給劉奭下毒，但由於皇太子進食有著嚴格的規定，要由保姆先嘗，其陰謀才未能得逞。

在劉詢即位的第六年（地節二年，前 68 年），其忍耐終於熬到了盡頭。霍光去世，劉詢按照帝王的規格將其埋葬，並親臨葬禮；加封霍光的姪孫霍山為樂平侯，以奉車都尉領尚書事。這時，劉詢意識到是收歸和執掌權力的時候了。他重用御史大夫魏相，讓他以給事中的身份參與中朝的機密決策，後又提拔其做了丞相，邴吉為御史大夫，對岳父平恩侯許廣漢委以重任，逐漸將權力收歸到自己手中。

劉詢清楚，霍光雖死，其家族及親信的勢力還很大，各要害部門及軍隊基本上掌握在他們手中，飛揚跋扈，不可一世，就連其家奴都氣焰囂張。一次，霍氏家奴駕車在路上與御史大夫魏相家的車相遇，為了爭道發生衝突，霍氏家奴仗勢趕跑了魏家的人，砸爛了其馬車，並一直鬧到御史府上，直到魏相的手下向霍氏的家奴賠罪道歉才算了事。劉詢認識到，霍氏集團是自己主政道路上的巨大障礙，只有將其清除，才能真正掌控權力。劉詢採取措施，解除了霍光兩個女婿東宮、西宮衛尉的職務，將禁衛軍權掌握在自己手中；將霍光的兩個姪女婿調離了中郎將和騎都尉的位置，讓自己的親信擔任南北軍和羽林郎的統帥；提拔霍光的兒子霍禹為大司馬，實際上是明升暗降，剝奪了其所掌握的右將軍屯兵的權力；對上書制度進行改革，明令吏民上書，可直接呈送皇帝審閱，不必再經過尚書。經過這一系列調整，使得霍氏家族所掌握的權力消失殆盡，皇權得到了極大的加強。

劉詢
漢宣帝

霍氏集團的成員面對劉詢之所為，深感到惶恐不安，他們擔心手中的權力和權力背後巨大的利益被剝奪，以及當初毒害許皇后及太子的事情敗露，他們將面臨滅頂之禍。與其坐以待斃，不如鋌而走險，他們密謀發動叛亂。客觀地講，霍氏集團的叛亂是一種被逼無奈、垂死掙扎，事實上他們叛與不叛都將被清除，只不過清除的方式有所不同罷了。老話說得好：「一朝天子一朝臣」，在權力更新與整合的過程中是在所難免的，無論如何都是死，與其說是負隅頑抗，不如說是給了劉詢以口實。叛軍在嚴陣以待的新朝廷面前迅即瓦解，參加叛亂的人都被處以極刑，霍光之子霍禹、霍雲，侄子霍山，妻子霍顯等全部被殺或自殺。皇后霍成君入宮後並沒有為劉詢生育子嗣，她以謀害太子罪被廢黜，被責令遷往上林苑的昭台宮，五鳳四年（前 54）又被責令遷往雲林館。因為無法忍受羞辱和寂寥，霍成君自殺身亡。盤踞朝廷十餘載的霍氏集團徹底覆滅，劉詢掌握了至高的權力。

長於吏治
為政寬簡

除去強大的霍氏集團，劉詢終於可以按照自己的意志專心理政、一展宏圖了。他首先將目光放在吏治等問題上。根據他早年的生活經歷，深知吏治的好壞直接關係到百姓的甘苦及社會的穩定，「吏不廉平，則治道衰」。他將武帝以來實行的中朝制進行改革，省去了尚書這一環節，恢復了漢初丞相有職有權的體制。這種改變，既架空了霍雲、霍山等人權力，又恢復了自漢初以來建立起的正常的朝政秩序，上下詔奏通暢，呈現出良好的政治生態環境，「吏稱其職，民安其業」；而他作為帝王，則可以超脫於繁雜、瑣碎的具體事務，專心考慮吏治及朝綱等方面的重大問題。

這裡要說一下朝政秩序。在中國史上，不少權力的擁有者為了駕馭臣民，

總喜歡設置一些非常規的或臨時性的權力機構，這些機構並不在原有的權力框架之內，職能及邊際很不明晰，但權力卻異常龐大，凌駕於各部門之上，由權力的主導者直接掌控，比如漢武帝時的尚書台，明洪武帝時的東西廠、錦衣衛，清雍正帝時的軍機處，蔣介石時的中統、軍統，「文化大革命」時的革命領導小組等等。這些機構跟常設機構在職能上重疊、交叉，在運行中異常隨意、隱秘和霸道，根本不講究程式和隸屬，讓日常的工作機構無所適從。說到底，這是專制的一種體現。為了讓權力的行使順暢、高效、合理，對各級官吏進行有效的監督和管理，構建和維護正常的朝政秩序是十分必要的，而劉詢則恰恰著眼和做到了這一點。他加強皇權，但並不是簡單地把持權力，而是通過體制和規章來掌控，這就很有些超乎時代及制度範疇的意義了。

首先，重視官吏的選拔和任用。要構建好的政治、經濟及社會環境，必須大力選拔和任用賢能。政局昏暗，奸佞當道，是不可能取得快速發展的。劉詢曾反覆對大臣們講：「要讓老百姓安居樂業，無冤屈愁苦之事，關鍵在於吏治的好壞，一定要選拔好刺史、郡守這一級的官員。」此番話道出了劉詢吏治的傾向：要關心和扶助百姓的生產、生活，對訴訟糾紛要主持公道，「為官一任，造福一方」、「當官要為民做主」，特別要選好省、地市一級的高級決策官員。這與他在底層的生活體悟是一脈相承的，帶有著明顯的民本主義色彩。所以，每當朝廷選用刺史、郡守等官員時，劉詢都要親自過問，非常慎重和嚴格，規定要先由朝中大臣舉薦，再由他親自召見、審核，考察其德能，問詢其治政安民之術，擬定出任職期間的責任狀，以便日後對其進行有針對性的考核，即史書上所說的「循名責實」。

按照這樣的標準選拔出來的官員，史稱「循吏」，即「上順公法，下順人情」。在劉詢當政期間，選拔和任用了一大批有作為的「循吏」，如王成、黃霸、朱邑、龔遂、鄭弘、召信臣等。黃霸即前面說過的因知夏侯勝詆毀武帝之情未報而被捕入獄的那位，出獄後曾任潁州太守，在職期間「力行教化而後誅罪」、「外寬內明而得吏民心」，組織百姓發展生產，打擊游手好閒之徒。召信臣任南陽太守時，順應民意，推行富民

政策，組織興修水利，使水澆地面積達到三萬餘頃，糧食產量大為提高，他矯正民俗，下令禁止婚喪嫁娶大操大辦，提倡節儉。龔遂任渤海太守時，下令百姓每人必須種一棵榆樹、一百本薤菜、五十溝蔥、一畦韭菜，飼養兩口豬、五隻雞，用行政手段促進生產。

其次，做好官吏的考核和獎懲。選拔出賢能，還必須進行有效的管理，揚善除惡，獎勤罰懶，這既是一種導向，也是一種規範。如果管理不到位，任由官員各行其是，甚至侵佔百姓或朝政利益，不僅對朝政不利，也害了官員本人。劉詢即位後很快建立起了一套對官吏的考核及獎懲辦法，他頒佈詔令，說：「有功不賞，有罪不課，雖唐虞猶不能化天下。」他下詔對二千石（郡守級）官吏實行五日一聽事制度，不定期派遣使者巡行郡國，對郡守的工作進行考察，根據考察結果進行獎懲。一批政績突出的官員受到了獎掖，或以璽書勉勵，增秩賜金，或爵關內侯，升任九卿或三公。膠東相王成在災年安撫大批流民，「治有異等」，得到明詔褒獎，獲提升俸祿至「中二千石」，並賜爵為關內侯。黃霸因當年過失，後來出任潁川太守只得八百石的官秩，任職八年，郡中大治，劉詢下詔稱揚，並額外獎賞，「賜爵關內侯，黃金百斤，秩中二千石」。而對那些不稱職或違法的官吏，則不論職位高低，嚴懲不貸。大司農田延年在擁立劉詢時發揮了重要作用，「以決疑定策」，受封陽城侯，但後來被告發在修建昭帝陵墓時，趁雇傭牛車運沙一事，乘機貪污三千萬賬款，有人為其說情，認為「春秋之義，以功覆過」，劉詢沒有同意，派使者「召田延年詣廷尉」受審，擬以重罰，田延年畏罪自殺。一些受劉詢賞識的官員，如蓋寬饒、趙廣漢、韓延壽、嚴延年等，因觸犯刑律並未寬恕，而被處以死刑；幾位受劉詢重用的朝中重臣，如丞相魏相、邴吉，將軍趙充國，其公子犯罪，劉詢也毫不留情，一律繩之以法。劉詢選用著名法學家于定國為廷尉，主持全國的司法事務。由於賞罰分明，獎懲得當，朝政之風為之一振，良吏、賢臣不斷湧現，有過失及觸犯刑律的官員受到裁撤和懲處，為新政的實施建立了重要的基石。

第三，推行官員的「久任」制。統轄朝政，管理地方，必須有相對穩定的班底，以保持政策、措施的連續性。所以，要讓官員打消臨時任職的

思想，安下心來為朝政及百姓扎扎實實地做事，這也是劉詢在民間的一種體驗。官員調動頻繁，椅子還沒坐熱又要走了，跟走馬燈似的，根本就沒有心思去規劃和思考社稷及民生大事，更談不上思考未來。百姓對官員不熟悉，不抱希望，官員對百姓也不負責任。當然，這裡面摻雜著跑官要官的玄機，官員調動，能給那些行賄受賄的人提供機會，而有些人則能通過調動以達到「鍍金」及找到「肥缺」的目的。劉詢推行「久任」制則意於改變這種狀況，要求官員對所負責的事務及地方要熟悉情況，做出較長遠的規劃，與吏民之間建立起良好的關係，同時也便於考察政績。當然，這其中要涉及到物質待遇的問題，官員在同一個職位上久了，沒有提拔，也就無法提升俸祿。劉詢對此採取對策，對久居一職、政績突出的官員，給予精神及物質方面的褒獎與提升，不讓老實人吃虧。王成、黃霸、龔遂等長期在地方上任職的官員，俸祿基本上與諸卿持平，既安撫和激勵了官員，又為後人樹立了榜樣，保持了地方政權的穩定性。

吏治平則事業興，由於劉詢在位期間準確貫徹施政方針，選人、用人得當，各項事務都獲得了較快的發展。而在發展的過程中，劉詢也跟整頓吏治一樣，本著為民著想、從制度層面著手的原則，制定政策，設置機構，切實給百姓及社會帶來實惠。

平理冤獄，緩解社會矛盾。劉詢堅持「霸王道雜之」的理念，在強調法制建設、嚴於執法、懲治不法官員和豪強的同時，廢除苛法、平理冤獄，緩和社會矛盾。劉詢親政後不久，針對刑獄審判不合理的現象，親自參加了一些案件的審理，為公正執法做出了表率，也制定出了刑罰的框架。地節三年（前 67 年），他下詔增設廷尉平一官，定員四人，專門掌管刑獄的評審和覆核，從制度上保證了執法的公正性和嚴肅性。他宣佈廢除「首匿連坐法」，該法規定，兒子藏匿犯罪的父母，妻子藏匿犯罪的丈夫，孫子藏匿犯罪的祖父母，都要同罪連坐。劉詢認為此法有悖人之常情，於地節四年（前 66 年）下令廢除。之後，他下詔赦免了所有因上書觸犯他名諱人的刑事責任，這也是他改名劉詢的原因。五鳳四年（前 54 年），劉詢派遣丞相屬官二十四人到全國各地巡查，平理冤獄，檢舉濫用刑罰的官員。他在位期間，前後頒佈了共十次大赦令，對於緩解社

劉詢
漢宣帝

會矛盾、維護社會穩定起到了很好的作用。

輕徭薄賦，發展社會生產。針對「富者田連阡陌，貧者亡（無）立錐之地」的現象，劉詢曾先後三次詔令把「貲百萬者」的豪強徙往平陵、杜陵等地，將其土地或充為公田，或配給無地、少地的貧民。還將國家苑囿或郡國的公田，借給少地或無地的貧民耕種，使其擺脫地主的束縛，重新成為國家的編戶。劉詢奉行輕徭薄賦的策略，本始元年（前 73 年），下詔免除了全國當年的租稅，後又對遭受旱災、地震、病疾的地區，免除三年的租賦。地節三年（前 67 年），下令降低了長期居高的鹽價，減輕百姓負擔。五鳳三年（前 55 年），下令減少天下口錢。甘露二年（前 52 年），下令減收全國百姓的算賦，一算減三十錢。甘露三年（前 51 年），再次免除當年的田租，在徭役方面也盡量減省。劉詢要求各地官吏要以勸課農桑、發展生產為己任，並派農業專家蔡葵為「勸農使」，巡視全國，指導農業生產。劉詢採納大司農中丞耿壽昌的建議，設立常平倉，在各地設置穀倉，豐年時購進糧食儲備，以免穀賤傷農，歉年開倉出售以平抑物價。當時，漕運所耗民力眾多，僅每年從關東向京師運穀就需用漕卒六萬人，劉詢聽取建議，在三輔、弘農、河東、上黨、太原等郡買糧，供給京師，減省關東多半漕卒。劉詢在位期間經濟繁榮，農業連年豐收，穀價創造了漢代以來的最低，著名學者劉向形容當時「天下殷富，百姓康樂」。

降服匈奴，穩定周邊。秦漢以來，匈奴一直是北部邊地的威脅，武帝時雖對匈奴進行了沉重打擊，形成了漢強匈弱的格局，但匈奴並未臣服，仍對漢政權騷擾不斷。本始二年（前 72 年），匈奴入侵烏孫，烏孫向漢廷求救，劉詢派田廣明等五位將軍率十六萬漢軍，出塞兩千餘里，聯合烏孫夾擊匈奴。這是武帝之後對匈奴所採取的最大規模的軍事行動，此後，匈奴衰弱。神爵元年（前 61 年），逼於漢朝的威勢，也由於其內部矛盾，匈奴日逐王附漢，漢軍佔領了車師，將匈奴勢力逐出西域。漢在西域設都護，任用熟悉西域事務的鄭吉為第一任都護，兼護南北兩道三十六國，確立了漢對西域的政治統治，將屯墾區擴大到烏孫的赤谷城。當烏孫內部發生動亂時，劉詢派遣長期生活在烏孫、有豐富外交經

驗的馮嫽作為使者出使烏孫，排解了其貴族內部的矛盾。甘露三年（前51年），匈奴呼韓邪單于入朝覲見劉詢，表示歸服漢朝，劉詢隆重接待他，並舉行了有數萬少數民族參加的盛會，彰顯了漢朝廷與各民族間的大團結。隨後，劉詢派兵護送呼韓邪單于到光祿塞下，資助其穀米數萬石。至此，漢匈之間結束了長達一百五十餘年的戰爭狀態，確立了匈奴呼韓邪政權對漢朝廷的隸屬關係，同時建立了塞北各少數民族與中原漢族在政治、經濟、文化上的密切聯繫。自劉詢一朝至以後數世，北方邊境安寧，再無烽火，一派和平景象。神爵元年（前61年），西羌族發生叛亂，劉詢派名將趙充國率兵平叛，留兵屯田於湟中，置金城屬國管理歸附的羌族各部落，加強了漢對西羌的控制。

整理經典，促進文化的發展。劉詢在位期間，經學、文學、史學及自然科學等都獲得了較快的發展。劉詢對今文經學各學派採取了兼收並蓄的態度，甘露三年（前51年）在長安石渠閣主持召開了一次規模盛大的經學討論會，討論《五經》異同問題，當時全國各主要的經學學者均應邀參加了會議，發表意見，對經學學術的發展起了重要推動作用。劉詢非常關心和支持文學事業的發展，他自己在文學上也有很高的造詣，當時文學之士多有湧現，如楚辭專家九江被公、辭賦家劉向、張子僑、華龍、柳褒、王褒、音樂家趙定、龔德等，朝廷為其文藝創作提供了良好的條件，使這一時期的文學創作出現高潮。歷代官方收藏的漢賦有千篇之多，而在武帝和劉詢時期則達到了極盛。劉詢在位期間，發生了一件對中國史學以至整個中國文化都影響至深的大事，即頒行《史記》。《史記》的作者為大史學家司馬遷，他有個女兒嫁給了昭帝時的宰相楊敞，楊敞有兩個兒子，即司馬遷女兒為楊家所生的楊忠和楊惲。楊惲自幼聰穎好學，司母將其珍藏多年的《史記》書稿拿出來給他讀，楊惲反覆閱讀，愛不釋手。到劉詢時，楊惲受封平通侯，他見朝政清明，人心向好，便上書劉詢，將外祖父的《史記》書稿奉獻出來，從此這部巨著便成為了華夏乃至全人類的精神財富。此外，還有桓寬撰寫的新體裁史書《鹽鐵論》，借鑒昭帝時召開「鹽鐵會議」的記錄，增廣條目，極其論辯，洋洋數萬言，探求經濟事業對政治統治的影響，不僅具有極高的史料價值，而且創造了新的記事文體，在中國經濟史書中佔有重要地位。另外，

還出現了蔡葵的農學專著和耿壽昌的數學著作等，可惜已經失傳。

黃龍元年（前49）冬，劉詢染病，十二月病情加重，他詔命侍中、樂陵侯史高為大司馬兼車騎將軍，太子太傅蕭望之為前將軍，少傅周祿堪為光祿大夫，共同輔佐太子。十二月甲戌日，劉詢病死於長安未央宮，在位二十五年，享年四十三歲，諡孝宣皇帝，廟號中宗，葬於今西安市南郊之杜陵。

寡斷失察的劉奭

劉奭是西漢史上的一位中落性人物，王朝自他始逐漸由強轉弱、由富變窮，社會矛盾凸顯，朝廷內部混亂。這在很大程度上要歸結於他柔弱的性格及對儒學的偏好，史籍講他「柔仁好儒」。「柔仁」即柔弱、仁慈，「好儒」即推崇和喜好儒學，這對於一個普通人來講，無疑是一種好的性格及素養，但對於一位統治者、特別是集權統治者來說就未必了，還可能成為執政的羈絆。

漢元帝劉奭與妃嬪遊苑圃，期間忽有一黑熊越籠襲向劉奭，眾人驚慌走避，獨馮婕妤以身擋熊，後宣揚為「女德」。圖為清人金廷標所畫的《婕妤擋熊圖》局部。

生於民間
父憂成患

劉奭是宣帝的長子。宣帝是武帝的曾孫，幼年時遭遇不幸，在襁褓中蒙受「巫蠱之禍」的冤屈，祖父、父母相繼被殺，成為孤兒，被投入了牢獄。幸得好心人暗中相助，才在極其艱難的情況下活了下來，經大赦出獄，在外祖母家長大。好心人給他請來師傅教書，張羅著為他成婚，娶了許廣平的女兒許平君為妻，二人婚後生下了兒子劉奭。

武帝崩，昭帝繼位。昭帝在位時間不長，早逝無嗣，經過一番周折，在平民家生長的宣帝繼位做了皇上，小劉奭也就從不滿周歲的平民小子而一躍成為了皇子，其母許平君受封為皇后。你真得感歎命運的跌宕與沉浮，劉奭父子的境遇形成了鮮明的對照，宣帝貴為皇子，在襁褓中被貶為平民，鋃鐺入獄；小劉奭為一介草民，幼童時福星高照，晉入皇門。

二人不同的人生境遇賦予了其迥然不同的性格。宣帝身世坎坷，生於民間，生活艱辛，地位低下，養成了堅毅、果敢、務實的性格，能將書本上的知識轉化為能力；劉奭雖生於民間，但自小長於宮中，高高在上，生活條件優越，較少接觸現實，性格相對懦弱，書生氣濃，處事優柔寡斷。兩父子的性格反映出一種現象：父親強勢，處世能力強，兒子則往往柔弱，缺乏膽氣和主見；而缺少父輩的庇護與溺愛，子輩則相對獨立與剛毅，勇於擔當。

宣帝即位後的日子並非一帆風順，他承受著來自強相霍光的操控與制約，而且這種操控不僅涉及朝間的大小事務，還威脅到他妻兒的命運與安危。宣帝即位後要立皇后，霍光有個小女兒，霍光欲將其嫁予宣帝為后，以便日後能長久地掌控皇權。宣帝頒佈詔書，以尋找一柄在民間使用過的寶劍為名，堅持要立糟糠之妻許平君，即「故劍情深」的故事，以此也確立了劉奭嫡長子的地位。許皇后不久懷孕，狠心的霍光夫人指使御醫下毒，將其害死，霍光借機將自己的女兒迎進宮，立為皇后。宣

劉奭
漢元帝

帝深感悲慟，但無可奈何，作為抗爭，他於一年後突然宣佈立劉奭為太子，使霍光想讓自己的外孫將來當皇帝的願望落了空。霍光夫人又欲對劉奭下手，由於宮中的規制而未能得逞。

劉奭就是在這種情況下被推上了皇位繼承人的寶座，按理說天經地義，順理成章；可實際上，更多的是由於宣帝懷念故妻、與霍光一家鬥法的緣故，劉奭在其中只是作為一枚棋子，一步招數，這就可能存有宣帝考慮不周、閱人不慎的狀況。

這種狀況隨著劉奭慢慢長大、有自己的主張和見解之後凸現了出來。劉奭眼見宣帝嚴於用法，動輒用刑罰懲治朝臣，大臣楊惲、蓋寬饒等僅因「刺譏辭語」而被殺，便在一次用餐時對宣帝說：「陛下持刑太深，宜用儒生。」宣帝聽後很不高興，內心充滿了失望。他深知大漢自建立以來兼行王霸二道，既重教化，又重刑罰，才有了王朝的鼎盛與輝煌。劉奭偏好儒學，勢必偏離大漢的繼統，甚至可能失去祖輩傳承下來的江山社稷。劉奭性格懦弱，不能知人善任，看重官員的多是學識和文采，而不是能力，這勢必使政權喪失強大的統治力和執行力。宣帝不無憂慮地說：「亂我家者，必太子也！」

這裡要說一下治國理念，我們知道漢朝在建立之初，奉行黃老之學，無為而治，與民休息；到武帝時進行修正，罷黜百家，獨尊儒術，使儒學成為了王朝的統治思想。這是否可以說漢朝自武帝始對治國理念進行了根本性的改變呢？其實不然，漢朝無論初期推崇黃老，還是武帝以至延綿至今崇尚儒學，都是一種口號或形式，實質上奉行的始終是王霸兼治、甚至以王為主，屬於「換湯不換藥」。也就是說奉行的口號或形式與真正實行的手段，在很多情況下並不一定、或者說完全不是同一回事。口號或形式在很大程度上是標榜統治者的政治主張和用來迷惑老百姓的，實際上並非真正如此。專制，始終是中國政治統治的主旨。在這一點上，統治者都非常清楚，但劉奭卻似乎有些懵懂，他把治國與研史讀經、把宣揚什麼和實際該做些什麼視為同物，照老百姓的話講，書呆子氣甚濃，心眼太實誠，不懂得政治的玄機。如此說來，宣帝的憂慮就不無道理了。

但這似乎又不能完全怪罪於劉奭，宣帝為他選擇的指導教師及學習方式對他影響很大。宣帝任命的幾位太子太傅，即劉奭的老師，都是名望頗高、學識淵博且品行端正的人物，他們教授劉奭讀書誦經，規範其行為舉止，提高其文化水準及道德修養，但他們都是些文人，雖在教授劉奭探究學識、提升品行等方面佔有優勢，但在治國理政等方面則是明顯的弱項。他們將劉奭圍於書齋之中，教授書本上的知識及倫理道德，對其人格及人性方面的培養影響至深，但對現實社會的接觸和理解則相對不足，對事態及人性的期待過於理想化，接人待物不夠務實和靈活，日積月累，使劉奭便養成了那樣一種性格。

重用儒生
聽信奸佞

黃龍元年（前49年），宣帝崩，劉奭繼承皇位，開始了他為期十六年的帝王生涯。宣帝臨終時，在很大程度上出於對劉奭的擔憂，將他託付給三位大臣輔政，一位是外戚史高，前面說過，宣帝的外祖母家姓史，史高是其外祖母史良娣的侄孫；另兩位則是劉奭的指導教師蕭望之和周堪。這就決定了劉奭稱帝初期的政權結構及特點。

蕭望之是東海蘭陵（今山東棗莊東南）人，宣帝時任太子太傅，教授《論語》、《禮儀》；周堪為齊人，同為太子太傅，教授《尚書》。二人都是德高望重的老臣，蕭望之是將軍光祿勳，周堪為光祿大夫，兼領尚書事。既是老師又是朝官，劉奭在繼位之初對二老敬重有加，經常召見，商討國事，議定朝政。蕭望之又向劉奭推薦了博學多才的大儒劉向和忠正耿直的金敞，劉奭均委以重任，加官給事中，受賜出入宮禁，參與機密商議。

劉奭對儒生可謂情有獨鍾，大加擢用。即位不久，劉奭聽說瑯琊（今山

東諸城）人王吉和貢禹是關東的儒學大師，即派人召來京城做官，結果王吉在赴京途中病故，貢禹則入京拜為諫大夫，後又擢為御史大夫，位列三公。為發展儒學，重用儒生，劉奭指令京師太學的博士弟子取消名額限制，凡能通一經的民間儒生均免除兵役、徭役，後因用度不足，博士弟子定員千人，即使這樣，也比宣帝末年增長了五倍。劉奭重用的輔臣，幾乎都是學養豐厚、造詣頗深的經學大師，蕭望之以《齊詩》見長，周堪以《尚書》著稱，貢禹精於《公羊春秋》，薛廣德以《魯詩》聞名，丞相韋玄成秉承家學，兼通數經，匡衡是公認的《詩》學泰斗。

這些人為官，無疑給政權增加了文化氣息；同時，文人講究品行和氣節，給政權注入了良好的風氣。但是，文人或曰知識分子具有其性格上的弱點，他們耿直、懇誠，說話率真，據理力爭，但亦固執、死板、不會變通，這便給劉奭日後在用人上的改變埋下了伏筆。

在劉奭一朝的官員當中，有不少性格率真、敢於直諫的人，其中以貢禹、薛廣德為最。貢禹自入朝為官，前後上書數十篇，請劉奭帶頭節儉。他認為古代君主持儉，什一而稅，沒有其他賦役，百姓家給人足。高祖、文帝、景帝時，皇帝宮女不過十多人，廄馬百餘匹，後來日漸奢侈，後宮女子竟達數千人，食粟之馬達到萬匹。上行下效，有的諸侯妻妾多達幾百，富豪家歌女數十，造成天下「內多怨女，外多曠夫」的現象。本著聖人為治理萬民而不是為個人享樂的宗旨，他懇請劉奭從自己做起，充當表率，糾正社會的奢靡之風。在貢禹的規諫下，劉奭接受了意見，並採取了一些措施，如詔令停止維修那些經常不去的離宮別館，減少餵養馬匹的糧食、飼養禽獸的肉類，以及撤銷相應的乘輿、狗馬和玩物等，還將皇苑、獵場、御園的部分用地賜予貧民田居；他下詔解除甘泉、建章二宮的警衛，衛士一律回鄉務農；詔命宮中飯食不必每日屠宰，伙食費要減省一半，乘輿等用馬以不誤禮儀為宜，不可鋪張浪費，罷除了角抵戲及不常用的上林公館等。

劉奭所採取的措施總是有限度的，他不可能桎梏自身，影響到自己的吃喝玩樂。永光元年（前 43 年）春，他行至甘泉，舉行郊祀儀式，完畢

後準備涉獵遊玩。當時關東連年災患，百姓飢餓難當，甚至出現「人相食」的慘劇。薛廣德上書，言辭激烈：「關東哀鴻遍野，人民流離失所，無以為生，然而陛下卻天天撞亡秦的喪鐘，聽鄭、衛的音樂，為臣實在傷心。現在士兵露宿野外，從官者都很疲倦，請陛下急速回京，深思百姓憂患。與百姓同憂同樂，天下甚幸。」劉奭看後自覺理虧，當日便命車駕返回了長安。又一次去宗廟祭祀祖先，劉奭忽發奇想不走路橋，改乘樓船，觀水遊玩，薛廣德得知後攔在路上，脫帽叩拜，以自刎相求，劉奭很不高興，但又不好發作，加上其他大臣勸說，便改變了主意。

一次，匡衡上疏，認為時下世風日壞，貪財賤義，好聲色，尚奢靡，禍根其實在朝廷。上有勾心鬥角，下便有爭鬥之患；上有專橫之官，下便有不讓之士；上有好利的大臣，下便有盜竊的民賊。長安是天子的都城，直接承受聖明的教化，習俗卻與地方無異，原因就在於地方學習京都，郡縣效仿朝廷。劉奭看後覺得有理，但社風不振，積重難返，最後只能不了了之。

這種狀況持續了一段時間，劉奭的態度開始發生變化。這其實是歷代統治者的普遍現象，還未在位時主張廣開言路，剛掌權時表現得虛心納諫，尊重知識，重用賢人，而時間一長，就沒那耐性了，不再裝模作樣，尤其當自己的權威受到挑戰、利益受到衝擊時，就會在態度上一百八十度大轉變，不再喜歡逆耳的忠言，厭煩耿直和較真的人，甚至對「不識時務」者痛下殺手。這說到底是集權制度使然，每個專制統治者都逃不出這種怪圈，連歷史上名聲甚佳的唐太宗亦是如此，況乎他人？這時那些奸佞小人便會乘勢而起，欺上瞞下，挑撥離間，陷害忠良。

在奸佞中有一個人表現得格外積極，即時任中書僕射、後為中書令的石顯。此人是濟南人，出身書香世家，少年時犯法受宮刑，入宮為宦官。他這種宦官跟那些整天端茶遞水、忙碌奔走的宦官不同，有著一定的社會背景，也有相當的文化水準，入朝廷擔任傳遞詔命、奏疏等，權力非同小可，秦朝的趙高、明代的馮保等即為此類。因為能經常接觸聖上，他們在某種程度上擁有比朝臣還顯赫的權力。

漢元帝
劉奭

石顯在劉奭繼位時已是一個飽攬宦海沉浮、長於投機鑽營的老手，口舌如簧、頭腦狡譎、內心陰狠。他精通政務，知曉文史，善於左右逢源，特別能洞察皇帝的心思，逐漸受到劉奭的寵信。他與同為宦臣的中書令弘恭攜手，成為朝廷中與蕭望之、周堪等相對峙的重要勢力。

蕭望之、周堪等從心底裡瞧不起這些閹人，對他們干預朝政很反感，向劉奭提出廢除中書機構、以減少政務環節及這些閹臣權力的建議。劉奭面對兩股勢力的爭鬥，充分暴露出其寡斷失察的弱點。對於恩師，他不好不給情面；而對於寵臣，他又不忍拋棄，於是將蕭、周的提議擱置起來。弘恭、石顯知道內情後，開始反擊，而蕭、周等人顯然對他們的勢力嚴重估計不足。

經過密謀，弘、石指使人趁蕭望之退朝休息之時狀告蕭、周，說其排斥車騎將軍史高，欲清除許、史外戚，騙使劉奭批轉中書進行審查。弘恭、石顯則經過捏造、詆毀，呈上奏章：「蕭望之、周堪、劉向朋黨勾結，多次誹謗大臣，離間皇親，以圖專擅權勢。為臣不忠，誣上不道，請謁者召致廷尉。」當時劉奭剛即位，搞不懂那些官文用語，不知「謁者召致廷尉」是由謁者（皇帝的近侍）押入監獄，而是移交廷尉複查，結果草草批准了提案。時隔不久，劉奭有事要召見周堪、劉向，左右稟告：「已經入獄。」劉奭大為震驚，怒斥弘、石：「命他們立即出獄理事。」

騙局被破，弘、石叩頭謝罪，但並未善罷甘休。他們拉攏外戚史高，向劉奭進言：「陛下剛剛即位，德化的美譽還沒有傳佈天下，卻先有誤罪師傅的惡聲。既然已經下獄，不如就此免職，不然則彰顯了聖上的過錯。」劉奭聽著有理，便將錯就錯，把蕭、周、劉統統免官。可事後又覺得不妥，數月後下了一道詔命：有「國之將興，尊師而重傅」的字樣，命蕭望之回朝理政，並加官賜爵，擬日後拜為丞相；同時召回周堪、劉向，擬任諫大夫，由於弘、石阻撓，二人做了郎官。此時弘、石與蕭、周等人的矛盾已經公開化，勢同水火。

劉向引經據史，上書揭露弘、石的罪行，蕭望之的兒子蕭汲也上書為父

申冤。弘、石回擊，欲置蕭、周勢力於死地。弘、石以「誣罔不道」的罪名將劉向投入監獄，又操縱複查蕭案的部門上奏：「蕭望之以前罪過清楚，無所謂誣告。教唆兒子上書，失大臣之禮，大不恭敬，建議逮捕。」同時，弘、石把持的中書也上奏：「蕭望之以前為將軍輔政，陰謀排斥許、史外戚，以圖專擅朝權，幸而沒有坐罪，又蒙賞賜爵邑，參與朝政，不悔過自新，反而深懷怨恨，教子上書，把錯誤諉推皇帝，自恃帝師，以為不會坐罪。若不把他關入監獄調理一番，陛下以後將無從厚施恩澤。」劉奭看到這兩個來自不同部門、同持一見的奏章，不好否決；但批准吧，又於心不忍，他深感憂慮地說：「蕭太傅平素剛強，安肯受捕？若有意外，如何是好？」在一旁的石顯忙說：「蕭望之所犯，乃言語薄罪，而人命至關重大，他不會輕生自盡，請陛下放心。」聽石顯一說，劉奭便下筆批准了奏摺。

石顯拿到批奏，立即密封交謁者送蕭望之親啟，證明不假。同時行令太常，火速派兵馬赴蕭府捕人，說時遲那時快，速度驚人。蕭望之啟讀詔書，悲憤異常，意欲自殺。夫人相勸，認為詔書絕非聖上真意，不久劉奭便會醒悟赦罪。但兵馬已經包圍蕭府，根本沒有等待的機會。蕭望之不肯蒙受束擒之辱，仰天長歎，服毒自盡。這時宮中剛剛擺上酒飯，劉奭正準備用膳，忽聽蕭望之自殺的消息，驚得目瞪口呆，不禁潸然淚下。此為初元二年（前47年）十二月，劉奭即位僅兩年，自己恩師便被逼而死。

劉奭召來石顯責問，石顯謝罪，陪之流涕，盡顯「誠意」。帶著對蕭望之的愧疚，劉奭寄情於周堪，拜其為光祿勳，與其學生光祿大夫張猛同加官給事中，出入宮禁，大見信任。弘、石怎肯甘休，他們又借助天象詆毀周、張，說因其主事而引發異常。劉奭雖情有所向，但不敢違拗眾言，於是將二人貶出朝廷，周堪任河東（今山西夏縣）太守，張猛任槐里（今陝西興平）令。

說來事巧，周、張走後不久，宣帝廟堂失火，繼而日蝕。劉奭召來石顯等質問：「你們說天變是周、張用事所致，他們出朝，為何又起更大的

天變？這不正說明上天對貶謫周、張不滿嗎？」石顯被問得啞口無言。劉奭下詔褒獎周堪，命二人立即回朝就職，並委任周堪領尚書事，即中書機構的領導。此時弘恭已死，石顯任中書令，僕射牢梁和其他五名尚書都是其黨羽，讓周堪統領中書，無疑是與虎謀皮，根本插不進手，只能被架空。不久劉奭患病，周堪難得與之相見，凡事都要通過石顯，朝政大權實際上掌控在石顯手中。石顯陰險狡猾，黨羽遍佈，周堪一介忠臣，哪裡是石顯的對手？不久，周堪抑鬱發病，不能言語，被活活氣死。張猛孤立，石顯誣以重罪，逼其自殺於官邸。其後，石顯又相繼害死了京房、鄭弘、張博、賈捐之、蘇建，加害於陳咸、朱雲、王章等人，大權獨攬。

安穩邊郡
意欲換儲

劉奭在位期間，邊郡相對安定。當然，仍會出現一些問題，對此，劉奭同樣表現得不能明察，優柔寡斷。武帝在開拓南域時，曾在今海南島設置珠崖和儋耳二郡，由於漢官管理不當，欺壓、盤剝屬民，致使矛盾激化，經常引起反抗。劉奭繼位次年，珠崖山南縣居民起兵反漢，連年不絕。劉奭召集群臣商討，擬派兵鎮壓。待詔賈捐之認為，武帝南征北討，開拓疆土，給民眾帶來沉重負擔；如今關東受災，人民流離失所，不能再把他們驅入大海去作戰；且勞師遠征，未必有功，不如廢棄珠崖郡，節省軍費，用以賑濟關東饑民。劉奭拿不定主意，詢問左右，御史大夫陳萬年主張出兵，丞相于定國則認為上次出兵，十餘位將領只有兩位生還，損失萬眾，耗資三萬萬，且未能取得徹底勝利。如今關東大災，不宜興兵，應採取賈捐之策。劉奭傾向於後者，初元三年（前 46 年），下詔宣佈罷除珠崖郡，居民願意屬漢，妥善安置，不願屬漢，不相勉強。珠崖郡自武帝元封元年（前 110 年）設置，歷時六十四年，至此被廢。

永光二年（前42年），隴西郡羌族一部反叛朝廷，劉奭又召集群臣商策。當時各地連年失收，災民遍地，朝廷正為此而焦慮。趕上羌人造反，丞相韋玄成等感到束手無策。右將軍馮奉世挺身而出：「羌人近在境內叛亂，如不及時鎮壓，無從威制遠方蠻夷，臣願率師征討。」劉奭問需用多少兵力？馮奉世從不讓戰事拖得太久、避免勞民傷財的觀點上考慮，主張速戰速決。叛羌有三萬餘眾，按兵法倍用兵力需六萬，但羌人兵器落後，戰鬥力差，用四萬漢軍，一月便能取勝。但丞相、御史大夫等人都認為正值秋收季節，不宜多發兵力，用一萬兵馬屯守即可。馮奉世據理力爭，說一萬兵馬分屯數地，進攻不能取勝，防守不能保民，諸羌見漢軍勢弱，相互串聯起兵，那時就不是四萬兵馬所能解決的問題了。劉奭猶豫不決，在採納多數人意見的基礎上，給馮奉世增加了兩千人。馮將軍率萬二兵馬進駐隴西，分屯三處，果不出所料，被羌人破軍殺將，進守不得。馮繪製出隴西地形圖及雙方兵力詳圖，呈送劉奭請援，劉奭這才徵發六萬兵馬入隴，當年就平定了叛亂。

次年春，馮奉世班師回朝，更為左將軍，賜爵關內侯。馮奉世之女馮媛為劉奭的昭儀。一次，劉奭帶後宮妃嬪到虎圈觀看鬥獸，由於籠門沒有鎖好，一隻黑熊從籠子跑出來，向劉奭襲來，一眾妃嬪均驚慌四散，馮媛乃將門之女，雖無博熊之技，但卻有勇武之性，她擋在劉奭面前，截住黑熊的去路。在危急關頭，衛士們一擁而上，殺死了黑熊，人們無不敬佩馮媛的壯舉。事後劉奭問馮媛，當時眾人都驚懼奔逃，為什麼你卻上前去擋熊？馮媛答：「只要猛獸捉到人，就會停下來不再往前了，妾怕熊傷及陛下，所以前去阻擋。」劉奭聽後非常感動，從此對馮媛珍愛有加。馮奉世父子位列公卿，馮昭儀又深得劉奭寵愛，石顯欲攀附馮氏，結果碰了一鼻子灰，心生怨恨。時隔不久，御史大夫空缺，群臣一致薦舉馮奉世之子大鴻臚馮野王補任，石顯乘機對劉奭說：「論才能，九卿之中沒有人能超過馮野王，但他是馮昭儀的胞兄，如果任他為御史大夫，怕後人指責陛下埋沒賢能，任人唯親，偏愛後宮而讓其胞兄位列三公。」此話說得冠冕堂皇，實際暗藏報復之心，可是劉奭辨認不出來，還說：「好見解，我就沒有想到這些。」於是下詔嘉美馮野王，但廢而不用，並把石顯的話寫入詔書，又一次落入了其圈套。

宣帝時經過多次打擊，匈奴衰弱，內部矛盾重重，由初期的「五單于爭立」，發展為呼韓邪與郅支單于的對立。劉奭即位初，郅支反漢，在都賴水（今怛邏斯河）畔興建了郅支城（今江布林），作為擴張勢力的基地。建昭三年（前36年），西域都護甘延壽和副校尉陳湯矯詔調集西域各國兵力誅殺了郅支單于。朝廷準備對甘、陳論功行賞。石顯曾拉攏過甘延壽，想把自己的姐姐嫁給甘，但遭到拒絕，懷恨在心。他指斥甘、陳「擅興師矯制」，使表功久拖不決。眾人上書鳴不平，劉奭又讓群臣討論，大家都認為應當定功。石顯又說捕斬的郅支不是真單于，劉奭退讓，封二人為千戶侯，石顯再行阻撓，結果各封了三百戶。

呼韓邪單于聽說誅斬了郅支，又喜又怕，趕緊奏書並於竟寧元年（前33年）入朝求親，要做劉奭的女婿，劉奭將宮女王嬙（即王昭君）賜之為妻。王昭君是南郡秭歸（今屬湖北）人，儀容俊美，舉止端莊，因未受封詰，所以地位卑微，聽說要遠嫁匈奴，其他姐妹唯恐避之不及，她卻主動請行，獲得批准。在臨行的歡送儀式上，劉奭見昭君相貌出眾，光彩照人，十分悔恨，想把她留下，但又不便失信，只能眼睜睜地看著她隨呼韓邪出塞而去。從此，漢匈長達一百五十年的戰爭狀態宣告結束，王昭君的義舉則功不可沒。

王昭君的事蹟在正史記載中其實只有寥寥幾十個字，後人所傳多是通過稗官野史，富於傳奇色彩。《西京雜記》載：「元帝後宮既多，不得常見，乃使畫工圖形，案圖召幸之。諸宮人皆賂畫工，多者十萬，少者亦不減五萬，獨王嬙不肯，遂不得見。」畫工毛延壽品行不端，耽誤了昭君的青春，害得她遠嫁他鄉。據東漢文學家蔡邕《琴操》載，昭君遠嫁匈奴後，心情不爽，寫下了一首詩，後人稱為《昭君怨》：「翩翩之燕，遠集西羌。高山峨峨，河水泱泱。父兮母兮，道里悠長。嗚呼哀哉，憂心惻傷。」很可能是偽託之作。另外，相傳昭君曾寫了一封信給劉奭，劉奭見信後大為動情，對於畫工從中作梗非常憤怒，將毛延壽等五人「同日棄市」。當然，這些大多是杜撰。

劉奭當太子時，寵愛太子妃司馬良娣。良娣死，劉奭悲痛萬分，遷怒於

眾妃妾，與之概不親近。宣帝聞此，讓皇后挑選了五名宮女，送給劉奭擇而幸之。劉奭出於應付，隨便指了一個，即身旁最近的王政君，誰知王與劉奭一夜相伴，竟懷孕生下了劉驁，即後來的成帝。宣帝非常喜歡這孩子，為其起名，常留在身邊玩耍。劉奭即位後，立劉驁為太子，命史丹輔佐，王政君為皇后。但劉奭並不喜歡王政君和劉驁，而寵愛傅昭儀和皇子劉康，晚年逐漸產生了易儲的想法。竟寧元年（前33年），劉奭病重，傅昭儀和劉康常服侍於左右，王政君和劉驁則難得與之相見。劉奭在病中幾次問及景帝廢栗太子而立膠東王劉徹的事例，搞得王政君和劉驁寢食難安。史丹為劉奭的舊臣，能入得禁中看望，他乘左右無人向劉奭哭訴：「劉驁以嫡長子的身份而立為皇太子，已十多年，名號早已印在百姓心中，天下無不歸心。現見陛下深寵定陶王劉康，到處流傳陛下想易儲，若真有此事，滿朝文武百官定必以死相爭，拒不奉詔。希望陛下先將臣賜死，以示群臣。」劉奭本來就是個沒主見的人，見史丹言辭懇切，深受感動，說：「朕的身體每況愈下，恐怕命不久矣，然而太子和兩王年少，又怎能不留戀和掛心呢？不過，朕沒有打算易儲。況且，皇后寬厚謹慎，先帝又喜歡驁兒，朕豈能違背先帝的旨意。你從哪裡聽到這些流言？」史丹連連叩頭謝罪。劉奭算是打消了易儲的想法。

當年五月，劉奭病死於未央宮，終年四十二歲，葬於渭陵（今咸陽東北）。諡號為孝元皇帝，廟號高宗（後經過東漢光武帝刪減，西漢只有太祖高帝劉邦、太宗文帝劉恆、世宗武帝劉徹和中宗宣帝劉詢四位皇帝有廟號，元帝劉奭並無廟號），太子劉驁繼位。

漢元帝劉奭在位期間，發生了著名的「昭君出塞」故事。中國四大美人之一王昭君（圖
中被畫者）不屑賄賂畫工毛延壽，被故意畫醜，後來她代漢和親，遠嫁單于，名流千
古。圖為明代仇英所畫的《漢宮春曉圖》局部。

沉於酒色的劉驁

如果說漢朝從元帝開始走下坡,那麼到劉驁則全面地衰落了。究其衰落的原因主要有二:一是驕奢淫逸,劉驁幾乎日日宴酒,夜夜笙歌,應了那句話:成於儉而毀於奢,驕奢是專制的副產品,同時也是專制的殉葬品;二是外戚當權,劉驁在位期間,朝政大權都落入其母后王氏家族的手中,外戚干政,是專制的一大特色,也為日後王莽篡政埋下了伏筆。

漢成帝劉驁像

少時謹慎
年長貪樂

甘露三年（前 51 年），劉驁生於長安的甲館畫堂。所謂畫堂，即畫有彩繪的殿堂。劉驁出生時，祖父宣帝在位，父親元帝為皇太子，母親是王政君。他的出生應當說帶有某種偶然性，當時作為皇太子的元帝寵愛太子妃司馬良娣，司馬良娣染病，臨終前對元帝說：「妾死並非天命，而是眾姬妾咒殺的。」元帝悲痛欲絕，鬱結生病，並遷怒於眾姬妾，與之概不親近。宣帝聽說了此事，便讓皇后從後宮挑選了五名宮女，欲讓元帝另覓新情。當時元帝去拜見皇后，皇后喚出了這五位宮女，其中就有王政君，皇后讓手下問元帝喜歡哪一個？為了不辜負皇后的一片苦心，元帝隨便一指，當時王政君離元帝最近，又身著與其他女子不一樣的絳色衣裳，皇后便以為元帝着上了王政君，派人將王政君送到太子府陪其過夜。一夜之伴，王政君竟懷上了身孕，十個月後分娩。

對於孩子的出生，宣帝異常興奮，親自給其起名「驁」，即駿馬的意思，字太孫，對其抱有的期望可見一斑。宣帝經常將小劉驁留在身邊玩耍，嬉戲打鬧，憐愛之情溢於言表。但在劉驁不足兩歲時，宣帝離世，父親元帝繼位做了皇上，不久，劉驁被立為太子，由大臣史丹輔佐，母親王政君被立為皇后。

年少的劉驁愛讀經書，喜歡文辭，寬博謹慎，有點兒類似於現在的乖乖男。一次，元帝急召劉驁入見。若橫越馳道（皇帝專用道路），很快便可到達，而繞過馳道，則要多走很長一段路程，而劉驁選擇了後者，結果多用了不少時間。元帝知道真相後，非但沒有責備劉驁，反而非常高興，並下令以後太子可以直接穿越馳道。

但隨著劉驁年紀漸長，其行為發生了很大的變化，整日沉湎於酒色、遊樂，舉止放蕩不羈。這當然要歸結於當時社會的大環境及元帝的負面影響，但其自身的沉淪及追逐享樂是根本性的。建昭四年（前 35 年），

漢成帝　劉驁

中山哀王劉竟去世，劉驚陪元帝前往弔喪。劉竟是元帝的幼弟，與劉驚一起長大，元帝見到劉竟的靈位時悲慟不已，而劉驚卻沒有流露任何悲傷的表情。元帝見到後非常生氣，說：「哪裡會有人沒有慈和仁愛之心，卻能奉祀宗廟，為天下百姓謀福祉呢！」意為劉驚不配為皇帝。輔佐劉驚的史丹趕忙脫帽謝罪，聲稱是他叫劉驚不要在元帝面前哭泣，以免引元帝悲傷，這才使元帝消除了怒氣。

因為元帝不喜歡皇后王政君而寵愛傅昭儀，所以其心底裡也不喜歡劉驚而喜歡「多才藝」的定陶王劉康，當然也是出於對劉驚迷戀酒色、醉生夢死的反感，晚年逐漸萌生了易儲的想法。竟寧元年（前33年），元帝生病，傅昭儀和劉康常侍奉在榻前，而王政君和劉驚則很難見上元帝一面。元帝在病中多次向人問起景帝廢太子而立膠東王劉徹的事例，弄得王政君、劉驚以及其大舅衛尉侍中王鳳等人憂心忡忡，一籌莫展。幸得史丹憑藉寵臣的身份進入元帝的寢殿探病，與元帝獨處時聲淚俱下、言辭懇切地為劉驚求情，陳明利害，元帝心腸軟，竟為史丹的懇誠所打動，又考慮到當年宣帝甚愛太孫，遂表示不會易儲，並對史丹說：「朕的病恐怕不能好轉，希望你能好好輔佐太子，不要辜負我對你的重託！」史丹趕緊跪拜答應，劉驚所面臨被罷黜的危機總算安然度過，有驚無險。

外戚當道
王氏掌權

同年（前33年）五月，元帝崩，劉驚繼位，改元建始。母親王政君被尊為皇太后，從此，王氏一族的外戚勢力便堂而皇之地登上了西漢的政治舞臺，為日後西漢王朝的終結、王莽建立新朝奠定了基礎。

在中國封建統治的進程中，皇權之下總有三股勢力相互爭鬥，即士大夫、外戚及宦官勢力。士大夫（或曰士人）即朝臣，憑藉功名和科舉入仕，

有著一定的社會威望和較強的理政能力，比較重視程式和章法，也比較看重氣節和風骨，缺點是由於自身的清高及師承、門派之爭，難於抱團，很容易被分化瓦解；外戚即皇帝的娘家人或母系家族的成員，憑藉血緣或親戚關係從政，以姓氏和家族劃線，有很強的排他性，做事跋扈、霸道，導致政權結構失衡；宦官即皇帝的貼身侍從，出身卑微，憑藉特有的工作性質獲取權力，做事陰險狡詐，沒有底線。這三股勢力的相互勾結與角逐，構成了不同統治時期的某種特點。劉驁一朝則屬於第二種。

先說一下王氏家族。其祖先原本姓田，是戰國時齊王建的後代，秦亡後項羽封田安為濟北王，至漢興，田安失國。齊人因田氏世代為王，便稱其後人為「王家」，從而以「王」為姓。西漢文、景年間，田安的孫子遂（字伯紀）率家族遷至山東章丘龍山鎮的平陵城。王遂生王賀，王賀生王禁，王禁的二女即王政君，被選入宮後成為元帝的皇后，從此王氏家族便大張旗鼓地湧入朝廷執掌大權，左右和影響著西漢晚期的中央及地方政權，是中國史上少有的名門望族。

王政君是劉驁的生母，出生於魏郡元城（今河北大名東），母親李氏。她與四大美人之一的王昭君名字一字之差，但二者並沒有什麼關係。在影視劇當中，王政君給人的印象是一位風度翩翩的老太太，她是中國史上壽命最長的皇后之一，曾身居后位（包括皇后、皇太后、太皇太后）長達六十一年之久。而進太子宮，與元帝一夜之歡，懷上並生下劉驁，是她人生中的重要轉捩點。這年她二十一歲。元帝在位，她身為皇后，但並不受寵，整日擔驚受怕，鬱鬱寡歡，擔心兒子被黜，直到劉驁繼位，才有了揚眉吐氣的日子。

王氏家族執掌朝政大權，應當說與前幾任的執政方針有關。昭帝時重用士人霍光，其獨斷朝政、飛揚跋扈；宣帝時經過調整，局面有所改觀；元帝時認為士人執政多會結黨營私，而「中人（即宦官）無外黨，精專可信任，遂委以政」，結果聽信太監石顯，將朝政搞得一團糟。劉驁上臺，汲取前朝的教訓，認為士人及宦官均不可靠，當然也屈從於王氏家族的威勢，轉而任用外戚。

王氏家族的成員力推劉驁上位，可謂處心積慮、全力以赴，因為他們知道，沒有外甥的皇位，自己什麼也不是，甚至還可能遭受滅頂之災。劉驁繼位後，王氏家族更是採取各種措施，清除異己，網羅親信，以攫取更多的權力及其背後巨大的利益。

清除宦官。元帝時重用石顯，不得人心；劉驁繼位後，王鳳等人授意採用明升暗降的方法任命石顯為長信中太僕，使其遠離權力中心，再由丞相匡衡和御史大夫張譚等人聯名上疏揭露石顯及其黨羽的罪惡，石顯被免官放逐回鄉，死於途中，其黨羽全部被免官。

抑制有實力的後宮親屬。元帝時寵愛曾保護過自己的將門之女馮昭儀，其弟馮野王在朝野聲望頗高，有著很強的理政能力，當年朝間眾推其擔任御史大夫，因石顯的阻撓而未能如願。劉驁繼位後，王鳳等人對其進行排擠，同時迫使許皇后的父親許嘉引退。

清理朝臣。丞相王商也是外戚的一支，其父王武是宣帝的舅舅，堂兄王接曾任大司馬車騎將軍。王商在政壇上穩步提升，有著獨到的政治見解和從政能力，實力並不在王鳳之下，但一山不能藏二虎，王鳳與王商在諸多問題上意見相左，關係緊張。王鳳與史丹合謀，秘密調查王商的私隱，又唆使頻陽（今陝西富平）人耿定上疏誣陷王商。劉驁認為難以查證，王鳳則堅持要查辦，逼迫劉驁免去其丞相的職務。王商被免相三日，便口吐鮮血，悲憤而死，其親戚、弟子凡是在宮中任職的，一律被趕出京城。

迫使藩王就藩。劉驁的兄弟、定陶王劉康擁有相當的政治勢力，對王氏擅權構成威脅，王鳳等人假借天相，講所出現的日蝕象徵著「臣專君」，藩王久居京城於君主不利，迫使劉康去了藩國。

至此，王氏家族成員專制朝政已沒有了強大的對手，他們佔據朝廷要職，王鳳為大司馬大將軍領尚書事，「政事大小皆自鳳出」，他的七個弟兄全部封侯，劉氏王朝已實質上被王氏家族所接管。

王氏家族的專權引來多方非議，朝野間有識之士紛紛上書，要求罷黜王氏家族的成員，其中以王章和劉向最為激憤。王章，泰山鉅平（今山東泰安）人，少以文學為官，徵為諫大夫，升司隸校尉，選為京兆尹；劉向為西漢的宗室，楚王劉交之後，博學多才。二人多次進諫歷數王氏成員的罪惡，陳明外戚專權的危害。劉驁當然也知道外戚專權的弊端，曾一度決定罷免王鳳，誰知消息走漏，王鳳來了個以退為進、先發制人，稱病上書以辭職要脅，王政君則整日跟劉驁哭天抹淚，以絕食抗爭，結果王鳳非但沒有被罷黜，王章反而因之獲罪，慘死於獄中，其妻兒女被徙於合浦（今廣東合浦東北）。

荒淫無道
飛燕爭寵

驕奢淫逸，紙醉金迷，是歷代帝王的通病，也是專制制度的副產品，而劉驁則要加上一個「更」字。早在做太子時，他就「湛於酒色」，繼位後，更加肆無忌憚，為所欲為，舉止更為荒誕不經。

劉驁寵愛一個叫張放的男寵，此人出身名門，爺爺官至大司馬，外祖母是漢室的公主，史書講他「少年殊麗，性開敏」，長著一張白皙、俊俏的臉龐，聰明伶俐，善解人意。劉驁對其可謂全情投入，平日「與上臥起，寵愛殊絕」，一天到晚都在一起，寸步不離。但二者的關係跟時下的同性戀似有不同，當時漢室有寵倖「男風」之尚，而且由劉驁出面保媒，將皇后的侄女嫁給了張放，提拔張放為中郎將。兩人經常喬裝打扮，結伴出遊，混跡於煙花柳巷，體驗著普通人的快樂，碰到外人打聽，劉驁甚至假稱是張放的家人。劉驁與張放的關係引起王氏家族的不滿，在王鳳等人的干預下，王政君向劉驁施壓，將張放趕出了京城，發配到邊遠之地。二人離開時，依依不捨，抱頭痛哭，場景著實令人動容。張放一走，劉驁像掉了魂魄似的，整日茶飯不思。因不堪思念，他多次召

張放回京團聚，但迫於壓力又重將張放放逐，如史書講「故常涕泣而遺之」。二人兩地相隔，「璽書勞問不絕」，千里傳遞情書，其感情之深可見一斑。後因顧忌趙氏姐妹才斷絕往來，張放因日夜思慕劉驁「哭泣而死」。

劉驁自即位起，就花費重金建造了霄游宮、飛行殿和雲雷宮供自己淫樂。劉驁最初專寵當年的太子妃許皇后，許為元帝時大司馬車騎將軍、平恩侯許嘉的女兒，與劉驁生有一男一女，均夭折。許皇后聰明賢慧，史載其「自為妃至皇后，常寵於帝，後宮嬪妃稀得進見」。這種無嗣專寵的現象引發了王太后及王氏家族的焦慮，他們假借「災異」發難，說是由於許皇后「專寵」所致，於是削減了「椒房」（皇后的住所）的用度，讓許皇后閉門自省。許皇后蒙此「冤屈」，心情鬱悶，其姐、平安侯夫人許謁由此不滿，背地裡詛咒後宮有身孕的妃子，被人告發，許謁等被處死，許皇后連坐被廢，後被賜死。劉驁另結新歡，開始寵愛班婕妤，班婕妤生有一男孩，數月後亦夭折。班婕妤知書達禮，沒有一般女子的「好妒」，她將自己的侍女李平進獻給劉驁，李平又得寵，也被封為婕妤，當初「孝武帝的衛皇后也從微賤而起」，劉驁故賜李平「衛」姓，即衛婕妤。

這種相對平靜的狀態隨著一個人的出現而發生了改變，即史上知名度頗高的趙飛燕。趙飛燕的出現，使得忌恨、陰狠、奢侈、放蕩，以至殺戮注入到劉驁的情感生活，使劉驁更加沉淪聲色，越發難以自持。

趙飛燕，名趙宜主，江都（今揚州）王府舍人。她在史上以美貌著稱，有「環肥燕瘦」之說，環即唐代的楊玉環，燕就是趙飛燕，這句話的本意是告訴人們美不是絕對的，高矮、胖瘦各有其韻味，並沒有同一的標準。趙飛燕則是纖瘦美的典型，她體形纖細苗條，舞姿輕靈動人，照現在的說法是有著魔鬼一樣的身材，跳起舞來熱辣撩人，像飛翔的燕子一樣，因此得名「飛燕」，以至人們都忘卻了她的真實姓名。

趙飛燕出身於平民之家，家境貧困，十幾歲時進入陽阿公主的府邸成為

一名舞女。她在舞蹈方面可謂天賦異稟，有著極高的領悟及展示能力。《趙飛燕別傳》載其「腰骨纖細，善踽步而行，若人手持花枝，顫顫然，他人莫可學也」。「踽步」即手如拈花顫動，身似微風輕移，傳說她竟能站於人的手掌之上起舞，此即「身輕如燕」的由來。此外，她還能操琴、譜曲。

一次，劉驁外出遊樂，來到陽阿公主的府邸，陽阿公主喚出府中的女子為劉驁表演歌舞。趙飛燕婀娜曼妙的舞姿、陰陽頓挫的琴曲，以及勾人魂魄的眼神，一下子將劉驁給迷倒了，他忙不迭地將趙飛燕帶回宮中，對這位美人如癡如醉。但趙飛燕深諳男人的心理，她欲擒故縱，一連三次拒絕劉驁的召幸，弄得劉驁神魂顛倒、飢渴難忍，得手後便夜夜臨幸，再也離不開她。從此，劉驁的眼中就只有了「飛燕」一人，封其為婕妤，貴傾後宮。趙飛燕則使出渾身解數，輕歌曼舞，撫琴傳音，床笫之歡，撩得劉驁春心蕩漾，深陷其中。為了取悅於飛燕，劉驁為其修建起豪華的宮殿，打造了華麗的舟船，供其享用。

許皇后被廢兩年後，劉驁欲立趙飛燕為后，但遭到了王太后的反對，認為她出身卑微，門不當戶不對。劉驁則費盡心機，讓一個叫淳于長的官員從中斡旋，封趙的父親為成陽侯，這樣趙飛燕便成了侯門之女。永始元年（前 16 年），趙飛燕如願坐上了皇后的寶座。

正當趙飛燕沉浸於母儀天下的榮華與威勢之時，卻想不到會失寵，而得寵的不是別人，是她的妹妹趙合德。趙合德長得比飛燕更漂亮，更加嫵媚溫柔、楚楚動人，劉驁聽說後將其召入宮中，成為新寵。趙合德與趙飛燕從小一起長大，對姐姐十分敬重，她得寵後並未與姐姐出現隔閡，而是在劉驁面前百般維護姐姐的聲望，因而並未動搖趙飛燕皇后的地位。

趙氏二姐妹，尤其是趙合德，受劉驁專寵十餘年。但兩人皆未生育，據說是因為長期服用一種叫「息肌丸」的藥所致，這種由麝香、高麗參、鹿茸等調配的藥丸，能夠保持纖瘦的身材，以及潤潔、富有活力的皮膚，但卻容易造成不孕。沒有子嗣的趙氏姐妹自然會擔心失寵，趙飛燕曾詐

稱懷孕，欲在「分娩」時抱來別人的孩子頂替，結果未能得逞。於是，她們對後宮凡是能為劉驁生育子嗣的妃嬪都懷恨在心、痛下殺手，其手段之殘忍令人髮指。

宮中有個叫曹偉能的女官，懷上了劉驁的孩子，臨產時趙合德命中黃門拿著劉驁的詔書，毒死了曹姬，帶走了嬰兒，最終下落不明。妃嬪許美人懷孕，劉驁派御醫前去探視，送去名貴的丸藥供其保胎，但許美人生下兒子後，趙合德跟劉驁大哭大鬧，迫使劉驁親手害死了自己的兒子。趙氏姐妹的所作所為被人們所痛恨，當時有首童謠叫〈燕啄皇孫〉：「燕燕，尾涎涎，張公子，時相見。木門倉琅根，燕飛來，啄皇孫。皇孫死，燕啄矢。」但據史料看，殘害妃嬪、扼殺 劉驁親骨肉的應當是趙合德，而不是趙飛燕，人們之所以將罪名歸到趙飛燕頭上，是因為人們把她倆視為一體，而趙飛燕名聲大，自然承載的罪名也就多。

綏和二年（前7年）三月，長期淫欲過度的劉驁死於長安未央宮趙合德的床上，趙合德自知罪孽深重，自殺。劉驁終年四十五歲，謚孝成皇帝，葬於延陵（今陝西咸陽市東）。

回天乏術的劉欣

漢哀帝｜平｜壽
建｜元

單看劉欣死後的謚號「哀」就能知道他及西漢王朝大概的處境了，用「大廈將傾」、「風雨飄搖」來形容恐怕並不為過。縱觀中國的歷史，凡經此處境的帝王無非兩種情況：一是力挽傾廈於不倒，處心積慮，煞費苦心，但總讓人感到無從應對、筋疲力盡，如明朝的崇禎；二是依然燈紅酒綠、紙醉金迷，全然不知危險將至，如秦代的胡亥、蜀國的阿斗、宋代的徽宗。劉欣則多少應當屬於前者。

藩王入儲
繼得皇位

劉欣生於河平四年（前 25 年），是元帝的孫子，定陶恭王劉康的兒子，母親為丁姬。他出生後不久，陽朔二年（前 23 年），其父親定陶恭王劉康去世，他承得了王位，這年他只有兩歲。在一般人眼中，他身份、地位顯赫，乳臭未乾便高居藩位，按照正常的生活軌跡，一輩子有享不盡榮華富貴，在藩國可以無憂無慮地生活。但他這種身份通常與皇位是無緣的，因為他既非嫡也非長，甚至連皇子都不是，只是前朝皇帝的侄子。可命運就偏偏垂青於他，讓他成為了太子並繼位做了皇上。這就應了時下那句話：「一切皆有可能」。

成帝一生曾與後妃生育過幾個子嗣，但由於各種原因均夭折，到頭來膝下無子。眼看著其年齡日長，朝廷間便有了在藩王中擁立太子的動議。元延四年（前 9 年），成帝決定選儲，當時的人選有兩個：一是其少弟中山王劉興，另一個便是其子侄劉欣。人常說「機會留給那些有準備的人」，這話用在劉欣身上很恰當。一日，這兩人都來入朝，成帝便想藉此機會對二人進行一番考察。劉欣入朝，有太傅、國相、中尉陪同，而劉興則只有太傅相伴。成帝問劉欣：為什麼將太傅等三人都帶來入朝？劉欣答：按規定，諸侯王來朝可由國中兩千石官員陪同，傅、相、中尉均為兩千石官員，故帶來觀見陛下。成帝讓他背誦《詩》書，他不僅背得流暢，還能說出其中的大意。但問到中山王劉興時就不同了，問他為什麼只帶太傅一人入朝，其支支吾吾回答不上，讓他背誦《尚書》，也背不出來。隨後，成帝賜宴，劉欣表現得溫文爾雅，舉止得體，而劉興則吃相不雅，最後因吃得太飽而將褲帶鬆開。如此一來，誰優誰劣就顯而易見了。當然，僅有此是遠遠不夠的，劉欣的祖母傅太后私下送了許多金銀財寶給成帝寵愛的趙飛燕趙皇后和外戚驃騎將軍、曲陽侯王根，這事就算基本上搞定了。次年，成帝下詔立劉欣為太子。

劉欣被立為太子後，並沒有得意忘形，而是非常謹慎。他向成帝謙遜地

說：我的才能還不足以勝任太子，陛下您聖德寬仁，日後肯定還會有兒子的。我現在只願意在您身邊朝夕奉問，一旦您有了聖嗣，我仍願歸國守藩。成帝聽了非常高興，下詔立楚孝王孫劉景為定陶王，打消了劉欣的顧慮。從此事可以看出，誰都喜歡聽恭維話，喜歡溜鬚拍馬的人，特別是在專制制度下，不用管是否出自真心，話有多肉麻，只要你說得出來，他都願意聽，也都敢信。說假話、阿諛奉承、拍馬屁，是集權的專利，當然，水準是有高下之分的。劉欣小小的年紀便深諳此道，絕對是少年老成。

綏和二年（前 7 年），成帝猝然駕崩，劉欣順理成章地繼承了皇位，立傅氏為皇后，改元建平。這年他只有十九歲。

理順名分
重用娘舅

但凡從子侄或其他皇室成員登上皇位的都面臨一個問題，那就是名分。因為他們跟其他皇子繼位不同，人家的親生父親是先帝，娘親活著是太后，祖母若還活著是太皇太后，一切都順理成章，非常簡單；可輪到這些人就不同了，先帝並不是親生父親，而父親並沒做過皇上，母親及祖母原來更不是皇后。但他們當上皇帝後，祭宗廟時祭祀的是別人的父親，自己的父親卻被冷落在一邊，顯然他們是不情願的。可他們又不能破壞祖上立下的規矩，於是就需要為自己的父親、娘親及祖母在前朝帝后之外確立另一種名分，即分出來另一個分支，當然，這個分支以後說不定會成為正宗，這在中國歷代帝王傳承中是常有的事。

這還得再說說劉欣的身世。劉欣的祖父是元帝，屬於正宗，祖母是傅昭儀，即他父親定陶王劉康的生母。我們前面說過，元帝的皇后是王政君，但寵愛的則是傅昭儀，元帝曾一度想改立其子劉康為太子，最後沒能如

劉欣
漢哀帝

願。劉欣出生後是由傅昭儀帶大，他跟祖母的感情篤深。當年，劉欣承襲定陶王，就是由傅老太太做主，選其堂弟傅晏的女兒與其成婚，屬於親上加親；之後，又是老太太暗地裡用了大把的金錢疏通關係，他才得以被立為太子。

劉欣繼位，按照規矩，成帝的皇后趙飛燕為皇太后、母后王政君為太皇太后，而他的祖母傅氏、生母丁姬沒有封號。這事讓劉欣感到心裡很不爽，但王政君老太后還是挺仁義的，當年傅昭儀得寵，事後她並沒有太計較，要是別人早就報復了。老太后為了安慰劉欣，特准傅昭儀、丁姬每十日到一次劉欣的住所未央宮。但是，對這樣安排劉欣仍深懷不滿，傅老太太更是牢騷滿腹，執意要劉欣給她稱尊號。劉欣便想辦法變通，讓王老太后下詔追尊其生父定陶王為恭皇，傅老太太為帝太太后，後改為皇太太后，稱「永信宮」，丁姬為帝太后，稱「中安宮」，加之原有的太皇太后稱「長信宮」，皇太后稱「中宮」，這樣就有了四個太后，各置少府、太僕、皆為中兩千石官員。這下劉欣及傅老太太、丁姬總算滿意了。

理順了名分，還要掌控權力。劉欣可以說與成帝一脈相承，都把眼光放在了祖母及母親家族一系的成員上。他繼位後，即封傅氏家族的傅喜為大司馬、高武侯，岳父傅晏為大司馬、孔鄉侯，傅商為汝昌侯，鄭業為信陽侯；封母親丁氏家族的丁明為陽安侯，以大司馬驃騎將軍輔政，丁滿為平周侯，丁望為左將軍，丁憲為太僕。劉欣這麼做顯然是針對王家的，意在削減其權力，但又不能斬盡殺絕、徹底決裂，因為前大司馬王根在擁立他當太子時有策定之功，太僕王舜對他有輔教之恩，新都侯王莽有憂國之勞，劉欣對這些人都增加了封戶，恩威並重。王老太后也非常識相，劉欣一即位，就下詔讓執政的王莽等人以列侯就位，避讓劉欣的外家。從日後的發展看，王老太后的眼光還是長遠的。

掌控了權力，還要有執政的理論，即他稱帝的「說道」。劉欣接受了重平（今河北吳橋南）人夏賀良提出的「再受命」理論，實際上這一理論是由夏賀良的老師甘忠可所創，甘忠可見到成帝統治時期出現危機，偽

造了《天官曆》和《包元太平經》兩本書，宣稱「漢家王朝氣數已盡，必須再次從上天得到符命，才能繼續統治。這兩書就是上天派真人赤精子所授，給漢王朝再受命的。」這套理論在當時並沒有引起什麼反響，因為漢王朝還不願意承認已經衰朽，那些經學大師更認為其不含經義，完全是胡說八道。時任中壘校尉的著名學者劉向出面劾奏甘忠可「借鬼神罔上惑眾」，結果甘忠可被治罪，病死於獄中。但其弟子夏賀良仍在偷偷兜售這一理論，劉欣繼位後向其奉上，劉欣認為其可以闡釋他代成帝一脈稱帝的正當性，可以掩蓋社會矛盾，加之自己身體一直有病，便於建平二年（前5年）詔告，將此年改為「太初元將元年」，自己改稱「陳聖劉太平皇帝」，表明已經「再受命」了。但這套理論實在經不住推敲，似乎真的承認漢朝已經窮途末路，劉欣也感到了荒謬，於是在兩個月後下詔宣佈其違經背古，不合時宜，予以廢除，夏賀良等人「反道惑眾」，究其罪錯。

不好聲色
獨愛美男

成帝時土地兼併嚴重，社會矛盾日增，官府橫徵暴斂，賦役沉重，加之連年發生水災，百姓生活困苦不堪。不少地方的饑民揭竿而起，社會動盪不已。各級官員追求享樂，敷衍國事政務，貪污腐化嚴重。

劉欣即位後意在改變成帝時的奢靡之風，他廢掉了樂府宮，停止演奏那些靡靡之音；他反對貴戚的奢糜生活，罷止了齊國三服官（管理織造絲服的官員），提倡臣民衣著樸素，生活節儉。他接受了大司馬師丹關於限田、限奴的建議，規定諸侯王、列侯、公主、吏民等佔田均不得超過三十頃；諸侯王擁有奴婢不能超過二百、列侯、公主不能超過一百、吏民不能超過三十人，商人不得佔有土地，不許做官。

劉欣本人也較為簡樸，史載他「雅性不好聲色」。為定陶王時，他迎娶了傅氏為王妃，後又立為太子妃，他登基為帝，並未喜新厭舊，再將傅氏立為皇后。此外他僅立有一名昭儀，即董氏。傅皇后和董昭儀的住所相向而立，均不豪華。他縮減了後宮的用度，帶頭過簡單、樸素的生活，不講排場。這在歷代帝王中應當說是比較少有的。

劉欣不好聲色，除去政治上的考慮，還有其生理、心理及性格方面的原因。劉欣體質虛弱，不能多近女色，時日一長，便逐漸失去了對女性的興趣。不知是由於偏好的轉移，還是要從其他方面補償，劉欣喜歡上了男寵，而且愛得天昏地暗，類似於現在的同性戀。

劉欣喜愛的男寵叫董賢，字聖卿，雲陽（今陝西淳化西北）人。原為太子府的舍人，即府中的工作人員，劉欣即位，其隨之升為郎官。原本劉欣對董賢並未理會，一次董賢在殿下傳報時刻，劉欣發現其竟然長得如此俊美，一問才知其由來，馬上叫其上殿交談，隨即拜為黃門郎，從此寵愛無比。

劉欣對董賢的寵愛簡直到了如膠似漆、寸步難離的地步，他們出則同輦，入則相伴，甚至睡在同一張床上。一次午睡，劉欣的衣袖被董賢的身體壓住，劉欣想起身，又怕驚動了董賢，便用刀割斷了衣袖，即「割袍斷袖」的典故，可見其恩寵之深。董賢清麗可人、嫵媚纏綿，對劉欣極盡溫柔、賢慧能事，深博劉欣的歡心。劉欣生病，董賢休假都不肯出宮，而是留下來照顧劉欣，以至劉欣下命讓董賢的妻子跟董賢一起住在宮中。

人一旦陷入感情，便會想盡一切辦法去討好對方。當然，一般人也就送送玫瑰、巧克力，點兩根蠟燭，如熱戀中的男女；可權貴們就不同了，他們會大把地揮霍權力，封官許願，豪宅珍寶，馬匹車輦，毫無原則可言。董賢不久被封為駙馬都尉侍中，其父、岳父、內弟都被授以高官，妹妹被封為昭儀，即前面提到的董昭儀。但這還不算，劉欣讓將作大匠給董賢在宮中北闕下修建別墅，預起墳在自己的陵墓旁，贈與其金縷玉

漢哀帝劉欣（左）寵愛美男子董賢，使其官至大司馬，某天日間，劉欣與董賢相擁而睡，劉欣醒來時發現董賢壓住他的袖子，因不忍驚醒董賢，故為其斷袖。圖為清人陳洪綬所畫的《博古葉子》之一「斷袖圖」局部。

衣、武庫禁兵和尚方珍寶等，後又封董賢為高安侯，增封兩千戶、田兩千頃，使限田、限奴令完全成了一紙空文。更有甚者，劉欣竟然罷免了大司馬丁明，讓董賢代之，這確實太不像話了。

董賢只是一個男寵，胸無學識，毫無才能可言，將朝政大權交由這樣一個人打理，其前景是可想而知的。有人講劉欣這樣做是為了自己掌控權力，說實在這有點兒太高看他了，憑藉他的能力和處事風格，恐怕很難掌控局面和挽救頹勢，西漢王朝正加速朝著毀滅的方向發展。元壽二年（前2年）六月初三，在位僅七年的劉欣駕崩，時年二十五歲，葬於義陵（今陝西咸陽以西），謚號為孝哀皇帝。

命運悲哀的劉衎

1-5

皇家子嗣的傳承似乎與王朝的興衰有著某種聯繫。

皇室人丁興旺，子孫滿堂，身體強健，王朝似乎也顯得興旺發達，富有生機；皇家香火暗淡，後繼乏人，體弱多病，承繼頻繁，王朝則會顯得蕭條淒冷、衰朽破敗。人氣向來是與運勢相通的。劉衎實在乏善可陳，他九歲即位，十四歲歸天，屬於未成年的歲數，讓他駕馭朝政，有所作為，實在是勉為其難。是專制世襲制度，將他推上了權力的巔峰，對於他而言是一種幸運，也是一種災難。

兄終弟及
命運使然

劉衍生於成帝元延四年（前9年），原名劉箕子，是元帝劉奭之孫，中山孝王劉興之子，母親為衛姬。

這還得再從元帝的子嗣說起。元帝共有三個兒子：老大劉驁、老二劉康、老三劉興。元帝死，老大劉驁繼位，為成帝。成帝在位二十五載，膝下無子，選了老二劉康的兒子、其子侄劉欣為太子，後繼位稱帝，為哀帝。哀帝在位五年，薨，身後也無子，這時劉家的香火確實有些暗淡了。但皇位總還要傳下去，於是找到了老三劉興的兒子、哀帝的堂弟、即我們要說的劉衍繼位為帝，當時他叫劉箕子，只有九歲。當然，這一切都是在王老太后和王莽的操縱下完成的。

元帝的三個兒子分別是由三個后妃所生，劉驁的生母是王政君，劉康的生母是傅昭儀，劉興的生母則是馮昭儀。王政君和傅昭儀我們前文說得多了，馮昭儀我們也介紹過，她是著名將領馮奉世之女，於元帝即位的次年入宮，生下劉興，被封為婕妤。一次，元帝與眾妃嬪到虎圈看鬥獸，突然一頭黑熊竄出柵欄，妃嬪和宮女們被嚇得四散，馮婕妤卻臨危不懼，擋在了元帝身前，真不愧為將門之後。這時左右衛士趕上前格殺了黑熊。事後元帝問馮氏：「按照常理，人們見到野獸都害怕，你為什麼敢用身體擋住黑熊呢？」馮氏說：「猛獸捉到一個人後，就不會再追別人了，妾怕熊傷害到陛下，故用身體去擋。」元帝聽後嗟歎良久。建昭二年（前37年），馮婕妤的兒子、五歲的劉興被封為信都王，十四年後改封為中山王。

元帝的三個后妃都比較強勢，但她們的兒子卻都比較弱，這似乎是一種規律，母親強勢、管得多、嬌慣、溺愛，兒子大多能力不足。劉興就是這樣的晚輩，前面提過，當時成帝選儲，候選人是他和哀帝，問他什麼都回答不上來，卻很能吃，而且為王多年，始終無子，成帝便將衛子豪

的女兒許與他為姬，即衛姬。衛子豪是宣帝之妃衛婕妤的哥哥，官至衛尉。成帝元延四年（前9年），衛姬為劉興生下一子，取名箕子，即日後的劉衎。次年，劉興撒手人寰，箕子嗣位為王，這年他還不滿周歲。

劉箕子生下來身體就比較瘦弱，患有「眚病」，亦稱「肝厥」，發病時口唇、手指、腳趾皆青。他的祖母馮昭儀（後受封昭儀）親自養護他，多次為他禱告許願。綏和二年（前7年），成帝死，哀帝繼位。哀帝念箕子有病，派中郎謁者張由帶著醫生前往中山國給箕子治病。這個張由自己的身體也不好，患有「狂易症」，即一種精神病，到中山後犯病，跑回了長安。尚書見此彈劾他擅離職守，請治其罪。張由害怕了，反誣告馮昭儀詛咒哀帝和傅太后。傅太后本來就跟馮昭儀有隙，便派人拘捕了馮氏的親眷，死者數十人。有司請誅馮昭儀，哀帝沒同意，將其廢為庶人，馮昭儀飲藥自盡。

元壽二年（公元元年），哀帝一命嗚呼，無子，元帝一系中與其血緣近的就只有劉箕子了，天降大任於斯人也，箕子理所當然地成為了皇位繼承人。

太后聽政
王莽弄權

哀帝在生前雖多方求子，但未能如願。他死得很突然，年僅二十六歲，並未指定繼承人。在這種情況下，其祖母、七十一歲的太皇太后王政君當機立斷，乘車趕到未央宮，將象徵皇權的玉璽掌控到自己手中。

哀帝生前任命其男寵董賢為大司馬，此職位高權重，相當於現在的國務院總理。董賢一個年紀輕輕的男寵，顯然不具備這種能力。王老太后心知肚明，她立刻召見董賢，問他哀帝的喪事怎麼辦？董賢整天只知跟哀帝吃喝玩樂，哪裡懂得什麼喪葬禮典？只好向老太后免冠謝罪。老太后

說：「那這樣吧，新都侯王莽當過大司馬，辦理過成帝的喪事，讓他來幫助你吧。」董賢很高興，頓首稱謝，但隱隱感到了事情有些不妙。

老太后立即遣使馳召王莽。王莽入宮後，老太后詔命王莽掌管兵符，節制軍隊，受理百官奏事，架空了董賢。接著，王莽使人彈劾董賢，說其任大司馬以來，天災人禍連年不斷，請罷其官職，結果董賢被迫自殺。王老太后詔令百官薦舉大司馬人選。大司徒孔光、大司空彭宣提名王莽，而前將軍何武、左將軍公孫祿提出鑒於外戚擅權之禍，不能讓大司馬一職再落於外戚手中，於是何武、公孫祿二人互相推薦。當然，老太后最後採納了孔光、彭宣的建議，以自己的侄兒王莽為大司馬，領尚書事。

政局稍穩，老太后便與王莽議立皇位繼承人，其實也沒什麼可議的，劉衍是唯一的人選。有史籍講，王莽選年幼的劉箕子是為了便於掌控權力，其實並非如此。這年秋天，老太后遣車騎將軍王舜、大鴻臚左咸等持節赴中山國迎駕劉箕子，貶皇太后趙飛燕為孝成皇后，退居於北宮，哀帝皇后傅氏退居桂宮，孔鄉侯傅晏、少府董恭等人都被罷免官爵，遷徙到合浦。九月初一，劉箕子在百官的「萬歲」聲中即位為皇帝，建元元始，大赦天下。

這時的劉箕子年僅九歲，還是一個不懂事的孩子，且患有嚴重的肝病，雖坐在皇位上，其實根本不能理政。年邁的王老太后臨朝稱制，委政於王莽。在此過程中，老太后審時度勢，力撥千鈞，充分展示出老一輩革命家超強的洞察力和掌控能力。王莽在老太后的協助下登上大司馬位，但他是個心思縝密的人，知道此時還不是春風得意的時候，政權並不穩定，更需要的是贏取政心和民心。他採取了不少措施：優遇官吏，兩千石及以上的官員，年老退休，享受原俸祿的三分之一，作為「養老金」；派官員巡視全國，指導、督促農桑，不誤農時；帶頭捐獻田宅，賑濟災區；在長安城修建二百多套房屋，安置流民；還派人幫助農民捕殺蝗蟲，減免災區的賦稅，賜錢安葬死者等等。

劉箕子雖然年幼，但有王老太后保駕護航，王莽主政，社會並沒有出現

大的動盪，相反一些社會矛盾還有所緩和。

母子分離
岳父害婿

劉箕子的「箕」字乃盛東西或簸糧食的器物，用柳條或荊條編成，老百姓叫「簸箕」。但這名字太粗俗，不高貴，元始二年（公元 2 年），下詔更名為劉衎，「衎」為和樂之意。劉衎繼位為帝，按理說其母親衛姬應為太后，就跟當年哀帝的母親丁氏一樣。但王莽因害怕衛氏家族分享他的權力，另立劉成都為中山王，拜衛姬為中山孝王王后，留居中山，不准去京師長安。劉衎小小的年紀非常思念母親，衛姬也非常掛念自己的兒子，整日以淚洗面。

又過了一年，劉衎十一歲。其實劉衎還不到婚娶的年齡，但王莽想將自己的女兒嫁給劉衎為皇后，利用翁婿關係進一步穩固自己的權位。為此，他向老太后上了一篇冠冕堂皇的奏章，說國家多災多難，動盪不安，都是因為皇帝沒有子嗣，娶配的皇后缺乏母儀天下的品德和威嚴。現應依據《五經》要義制訂婚娶禮儀，在名門望族的後裔中選擇淑女做皇后。王老太后看後覺得有理，便下令將淑女的名字呈上，供她選擇。王莽擔心自己的女兒落選，便暗中做工作，自己卻上書說本人無德，女兒不材，不配入選。老太后對王莽這種「至誠」之心大加褒揚，下詔說勿選王莽的女兒。誰知此詔一出，公卿、百官、庶民、儒士紛紛上書，為王莽和其女兒大唱讚歌，說王莽德高望重，選立皇后，就應當選王莽的女兒。結果，博采眾女、甄選皇后一事，倒成了推舉王莽的女兒做皇后。老太后面對連篇累牘的奏疏，無可奈何，只得答應了眾人的請求。王莽的計謀得逞了。

當然，這一切劉衎並不知曉，老太后和王莽認為也沒必要讓他知曉。老

漢平帝 劉衎

太后並不放心，派出管理皇后和太子事務的長樂少府夏侯藩、負責皇族事務的宗正劉巨集、主管全國文書的尚書令平晏等人去王莽家「相親」，這些人回奏：「安漢公的女兒賢慧仁義，窈窕端莊，很適合做皇后。」當然，這一過程都是王莽買通好的。他們對王莽女兒的評價難以判別真偽，但說她仁義確實還是對的，後來劉衎死後，王莽迫她改嫁，她堅決不從，一直守寡至終。當然這是後話。

老太后又派主管全國教化的司徒馬宮和掌管全國水土的司空甄豐占卜此椿婚事的吉凶，結果自然是大吉。於是，按照當時聘禮的規格，老太后派人送給王莽兩億文錢，王莽並未見錢眼開，只留下一部分，拿出了其中三千三百萬分給劉衎的十一個妃子家，又拿出一千萬分給宗族中貧困的人。請客送禮，邀買人心，王莽駕輕就熟。

劉衎大婚的日子選在來年的春天。當日，老太后遣大司徒馬宮、大司空甄豐等人駕著皇帝專用的車馬前往王莽的府邸迎娶皇后，王莽的女兒登車，道路的兩邊佈滿侍衛，止人清道，直馳皇宮。年僅十一歲的新郎官劉衎將比他大三歲的王莽的千金迎上宮殿，舉行了盛大的婚禮。婚後的日子平靜，劉衎與主政的大司馬王莽之間相安無事。但隨著劉衎慢慢長大，二人間的矛盾逐漸顯現出來，其焦點則是劉衎對王莽不讓其母親衛姬進京一事表現出不滿。王莽深知此事的危害，如果讓衛姬進京，衛氏家族便會成長起來，劉衎也就有了幫手，自己的權力便會被分割，甚至會喪失，這是他必須阻止的事情。

注意，史籍在這裡開始出現分歧：一說元始五年（公元6年）十二月，劉衎舊病復發，醫治無效在未央宮去世，屬於病故。發病期間，王莽痛心疾首，到西漢祭天的處所泰時為劉衎請命，發誓願以己身代劉衎之病。一說則是臘八那天，天氣寒冷，劉衎發病，渾身抖顫，王莽以進椒酒為名，在酒中放毒，劉衎喝了岳父送的酒後一命歸天，屬於被害身亡，終年十四歲。劉衎死後，王莽假惺惺地命六百名以上官吏服喪三年。劉衎諡孝平皇帝，王莽稱帝後給其上廟號元宗（後被去除），葬於康陵（今陝西咸陽以西十三公里處）。

好心作惡的王莽

新帝
始建國天鳳地皇

9-23

王莽是中國歷史上一個名聲很不好的皇帝，原因有二：一是篡漢，漢代是劉家的天下，他代漢稱帝，不符合封建的典章之法；二是改制，他當政後進行改制，結果改得一塌糊塗，朝政混亂，社會動盪，周邊不穩，綠林勢力四起，其所創立的新朝政權很快垮臺，他也背負了一世罵名。

新帝王莽像

外戚預政
代漢自立

說王莽必須先從他的家族說起。王莽的家族，往上數三輩是武帝時期的一個小官，從那時起他們舉家搬到了河北大名。他爺爺的地位並不高，但娶了好幾房太太，一下子生了八男四女，其中一個女兒叫王政君，被選入宮，剛好遇上機會侍奉皇太子劉奭，為其生下兒子劉驁。沒幾天宣帝死，劉奭繼位，為元帝，王政君被立為皇后，劉驁為太子。

作為一般人當上皇后，過上舒坦日子，該心滿意足了，旁人看著絕對眼紅。但這位王皇后可不止於此，她對家人特別惦記，對待權力則有著一種天生的悟性和偏好，她把父母和兄弟姐妹都封爵授官，並參與朝廷的政事。沒過幾年她老公元帝死，兒子劉驁繼位，為成帝，她被尊為皇太后。兒子當了皇帝，她說話、辦事就更強硬了，讓自己的兄弟都當官，大哥王鳳為大司馬大將軍領尚書事，總理朝政；其他兄弟全都封侯。以老太太為首，王家基本上控制了漢代的政權。

說來也怪了，不知道是劉家的陽氣不盛，還是娶的妻子都陰氣過旺，自太祖劉邦起幾輩人的娘家都特別強勢。別看太祖戰勝西楚霸王，但卻掌握不住自己的老婆，其死後呂雉擅權，差點失了江山；文帝的竇皇后歷經「文景時代」及武帝的前期，操控政權達好幾十年；這位王太后就更厲害了，經元帝、成帝、哀帝、平帝、孺子嬰，最後乾脆讓自己的侄子當了皇帝。

現在該說到王莽了。王太后得勢，她的兄弟都跟著加官進爵，唯獨有一個沒趕上，那就是早歿的王曼。王曼有兩個兒子，一個早逝，另一個是是王莽。王莽是王政君的侄子，屬於皇親國戚，也就是皇帝的娘家人。但他這個侄兒似乎不太走運，別的侄兒都因父親做大官而錦衣玉食、聲色犬馬，顯貴無比，他卻無所倚仗，過著孤貧寒酸的生活。可王莽並沒有怨天尤人、自暴自棄，他在家攻讀經書，侍奉老娘和寡嫂，教育亡兄

留下的侄兒；在社會上廣交名人雅士，對執掌朝廷大權的伯父叔父小心侍奉。他給人的印象是踏實穩重，不怕吃苦，懂得孝道，與那些整天吊兒郎當、不務正業、就知道吃喝玩樂的公子哥們相比，深得王氏家族的好感。特別是他伯父大司馬王鳳生病時，他悉心照料，不離左右，很多天沒有脫過衣服，比王鳳的親生兒子還要孝順。因此，王鳳在彌留之際就跟元后和成帝說這孩子不錯，拜託給關照關照。結果王莽當上了黃門侍郎，後升為射聲校尉，這年他二十四歲。

王莽當官後並沒有趾高氣揚，依然禮賢下士，清廉儉樸，常把自己的俸祿分給門客和窮人，甚至賣掉馬車接濟窮人，深受眾人的愛戴，感動得叔父王商上書願把自己封地的一部分讓給王莽。永始元年（前 16 年），成帝封王莽為新都侯、騎都尉、光祿大夫侍中。綏和元年（前 8 年），王莽的叔父、時任大司馬大將軍的王根病重，多次上書請辭職務。誰能接任大司馬呢？王莽人緣好，自然是個人選，同時還有一個對手，即他另一個姑媽王君俠的兒子淳于長。淳于長在王鳳病重時也終日守在床前，王鳳臨終時也作了託付。淳于長被任命為校尉諸曹，不久還水衡都尉侍中，再遷衛尉，為九卿之一，官位和權勢都超過王莽。

淳于長這小夥子也非常有心計，我們知道成帝的妃子趙飛燕，能歌善舞，婀娜多姿，身輕如燕，有人把她譽為中國最早的舞蹈家。成帝廢掉了許皇后，想立趙飛燕為皇后。王太后因為趙飛燕出身卑微沒有答應，淳于長看到這是個能夠晉身的機會，便在太后面前反覆勸說，太后最後真答應了。成帝為感激淳于長的斡旋之功，賜他以關內侯的爵位，不久再封他為定陵侯，地位不斷上升。

但淳于長也有軟肋，他貪財好色，戀上一個寡婦，娶人家做小妾，而這個寡婦就是成帝廢掉的許皇后的姐姐。許后知道淳于長跟成帝的關係，便托他求情，想恢復其婕妤的地位。淳于長拿了許氏不少錢，但並沒有幫她辦事。這些事讓王莽知道了，稟報給王根，並添油加醋地說淳于長早惦記王根的位置了，連他上臺後讓誰當什麼官都定下來了。王根聽了很生氣，馬上通報給王太后，王太后聽後勃然大怒，要王莽立刻上奏皇

上，結果淳于長不但失去了即將到手的大司馬權位，還丟了衛尉的官職，被趕回了自己的封地。這下就看出了王莽的功力了。之後王根薦舉王莽代己輔政，綏和元年（前8年），王莽當上了大司馬，這年他三十八歲。

身居高位，一人之下，萬人之上，王莽依然表現得很謙恭，謹慎持儉，廣聘賢良名士幕僚，皇帝賞賜的錢財全都用來供養士人。他母親生病，那些公卿大臣的夫人前來探望，他夫人出來迎客，穿的是短衣布裙，那些貴夫人竟以為是王家的奴婢。

第二年，成帝駕崩，無子，元帝的孫子、定陶恭王劉康的兒子劉欣即位，為哀帝。哀帝一上臺，馬上尊他祖母傅昭儀為恭皇太后，父親為恭皇，母親為恭皇后，追封傅、丁兩家的父兄。哀帝的皇后又是傅昭儀的侄女，傅、丁兩家外戚得勢，與王氏外戚在利益上出現了矛盾。這時王政君為太皇太后，她為了穩定政局，讓王莽辭去了大司馬職位，王莽退位回到南陽新野。

回到封地，王莽並沒有閒著，而是以退為進，結交士大夫，克己修行，等待時機，準備東山再起。期間，他的兒子殺死了一個家奴，王莽怒斥兒子，逼其自殺償命，得到世人的好評，朝野上下很多人為他喊冤叫屈，請求哀帝恢復他的官職。元壽元年（前2年），哀帝迫於壓力，以侍奉太皇太后為名，讓王莽回到京城居住。

次年，哀帝死，也無子，立中山王劉興之子劉衎，為平帝。劉衎年幼，王老太后掌傳國玉璽，委政於王莽。王莽重任大司馬，兼管軍事令及禁軍。他以不同的罪名迫令成帝趙皇后、哀帝傅皇后自殺，將丁、傅兩家外戚趕出了京師，不准平帝的母親衛姬進京，重新恢復了王氏家族的權勢。元始元年（1年），王莽獲安漢公的爵位。他指使手下上疏，勸王老太后至尊不宜操勞過度，小事不必躬親，王老太后採納其建議，只規定封爵的事要請示，王莽開始大權獨攬。元始三年（3年），王莽經過一番謀劃，讓自己的女兒做了皇后，他成了國丈。次年，他加號宰衡，位於諸侯王公之上。

元始五年（5年），平帝亡，有人說是被王莽害死。王莽立年僅兩歲的孺子嬰為皇太子，自己攝政，稱「假皇帝」或「攝皇帝」。這裡要說兩句孺子嬰，因為前面介紹人物將其略去了。他雖年幼，在位時間很短，且完全被王莽操控，可畢竟是一個朝代。平帝死，無子，此時元帝世系已絕嗣，要選皇位繼承人，只能再往上推，在宣帝的曾孫中找，當時宣帝的曾孫有諸侯王五人，列侯四十八人，但這些人年齡較大，王莽唯恐其立為新君後難以駕馭，便以「兄弟不得相為後」為藉口擱而不用，而相中了廣戚侯劉顯的兒子劉嬰，即史書上所說的孺子嬰，當時他只有兩歲。王莽選他不為別的，就是為了便於控制，以進一步實現自己的目標。

這時朝野內外不斷有人以各種名目上書、呼籲，勸王莽當政，而且有人「發現」一本書上印有「王莽是真命天子」的符瑞，在高祖廟中發現了「漢高祖讓位給王莽」的銅匣子等等。當然這都是無稽之談。王莽再三推辭，但實在「抵擋不住」社會輿論的強烈要求，於初始元年（8年）接受了孺子嬰的禪讓，改國號「新」，建元始建國，在「極不情願」和「被逼無奈」的情況下登基加冕，成為中國歷史上第一個外戚皇帝。

孺子嬰被廢黜為安定公，以平原（今山東平原西南）等五縣百里之地、人萬戶為封邑，建劉氏宗廟，奉為漢朝正朔。平帝的王皇后、即王莽的女兒被封為安定太后。但王莽並不讓安定公劉嬰赴國，而是把大鴻臚府改為安定公第，將劉嬰軟禁起來，使其像囚徒一樣在此度過了十五個春秋，後被更始帝所殺，當然這是後話。

王莽稱帝前的種種表現應當說其修養和素質還是蠻高的，他好學、孝順、節儉，而且做得相當到位，令人稱道。這與他從小的生活處境有關，自古英雄多磨難，從此看出其日後成就大業的潛質。而且他不僅在備受冷落的青少年時代能那樣做，到了非常高的位置上，仍然一以貫之地去做，確實很不容易。從他的行為看，應當說還是真誠的，並非像很多人所說只是沽名釣譽，做秀騙人，否則他也不可能堅持那麼久。這麼評價他可能對他日後的行為能作出比較合理的解釋，或者說能成為他稱帝後執政行為的注腳。我們不能因為一個人偉大而掩飾其缺點，也不能因一

個人名聲不佳而對其全盤否定。

復古改制
凸顯矛盾

王莽上臺後，立刻著手他的改制。首先頒佈「王田令」。中國社會自秦實行封建制以來，土地歸個人所有，土地兼併之風日盛。到西漢中葉，土地已集中到少數達官貴人、富商大賈和豪強地主手中，「富者田連阡陌，貧者無立錐之地」。這種現象造成了嚴重的社會危機，一些有識之士曾提出「限田」的主張。王莽在輔政時就看到了這一點，稱帝不久，便依照夏、商、周的井田模式進行土地改革，提出「王田令」。其體內容是更名天下田地為「王田」；禁止土地買賣；一家男口不滿八人而田過九百畝者，要把多餘的土地交出來分給族人；過去沒有土地的按一夫一婦百畝授田；敢有違令者流放邊遠地區。

第二是頒佈「私屬令」。奴婢原是奴隸社會的產物，進入封建制以後，從理論上講廢除了人身的依附關係。但隨著土地兼併的加劇，大量自耕農喪失土地，紛紛淪為奴婢，人身的基本權利得不到保障，國家也失去了越來越多的勞動力和徵收稅賦及徭役的對象。王莽上臺後，在頒佈「王田令」的同時頒佈「私屬令」，規定更名奴婢為「私屬」，禁止買賣奴婢，違令者流放邊遠地區。

第三是頒佈「五均」、「賒貸」和「六管」令。「五均」即由政府來管理工商業經營和物價，在長安及洛陽、邯鄲、臨淄、成都、宛（河南安陽）五大城市設「五均官」，在每一季度中定出各種貨物的標準價格，叫做「市平」，物價高於「市平」將庫存物資平價出售，低於「市平」則任其自由買賣。「賒貸」即發放貸款，貧民遇有紅白二事、做小買賣沒有資金，可向政府貸款，限期歸還，紅白二事不收利息，工商貸款利息很

低。王莽又下令國家專賣鹽、酒、鐵;由國家鑄錢;國家管理山林川澤,收山澤稅。這五項國營實業,加上國家辦理「五均」、「賒貸」,合稱「六管」。

第四是改革官制。王莽以傳說中的上古官制為藍本,兼採用漢代官制,制定了新朝的官僚制度。在中央朝廷,設置四輔、三公、四將、九卿和六監;在地方,將全國分為九州、一百二十五郡、兩千二百零三縣,州設州牧,郡按爵位分為卒正、連率和大尹;縣設縣宰。

第五是進行幣制改革,這是史學界議論頗多的。王莽早在做「攝皇帝」時就進行了幣制的改革,居攝三年(7年),曾下令在漢代五銖錢之外增發大泉、契刀和錯刀三種貨幣。稱帝後,王莽認為「劉」字為「卯、金、刀」組成,五銖、契刀和錯刀三種貨幣的名稱都與「劉」字有關,為表示改朝換代,將這三種貨幣廢除,獨留大泉一種,另增發小泉。始建國二年(10年),又發行「寶貨」,計有五物(金、銀、銅、龜、貝)和六名(錢貨、黃金、銀貨、龜貨、貝貨、布貨),共二十八品。

另外,在王莽看來,西漢的衰落是由於皇權不尊所致,他當上皇帝後要重振皇威。西漢時在漢族的周邊居住著大量的少數民族,東北有高句麗,北部大漠有匈奴,西部有西域諸族,西南有諸夷,南面有諸越,其中以匈奴人最為強大。這些少數民族的首領都稱「王」,朝廷都授有印璽。在王莽看來,天無二主,土無二王,少數民族首領稱王違反古典,必須將其改變過來。於是他派遣五威將軍出使各少數民族,乘坐和持有象徵皇權的車輛和標誌,將各少數民族的國王一律降為侯,收回了漢朝時發給他們的玉璽,改發給新朝的印章。

王莽是通過非正當方式當上皇帝的,儘管他解釋為奉上天之命,是順應廣大人民群眾的強烈要求,但底氣不足。所以他上臺後,最迫切的就是讓人們承認、以至尊崇他這個皇帝。王莽一步步走上皇位,得力於當時漢朝廷的三員幹將:王舜、甄豐和劉歆,王莽出任大司馬、連連封官晉爵,都是他們參與策劃和導演的,當然他們也獲得了非常多的好處。但

當王莽真要做「攝皇帝」並進而稱帝，這幾位並不贊成，持觀望態度，因為他們畢竟是漢臣。但其他官員喊著要擁王莽稱帝，他們也只能附和。王莽登上龍位，他們內心很矛盾，這不是成了助篡逆的亂臣賊子嗎？特別是甄豐，性格比較耿直，王莽看出他對改朝換代的不滿，將其從大阿、右拂、大司空降為更始將軍。甄豐和他的兒子甄尋不滿，假造符命，王莽借故殺了其父子，並戮殺了涉及此案的數百人。

王莽擔心朝廷有人鬧事，但沒想到他的孫子王宗在暗中覬覦他的皇位，想取而代之，讓人畫了穿天子裝的全身像，刻了代祖父稱帝的印章。王莽知道後生氣得很，派有司查驗，逼王宗自殺。王莽曾前後殺了自己的兩個兒子。一個是前面提到的王獲因為殺了一個奴婢，王莽勒令其自殺償命；另一個王宇因覺得王莽不讓平帝的母親衛姬入京的做法有點過分，怕平帝長大後記恨王家，便與衛家聯絡，王莽知道後將王宇抓入監獄，逼其飲毒酒自殺。王莽的妻子自失去兩個兒子，悲痛難忍，哭盲了眼睛，王莽叫太子王臨服侍母親。王妻有個侍婢叫原碧，王莽與之有染，王臨侍奉母親時也與其有些不明不白。王臨擔心事情敗露遭父親報復，就與妻子、劉歆的女兒劉愔密謀殺死王莽奪取皇位。誰知王臨還沒有動手，王莽就廢掉了他太子之位，將其趕出京城。不久，王莽的盲妻病故，王莽安葬好妻子，又將兒子王臨和兒媳處死。

王莽當政的第二年屯集邊境，準備出擊匈奴，結果軍隊搶掠，引發了邊地黎民的反抗，拉開了民眾起義的序幕，隨後有五原、代郡的邊民起義、瑯琊海曲（山東日照）婦女呂母起義、新市人（湖北京山）王匡、王鳳起義、瑯琊（山東諸城）樊崇起義等。王莽試圖用招安的辦法，但起義者並不買帳，王莽只好派兵鎮壓，在全國推行軍事一體化，設前後左右中大司馬，州牧賜號大將軍，郡卒正、連率、大尹為偏將軍，縣宰為校尉，授中央及地方長官以統兵鎮壓義軍的軍事權力，把全國變成了一座大軍營。

良好動機
悲哀結果

客觀地講，王莽改制並不像很多人說的是欺騙民眾，欺騙社會，實際上他是想解決好當時存在的社會問題，或者說是抱有一種良好的「願望」。特別是王田令和私屬令的提出，確實看到了當時社會發展的弊端和要害，想解救普天之下的勞苦百姓，達到一種社會的公平。但其改制並沒有達到預期的效果，反而遭到大多數人、也包括他所要解救對象的唾罵，這確實是個值得深思的問題。王莽無論在生前還是死後，都被弄得焦頭爛額，苦不堪言。

王莽為什麼會好心辦壞事、吃力不討好呢？首先，王莽看到了問題的存在，或者說捉住了問題的要害，卻沒有找到解決問題的方法。土地兼併，集中於大地主、大豪紳之手，使得大批自耕農失去生活的依仗，他們不但再無力承擔國家的賦稅，而且還會成為社會的不安定因素。這種狀況，在不改變土地私有制的前提下只想通過下一道法令，依靠行政的手段去執行是絕無可能的。那些大地主怎麼可能把自己佔有的土地無償地拿出來分給無地的民眾呢？而大地主不交出土地，無地者又何以受田呢？土地的數量如何計算出來？又如何去運作、實施呢？「王田令」實際上是從奴隸社會的「井田制」抄襲而來的，那實際上是社會發展早已擯棄的東西，王莽又重新拾來奉若神明，不碰壁才怪呢！「私屬令」也是一樣，規定奴婢不可買賣，但並不能改變奴婢受奴役的狀況，況且奴婢的主人仍可以用贈送、轉讓等名目堂而皇之地進行。奴婢禁止買賣，在原主人不使用的情況下奴婢又如何去生存呢？所以，這兩道法令的頒佈實際上只是一種幻想，或者說是一種夢囈，是非常滑稽甚至荒謬的。至於「五均」、「賒貸」和「六管」簡直是一幅國家社會主義的藍圖，國家負責平抑物價，給貧民以無息或低息貸款，國家經營鹽鐵酒和管理山澤，那麼，這些巨大的成本又從哪裡去獲取，又該由誰來負擔呢？

其次，王莽想問題、辦事情重名不重實。這可能跟他讀書多、有些書生

氣，甚至是書呆子氣有關。王莽從小熟讀經書，結拜大儒名士，但聯繫實際不足。有些史學家評價他是書生政治，既不了解、也沒有聯繫當時的社會現實，總是把關注點放在名份的差別上，並沒有進行實質的改變。比如幣制改革，他關心的只是幣名、幣形的改變，而不考慮貨幣的運行規律和改制帶來的問題。結果所鑄大泉重不過十二銖，相當於原本五銖錢的二點四倍，卻要當作五十枚五銖錢用；所鑄重一銖的小泉，卻要與一枚五銖錢相等。如此不合理的比值，勢必會出現私鑄錢幣的現象，結果王莽又以「私鑄錢死」、「一家鑄錢，五家坐之，沒入為奴婢」等酷法來禁止。多次幣制改革使得幣種花樣翻新，使用和換算起來非常複雜，結果造成市場及社會的嚴重混亂。再比如對周邊少數民族去「王」封「侯」，其實原來的「王」也就是個名份，說確切點也就是哄著那些少數民族的首領高興，他們與朝廷實質上是臣屬關係，但王莽這麼一弄，收回玉璽，配發印章，各少數民族的首領很不高興，因為「璽」是帝王所用，「章」則為臣子之物，匈奴的襄知牙斯單于要索回原來的印璽，但收璽的五威將陳饒竟當著單于的面把舊璽給砸了。這下把匈奴們給惹惱了，揮騎南下攻掠，周邊的其他各族也相繼起兵，頓時邊陲烽煙四起，鼓角齊鳴。這對朝廷是非常不利的。但王莽卻還嫌亂得不夠，聽說匈奴不願稱侯，徵集各郡國的士兵，分六路討伐匈奴。為了擴充兵員，王莽招募天下的囚徒、丁男、甲卒數十萬，東西戰線長達數千里。因出征的將士多，不能同時集結，先到達的要屯留邊境，等待後續部隊。這些部隊給養不足，人心厭戰，便搶劫百姓，勒索錢糧；內地各郡催徵軍餉，搜盡錙銖，民不聊生。結果對匈奴的戰爭還未打響，邊境和內地都亂了起來。為了對付混亂，王莽又給大臣加授將軍稱號，派他們到邊境作監軍使者，整飭軍紀。誰知這些軍官到達邊境，與帶兵的將軍串通一氣，索取賄賂，欺詐百姓，使得邊境更加混亂。有識之士勸王莽停止這場戰爭，但王莽一意孤行，同時對其他民族也妄動干戈。另外，他改革官制也是同樣，只是將官名改來改去，職責混亂，權力和俸祿並沒有提升，弄得各級官吏一肚子埋怨。

第三是裝神弄鬼，表現出心理上的脆弱。但凡雄才大略者，都有義無反顧的精神，能夠堅持，敢於承擔壓力，也能夠排解壓力。但王莽的心理

素質似乎就差了點，這恐怕跟他從小失去父親、經常遭人白眼、挨欺負有關。而且他有著最致命的弱點，即他不是正宗漢室，是外戚，靠篡位，這成為他一生中難以抹去的陰影。如果你真想為帝，就該不顧一切，臉一摩挲，別人愛說什麼就說什麼，如果沒有這點什麼都不在乎的心態，你乾脆就不要有這種野心。但王莽卻是這樣，那種煎熬實在是夠難受的。而且他選擇了一種自欺欺人的排解辦法，裝神弄鬼，就更顯得荒唐而且無聊了。王莽在稱帝前，有個市井之徒叫哀章，也不知道是想出名還是受人指使，偽造了兩個銅匣子，上面寫著王莽是真龍天子要承帝位的字，還寫了王莽八個大臣的名字，連同他自己，還編了王興、王盛這兩個名字，即王氏皇朝興盛的意思，說這十一個人將輔政。王莽就真拿著這兩個「銅匱」去見太后，登上了皇位。這本來是欺騙人的事，但王莽居然將哀章封為四輔之一，相當於國務院副總理，又在全國遍尋王興和王盛，結果一個管過城門的小官王興和一個賣大餅的王盛被委以衛將軍和前將軍，這恐怕就不是心理問題而是智商問題了。由於朝政的混亂，綠林勢力四起，王莽沒有整頓朝綱、平息內亂，而是找人鑄了個什麼「威門」，這東西能隨著星象時辰轉動，他的皇位也跟著轉移，又讓太史令改曆法，真是荒唐到家了。在平亂之時，不知誰能預知未來，說京師有「土功」象，需要大興土木，他就派人徵集十多萬民工大建恢宏的宗廟，沒錢就賣官鬻爵，結果弄得烏煙瘴氣。這樣下去，王朝不滅亡那才算真怪了。

地皇四年（23年），義軍攻入長安，王莽在群臣的簇擁下逃入漸台。漸台被義軍團團圍住，一個叫杜吳的商人進入王莽躲藏的屋內結束了他的性命，隨後義軍蜂擁而入，將其的屍體戳成了肉醬。有人將其頭顱懸掛於河南南陽的城樓之上，被老百姓摘下來擲來擲去，有人把他的舌頭割下來，說他講了那麼多謊話，害苦了他們。一位頗有抱負的改革家最終落得了這麼個下場，真是一種莫大的悲哀。可話說回來了，改革是為了社會進步，給老百姓帶來好處，如果事與願違，不管你是否抱有良好的願望，最好還是別搞。

王莽的頭顱，據說被後來東漢、魏、西晉的皇室所收藏，直到西元295年晉惠帝時，洛陽武庫遭大火，遂被焚毀。

眾叛親離的劉玄

23-25

在西漢和東漢之間，除了王莽的新朝，還有一個短暫的王朝，因年號為更始而稱為更始朝，君主叫劉玄。當時綠林勢力蜂起，均打著「反莽復漢」的旗幟，因為劉玄是皇族的後裔，被立為帝。他才智平庸、毫無做帝王的潛質。稱帝後嫉賢妒能、指揮失當、大肆封王、沉迷酒色、委政於人、誅殺功臣，導致眾叛親離，政權土崩瓦解，他投降赤眉軍後被殺，輕易得來的皇位又很快失去，絲毫不令人同情。

更始帝劉玄大敗王莽軍隊，恢復漢室後任外戚專權，殺害西漢末代皇太子孺子嬰。劉玄死後，漢光武帝劉秀命人將其葬於漢文帝霸陵（今陝西西安灞橋區）的園內。

投軍平林
被擁為帝

劉玄的生年史書上沒有記載，因為當時也沒人記，他只是拐彎抹角地有著皇族的血統，自稱是漢景帝劉啟之子長沙定王劉發之後，是劉發的六世孫。劉發生春陵節侯劉買，劉買生春陵戴侯劉雄渠，劉雄渠生蒼梧太守劉利，劉利生劉子張，劉子張娶平林人何氏，生下劉玄。

劉玄年輕時還有些俠義習氣，當時他弟弟被人殺害，他設酒席招呼朋友，要為弟弟報仇，並把地方管治安的官也請來陪酒。誰知他的朋友在酒桌上酒醉犯科，指著治安官的鼻子說要將他剁成肉醬，結果被捉進監獄。劉玄的弟仇未報，又惹下了官司，為了躲避官府捉捕，他從春陵逃到了平林（今湖北隨縣東北）。官府找不到他，把他的父親劉子張捉走。劉玄聽後很著急，讓人回鄉散佈他在外已死的消息，並托人將一副棺材送回春陵，官府信以為真，便釋放了劉子張，此即「詐死逃匿」的典故。

當時，王莽的新政很不得人心，引發社會動盪。正遇鄂西一帶大災，人們為了活命，紛紛扯旗造反，擁戴王匡、王鳳為首領，其他地方又有人來投，聚集於綠林山（今湖北大洪山），號稱「綠林軍」，數月間發展到七八千人。王莽軍聞訊鎮壓，被義軍所敗。綠林軍迅速發展壯大，攻城掠地，人數超過五萬。地皇三年（22年），綠林軍分為「下江兵」和「新市兵」出擊，平林人陳牧、廖湛聚眾回應，號稱「平林兵」。

逃匿於平林的劉玄聽說「平林兵」揭竿而起，前來投奔，陳牧給了他個叫「安集掾」的小官。不久，劉玄的堂兄弟劉縯、劉秀組建了「春陵兵」，幾支義軍並肩作戰，大敗王莽軍隊。義軍派系複雜，「兵多而無所統一」，需要有個統帥。同時，義軍打著「復漢」的旗號，各派頭領便商議立一個姓劉的人做皇帝，「以從人望」。當時的人選有兩個，一個是劉縯，另一個就是劉玄。劉縯生性彪悍，鐵面無私；而劉玄則比較怯懦，好脾氣，而綠林軍將士「樂放縱，憚縯威明，貪玄懦弱」，所以選擇了劉玄。

劉玄
更始帝

地皇四年（23 年），劉玄在淯水之濱登壇稱帝，面對壇下的各路群雄，劉玄十分緊張，汗流浹背、舉著手說不出話。儀式宣佈，王朝建元更始，拜王匡為定國上公，王鳳為成國上公，朱鮪任大司馬，劉縯任大司徒，陳牧任大司空，還設置了九卿、諸將等。

嫉殺賢能
濫封侯王

登基大典結束，各路義軍分兵出擊，取得節節勝利。王莽驚恐萬狀，派大司徒王尋、大司空王邑率官軍主力圍剿綠林軍。兩軍在昆陽（今河南葉縣）對壘，劉縯、劉秀展現出過人的勇武與智謀，大敗王莽軍，殲滅其主力，王尋成為刀下鬼，王邑率殘軍逃回洛陽。

昆陽之戰使劉縯、劉秀兄弟威名大振，劉玄感到了威脅。他在宛城會見諸將後，借機殺害了劉縯，而且並沒說出劉縯有什麼過錯。當時，劉秀正領兵在外作戰，聽說兄長被殺，悲憤異常。但他很快冷靜下來，強忍怒火，像自己犯了錯似的連夜趕去宛城向劉玄謝罪。劉縯的下屬迎接劉秀，他隻字不提長兄遇害的事，只是引咎自責，表現出一副忍辱負重、逆來順受的樣子。他不敢為兄長發喪，只是在沒人的時候暗自垂淚。從此能看出劉玄狹隘的心胸，以及劉秀強大的忍耐力和克制力，兩人孰優孰劣、誰能成就大業端倪可見。劉玄見此情景感到挺愧疚，拜劉秀為破虜大將軍，封武信侯。

義軍兵分兩路，定國上公王匡將兵北上，進攻洛陽；西屏大將軍申屠建、丞相司直率兵西進，直叩武關。西路軍進展神速，直逼武關。這時武關已被關中義軍鄧曄、于匡所取，他們開關迎接，與西路軍合兵進攻長安。這時王莽政權已經分崩離析，王莽出逃漸台，被商人杜吳所殺，取其綬帶，校尉公賓割下了王莽的腦袋。

王莽的頭顱被送至宛城（今湖北南陽），劉玄看到後不無惋惜地說：「王莽如不代劉稱帝，當與霍光齊名。」他寵幸的韓夫人笑道：「他若不這樣，陛下能看到他的頭顱嗎？」劉玄聽後大悅，下令將王莽的頭顱懸掛在宛城門上示眾。這時又傳來好消息，北路軍攻克洛陽，活捉王莽的太師王匡和大將哀章。劉玄由宛遷都洛陽，封劉賜為丞相。其部將頭裹彩巾、穿著女人的衣服，妖裡妖氣、趾高氣揚地進入洛陽城。那些新朝的官員都暗自發笑，這樣的軍隊難道能坐住江山？很多人都跑到邊郡躲避去了。

劉秀還是一如既往的不動聲色，聽任劉玄的調遣。劉玄甚感欣慰。他遣劉秀以破虜將軍行大司馬事，持節赴河北，鎮慰州郡。劉玄這招棋下得算是太差了，無異於放虎歸山，劉秀一方面能脫離開朝廷這個是非之地，另一方面到河北後則能積極地發展自己的勢力。

劉玄派人去招降赤眉軍的首領樊崇。樊崇是瑯琊（今山東諸城）人，在綠林軍起事的次年聚眾起義，以泰山為根據地，轉戰黃河南北。義軍作風淳樸，紀律嚴明，沒有文書、旌旗、部曲、號令，只以言語相約束，頭領也沒有尊貴的稱號，統帥稱「三老」，其次為「從事」，再次為「卒史」，彼此稱「巨人」。地皇三年（22年），王莽派十萬大軍圍剿，義軍為了與官軍相別，將眉毛塗成紅色，號稱「赤眉軍」。成昌（今山東東平西）一戰，赤眉軍大敗官軍，乘勝西進，人數發展到十多萬人。劉玄移都洛陽時，樊崇進軍至濮陽（今河南濮陽西），劉玄遣使招撫，樊崇留大軍於濮陽，帶著二十餘名將領去見劉玄。劉玄封他們為列侯，但只有爵位，沒有封邑，實際上只是空頭支票，對赤眉軍將士則沒有做出任何處置。留在濮陽的大軍發生騷亂，樊崇等人非常失望，返回濮陽。

佔據長安的西路軍申屠建、李松給劉玄送來了皇帝的駕馭和服裝，請他入主長安。更始二年（24年），劉玄移都長安，居長樂宮。他升殿朝見諸將，表現得羞赧不堪，一副小家子氣，上不得檯面。他漲紅了臉，把頭垂得低低的，「俯首刮席，不敢視」，見到進來的將領，不知道該問點什麼，竟口吃地問人家搶到了多少東西？在一旁的官吏面面相覷。

李松和趙萌勸劉玄分封諸侯王，朱鮪援引高祖「非劉氏而王者，天下共擊之」的遺訓，反對封異姓王。劉玄則沒有理會朱鮪的勸說，分封了劉氏宗室劉祉等六人為王，唯獨沒有封劉秀，後來劉秀是消滅了王朗後才被封為蕭王。之後又封了王匡等十四名將領為王。朱鮪沒有接受膠東王的封號，劉玄任他為左大司馬，派其與李鐵、李通、王常等鎮撫關東，拜李松為丞相，趙萌為右大司馬，共柄國政。

沉迷酒色
政權內訌

劉玄稱帝長安，覺得政權已穩，可以高枕無憂、縱情享樂了。他原本雖擁有皇族的血統，但實際上只是一介平民，從如此地位為官以至稱帝，在感覺及情緒上很容易產生錯亂。憑藉某種機遇獲取權力後，貪婪和慾望便會直線上升，過度的享受便一發而不可收拾。

劉玄旋即娶了趙萌的女兒為夫人，甚是寵愛，整日耳鬢廝磨。愛屋及烏，他將朝政委與岳父，自己終日在後宮與諸妃嬪尋歡作樂。朝臣有事要奏報，他總是喝得爛醉如泥，不能朝見，於是讓侍中坐於帷帳內接見群臣。朝臣們聽出帳內傳出的不是劉玄的聲音，非常生氣，說：「還未知道成敗，就如此放縱！」劉玄寵愛的韓夫人，嗜酒豪飲，常與劉玄對酌，見到有朝臣來奏報政事，罵道：「皇帝才剛剛坐下，與我飲酒，你們整天那麼長時間不來，偏偏選這個時候來奏報。」氣得砸壞了書案。

趙萌仰仗著劉玄是自己女婿的關係，恣意妄為，不可一世。有個郎官向劉玄彈劾趙萌專權，劉玄非但不聽，竟拔出寶劍斬了這位郎官。從此，再沒有人敢說趙萌什麼了。劉玄實際上對岳父已處於失控的狀態，有個侍中不知因何事得罪了趙萌，趙萌喝令將其推出去斬首，劉玄為這名侍中講情，但趙萌根本不予理睬，堂堂的天子就這樣眼睜睜地看著自己要

救的人被斬，竟束手無策。趙萌收受賄賂，濫授官爵，有人編了首打油詩嘲諷：「灶下養，中郎將；爛羊胃，騎都尉；爛羊頭，關內侯。」

劉玄對其他將領也駕馭不住，李鐵、朱鮪擅命關東，王匡、張卬專斷三輔，諸將畫地為牢，各行其是，使州郡無所適從，義軍內部離心離德，各打各的算盤，百姓怨聲載道。軍師將軍李淑上書，說公卿大臣都是些庸伍出身，這些人做個亭長、捉個盜賊或許能行，但治理國家實在勉為其難。他建議罷黜小人，任用英俊。劉玄聽罷拍案大怒，將李淑關進了監獄。劉玄是非不清，統轄無能，引起了諸臣將的不滿。

就在劉玄沉於享樂、朝政混亂之時，對其封授不滿的赤眉軍正向關中進發。當時，樊崇等回到濮陽，指揮義軍攻城拔寨，隊伍發展到三十多萬人。赤眉軍起於山東，將士們都想打回家鄉去。但樊崇思忖，軍隊若舉兵向東，上兵們便會各奔其鄉，軍隊就渙散了，他決定西攻長安。他將軍隊分為三十營，每營萬人，部隊進至華陰（今陝西華陰），他們擁立了漢室的後裔、十五歲的牧童劉盆子為帝，建元建世，徐宣為丞相，樊崇為御史大夫，逄安為左大司馬，謝祿為右大司馬。

聽聞赤眉軍逼近長安，更始諸將非常恐慌。王匡、張卬對諸將說：「赤眉軍近在華陰，旦暮且至。我們守著長安這座孤城，厄運不久將會降臨。不如勒兵掠劫城中的財物，東歸南陽，收編宛王劉賜等人的軍隊。若無法立足，就退入湖池中去做盜賊。」申屠建、廖湛等均以為然。他們一同入宮勸說劉玄，劉玄當然不同意，他派王匡、陳牧、成丹、趙萌和李松率軍狙擊赤眉軍。張卬、廖湛、隗囂、胡殷、申屠建等將領見此，密謀商議於立秋大閱兵之際劫持劉玄，逼迫其答應。侍中劉能卿得知了消息，趕忙稟報給了劉玄。大閱兵時劉玄稱病不出，派人宣召張卬等人入宮，想除掉他們。張卬、廖湛、胡殷、申屠建來到宮室，這時隗囂還未到，劉玄讓他們在外廷等候，這四人發現情況不對勁，趕忙衝出皇宮，申屠建被殺。張卬、廖湛、胡殷率部在長安城搶掠，黃昏時統兵攻入宮中，劉玄帶著妃妾出逃，投奔屯兵於新豐（今陝西臨潼北）的趙萌。

劉玄
更始帝

驚魂未定的劉玄懷疑王匡、陳牧、成丹與張卬等同謀，便想在召見時將其幹掉。陳牧、成丹到，被斬首，王匡則率兵逃入長安，與張卬會和。李松、趙萌率軍攻打長安，這時更始政權簡直亂成一鍋粥了。雙方混戰了一個多月，王匡、張卬敗走，劉玄回到長安，下榻長信宮。

赤眉軍乘劉玄政權內訌之機，進至高陵（今陝西高陵），王匡等迎降，與赤眉軍聯兵進攻長安。劉玄派李松出戰，結果大敗，死傷了兩千多人，李松被俘。李松的弟弟李汎任城門校尉，赤眉軍派人勸降，說：「打開城門，留你哥哥一條活命。」李汎遂開門迎入赤眉軍。劉玄聞訊，趕忙騎馬從北門出逃，一群妃妾在後面連呼帶喊：「陛下，當下馬謝城！」劉玄下馬拜謝，之後狼狽逃竄。

右輔都尉派兵保衛劉玄，實際上是將他軟禁起來。赤眉軍宣佈：「劉聖公（劉玄字）投降，封他為長沙王，二十天後，不再受降。」劉玄忙派劉盆子的哥哥劉恭去赤眉軍表示願意投降。赤眉軍派大將軍謝祿受降，劉玄肉袒詣長樂宮，奉上璽綬。劉盆子下令將劉玄推出去斬首，劉恭、謝祿趕忙為其說情，劉盆子不允，因為他知道只要劉玄活著，對他都是一種威脅。劉恭覺得由自己說降竟陷此窘況，高聲說道：「臣力救不得，請先死！」欲拔劍自刎，樊崇趕忙奪下了其寶劍，赦免了劉玄，封其為長沙王，暫時居住在謝祿的軍營中。

赤眉軍劫掠三輔，百姓們開始思念劉玄。張卬對謝祿說：「很多百姓都想救出劉玄，另立旗幟。一旦他們救出他，起兵反攻，對我們十分不利。」於是，謝祿私下吩咐其衛士在隨劉玄到郊外牧馬的時候將其縊死。劉恭聽到後連夜收斂了劉玄的屍體。劉恭作為劉盆子的哥哥，說來是真夠意思的。後來，劉秀詔令大司徒鄭禹將劉玄的屍首葬在了漢文帝霸陵的園內。

劉玄有三個兒子，劉求、劉歆和劉鯉。建武二年（26年），三兄弟陪母親去了洛陽，劉秀封劉求為襄邑侯，劉歆為谷孰侯，劉鯉為壽光侯。此舉又一次看出了劉秀的雍容大度。

東漢
25-220

寬仁大度的劉秀

漢朝又稱兩漢，中間有新朝和更始朝相隔，分為西漢和東漢。之所以這麼相稱，是由於其都城的地理位置而言，劉邦所創立的朝代定都長安，位於西，故稱西漢；劉秀創立的朝代定都洛陽，位於東，故稱東漢。還有按時間順序，劉邦創始於前，劉秀繼承在後，又稱為前漢和後漢。東漢說來是西漢的繼承和中興，但實際上二者並沒有實質意義上的世襲關係，政權是通過全新的奪取和打造，沒有易姓但已經換代，而它的始作俑者便是歷史上頗負盛名的漢光武帝劉秀。

漢光武帝劉秀像

以柔克剛
後發制人

劉秀跟大多數帝王不同，從小並不是一個有領袖氣質的人。他的個性不張揚，支配慾、表現慾及進取慾都不強。相反，倒顯得挺本分，性情溫和，在家鄉耕田種地，沒事就在家看書。在孩子堆裡絕不是挑頭鬧事的，很少惹是生非，又愛學習，是個乖巧、聽話的鄰家孩子。倒是他哥哥劉縯不安於現狀，性格剛烈，有雄心大志，在朋友當中很有威望。據說當年漢高祖劉邦自小就顯露出不凡的志向，其二哥劉喜本分、顧家，不胡思亂想。所以，劉縯總好拿自己比作劉邦，而拿劉秀比作劉喜。但最後當上皇帝的並不是鋒芒畢露的哥哥，而是不事張揚的弟弟，不知是歷史跟這兩兄弟開玩笑，還是反映出歷史的某種規律。

不事張揚的人並不一定沒想法，這種人往往把心思都放在肚子裡，讓人看不出來，自然也就沒法提防。劉秀並不是沒有想法，當年他到長安見到一個管京城治安、監察的官叫執金武，相當於現在的衛戍區司令，出門車水馬龍，他很羨慕；還有一次，他在河南新野聽說有個大戶人家的閨女叫陰麗華，長得特別漂亮，心裡癢癢的，便說出了「仕宦當作執金吾，娶妻當得陰麗華」的話。當然，這個志向並不見其有多高，娶個漂亮老婆，還沒有當天子、坐天下的企圖，但是很務實，可能正是這種務實使劉秀能夠成就帝業。後來劉秀果真娶上了心儀的陰麗華，官自然比衛戍區司令要大得多得多了。

劉秀的性格上不佔優勢，血脈上也不見其有多高貴。中國封建社會賴以生存的根基是世襲制，根據傳嫡和傳長的原則，家國一體的皇室得以延續。當然其家族也能沾上光，皇帝的子嗣、子嗣的子嗣，都是皇族，血裡流的都是高貴的血。皇族封爵邑地，有錢有勢，又沒多少事，於是就左一房、右一房娶太太，子女成群。據說漢代的中山靖王，一輩子生了一百二十多個子女。什麼東西多了，其珍貴程度都會打折扣，皇族的旁支和遠支也沒什麼地位，自己也不怎麼把自己當回事。劉秀就屬於這一

劉秀
漢光武帝

類皇族，說來高貴挺高貴，說不高貴跟一般人家也差不了多少。他自小種地，據說他還特別喜歡務農，名字就取於「秀穗」的意思，而且並不是在農村體驗生活，而是實打實幹，種的糧食還要拿去賣。這要是在和平年代，繼承皇位的事怎樣也扯不到他。

可歷史偏偏就要成就劉秀這個人。王莽篡漢，新政不得人心，加之天災不斷，各地民眾紛紛揭竿而起，綠林、赤眉等起義風起雲湧。劉秀也投身其中，當然他並不是挑頭的，是跟隨他哥哥，在各種紛繁複雜的政治勢力中周旋。地皇三年（22 年），兩兄弟組織起一支以劉氏宗室子弟為骨幹的「舂陵兵」，加入到綠林軍中，與王莽的軍隊作戰，屢屢獲勝，成為綠林軍中的一支很重要的力量。這期間劉秀的政治及軍事才幹逐漸顯露出來，但可能是出於性格及其他方面的原因，他做事很低調、內斂，不張狂、不外露，看上去並不像歷史上那些英雄人物威嚴、瀟灑、氣勢逼人。這恐怕是他自小養成的習慣，也是他特有的從政風格。

當時的綠林軍為了增強隊伍的感召力，樹起「反莽復漢」的大旗，擁立了軍中一位漢室後裔劉玄為皇帝，即更始帝。當時，劉縯也是候選人之一。這更始帝本事不大，缺才少德，被擁為皇帝時，口吃得連個囫圇話都說不出來。其上臺後改元更始，封了一大批官，劉秀兩兄弟一個是大司徒，一個是太常偏將軍，隊伍攻下宛城，作為臨時國都。

更始政權的建立引起王莽的震驚，他集結了四十三萬人馬，號稱百萬，命大司空王邑和大司徒王尋前往鎮壓。「二王」與劉秀的隊伍相遇，面對浩浩蕩蕩的莽軍，將領們都顯得很慌亂，這時劉秀則表現得異常鎮定和果敢，他說：「今莽軍多，我軍少。如果我們拼力抗爭，尚可取勝；如果望風解散，必至玉碎，萬難瓦全。」他以非凡的智謀和魄力，率領眾軍在昆陽一舉消滅了王莽軍的主力，創造了中國軍事史上以少勝多的優秀戰例，史稱「昆陽大捷」。這下就能看出一個人的能耐了，有沒有膽、有多少招數，關鍵要看遇到事時怎樣處理。任你平時再狂妄，主意再多，遇到事時心虛腿軟，丟魂尿褲子，那都算白搭。劉秀勝大任於緊要關頭，盡顯豪強本色，取得大勝，同時也征服了他的部屬。

「昆陽之戰」使得劉秀兩兄弟名聲大振，王莽政權面臨土崩瓦解，可更始帝心裡卻不是滋味，他感到了巨大的威脅。這恐怕是這一類人的通病，自己沒本事，又生怕有本事的人冒過他，於是便想法給人拆臺、下絆。在別人的縱容下，更始帝找機會殺了劉縯和一些不服他的將領。這時又能看出劉秀的定力和功夫了，他並沒有因哥哥的遇害而勃然大怒，出兵討伐，而是連夜一個人跑到宛城去向更始帝請罪，承擔責任，見到劉縯的部下只是簡單的寒暄，不談昆陽戰功，不給兄長服喪，看上去就像沒事似的，只是在沒人的時候暗自神傷。弄得更始帝真以為劉秀顧全大局、忍辱負重，反倒覺得挺對不住他，於是封他為破虜大將軍、武信侯。一個人敢闖敢爭是勇，而能屈能忍同樣是勇，而且大勇，更何況劉秀面對的是弒兄之仇。戰王莽，他能拼死拼活地往前衝；遇內訌，他又能平心靜氣地忍得住，劉秀的帝王之相可見端倪了。

王莽垮臺，更始政權獲取了洛陽和長安。這時需要一名要將去河北一帶開展工作，平復戰亂，擴充勢力範圍。當然，作為更始帝的親信是不願意去的，戰亂剛平，誰又願意去重蹈戰火？留在京都，才有機會封官受爵。在這種情況下，劉秀被選中，實際上是老天給了他一次千載難逢的機會，能避開矛盾的漩渦，拓展自己的實力。大才往往勝任於二：一是開拓創新，二是獨當一面，劉秀則全佔了。他沿現在的京廣線一路北行，考察官吏，平反冤案，廢除苛政，獲取民心，由魏郡（今河北臨漳）、真定（今河北正定）一直到薊縣（今北京，當時屬廣陽國）。

可歷史總愛開玩笑。這時候趙國邯鄲冒出來個叫王郎的人，自稱是漢成帝的兒子劉子輿，被地方勢力擁戴為皇帝，都邯鄲。王郎當上皇帝，河北一帶的各種勢力紛紛回應，這下劉秀前面的種種努力全算是泡湯了，而且生命也受到了威脅。劉秀趕快向南逃跑，焦頭爛額，魂不守舍，當時他跑到河北的饒陽，不敢暴露真實身份，冒充王郎的使者進了驛站，兵差們給他們備飯，這幾個餓壞了，吃起來狼吞虎嚥，兵差們一看不對勁，佯裝說王郎的將軍來了，嚇得這幾個人落荒而逃。逃到信都，也就是現在的冀州，當時河北中部只有這裡的太守任光和曲陽太守邳彤拒絕歸附王郎。在二人的支持下，劉秀才算緩過氣來，慢慢發展起力量，相

繼攻下了中山國、新市、真定、元氏，又進攻邯鄲，滅了王郎。

見到劉秀的勢力強大了，更始帝的本性又顯露出來了，他派使者到河北，封劉秀為蕭王，命其立刻返回長安。注意啊，當初更始帝入主長安，大肆封王，封了多名劉姓宗族，唯獨沒有封劉秀，可劉秀並未計較。但這時的劉秀就並非從前了，他看出了更始帝絕不是能夠坐穩江山的帝王，其進入長安城後大肆搶掠，讓人覺得還不如王莽呢。而自己的羽翼則已經豐滿，不像哥哥遇害時那樣任人宰割了。政治就這麼回事，惹不起又得依靠你時得跟你裝弱小，但這時你別以為他真是弱小；到不怕你又用不著你時他可就強大了，這時他真的是強大。劉秀以「河北未平」為由拒絕回長安，聽得更始帝差點沒背過氣去，悔不當初沒把這弟弟一起殺了！但可惜晚啦。

劉秀又打敗並收編了銅馬、高湖、重連等義軍，河北一帶基本上平定了，他派鄧禹率兩萬精兵向關中進發，伺機行事；任命寇恂為河內太守，保證軍需供應；自己則率軍到冀中、冀北，先後到元氏、北平（滿城）、安次、真定、薊縣、中山（定州），肅清割據殘餘，鞏固後方，靜觀局勢的變化。這時的洛陽已成為一座孤城，敵我力量的對比已發生了根本性的變化，在別人的苦心「規勸」下，劉秀在鄗城（柏鄉）稱帝，改元建武。

廣博民心
勤於治政

劉秀稱帝的時候，西有更始政權，東有赤眉軍，此外還有劉永割據豫東、皖北，隗囂割據西北甘陝、內蒙一帶，公孫述割據巴蜀、漢中，以及其他大大小小的割據勢力。劉秀用了十多年的時間，先後鎮壓了赤眉軍，削平了劉永、隗囂、公孫述等割據勢力，於建武十二年（36 年）真正統

一了全國，東漢政權至此正式確立。

要建立一個什麼樣的政權呢？這是劉秀要思考和解決的問題。這事說來挺複雜，其實又相當簡單，就是得不得人心，老百姓擁不擁護，能否給民眾帶來實惠的問題。當初劉秀到河北，就是循著這樣一種思路，依照馮異「理冤結，布惠澤」和鄧禹「延攬英雄，務悅民心」的建議，所過郡縣，「吏民喜悅，爭持牛酒迎勞」，贏得了社會各階層，以及一些地方實力派的擁護和支持。王莽政權之所以垮臺，就是因為不得人心，遭人反感，一旦有人挑頭鬧事，便會有眾人回應，形成反對的浪潮。王莽實際上不是被別人打敗的，而是他自己打敗了自己。得人心者得天下，失人心者失天下，奪權是如此，掌權也是同樣。作為一個政治家，劉秀深諳其中的道理。

劉秀上臺後，採取了幾項措施：一是改革吏治，精兵簡政。自古以來，龐大的官僚機構是困擾政權發展的大問題，機構龐雜，冗官冗員多，辦事效率低，經費支出大，內訌不斷，該管的事沒人管，不該管的都亂插手。可龐大的官僚機構往往很難減下來，因為要觸犯很多人的利益。劉秀上臺伊始便下詔，「夫張官置吏，所以為人也。今百姓遭難，戶口耗少，而縣官吏職，所置尚繁，其令隸、州牧，各實所部，省減吏員。縣國不足置長吏可合併者，上大司徒、大司空二府。」於是，「條奏并省四百餘縣，吏職省減，十置其一」。同時，廢除西漢時的地方兵制，撤銷內地各郡的地方兵，裁撤郡都尉之職，也取消了郡內每年徵兵訓練時的都試，地方防務改由招募而來的職業軍隊擔任。這精簡的力度應當說是夠大的了。

但那些打江山的功臣及皇親國戚該怎麼辦呢？這些人可不是省油的燈。歷代開國皇帝往往在這些人的安置問題上處理不好，不是大開殺戒，充滿了血腥；就是武夫擅權，影響朝政。劉秀則採取了賜他們以爵位田宅，高官厚祿，但剔除其軍政大權的辦法，既沒有得罪這些人，或者說還很對得住這幫人，又不影響政權建設。同時，劉秀針對西漢後期吏治敗壞、官僚奢侈腐化的積弊，任用賢能，獎勵廉潔，躬行節儉，對各級官吏嚴

格要求，賞罰從嚴，官場風氣為之一變。《後漢書》稱那時「內外匪懈，百姓寬息」。

二是釋放奴婢、刑徒。自西漢後期以來，很多農民失去土地，淪為奴婢、刑徒，失去人身自由，王莽專權，這種狀況更為突出，成為社會矛盾的一大焦點。新莽末年，不少奴婢、刑徒揭竿而起，組成綠林軍；那些割據勢力的軍隊中也有不少的奴婢、刑徒。劉秀為了緩和社會矛盾，曾多次下詔釋放奴婢，規定凡虐待殺傷奴婢者皆處罪，「天地之性人為貴，其殺奴婢，不得減罪。」並具體規定了免奴婢為庶人的範圍。在省減刑罰的詔令中，多次宣佈釋放刑徒，即「見徒免為庶民」。這說來很具有人本主義色彩，衡量一個制度或政權好壞，可能關乎許多的方面，但歸根結底要看它對人，尤其對待底層人的態度，現在叫「弱勢群體」。如果一味地只考慮「大一統」、「中央集權」、「文化引領」、「擴充疆土」，不顧百姓的死活，你就是再強大，再政令統一，也不能說是個好的制度。從這一點上說，劉秀是值得稱頌的。

三是減輕賦斂，與民休息。東漢初年，劉秀針對戰亂之後生產減弱，人口銳減的狀況，減輕賦稅，實行與民休養生息的政策。他於建武六年（30年）下詔：因軍隊屯田、儲糧狀況好轉，停止徵收十分之一的田稅制度，恢復西漢前期三十稅一的賦制。他主張偃武修文，不尚邊功，「知天下疲耗，思樂息肩，自隴蜀平後，非儆急，未嘗復言軍旅」。建武二十七年（51年），有朝臣上書，應乘匈奴分裂、北匈奴衰弱之際發兵擊滅之，立「萬世刻石之功」，但劉秀下詔說：「今國無善政，災變不息，百姓驚惶，人不自保，而復欲遠事邊外乎……不如息民。」實際上，減輕百姓負擔是從自古以來就存在的問題，取之於民，是任何一個國家都必須要做的，不然的話，它將無法生存，但關鍵是取多少，取了去做什麼，是榨取老百姓的血汗，甚至連肉都割去，還是取之有度，讓老百姓有得吃、有得用；徵取是用之於民，還是用於統治者揮霍和撐面子，結果是大不一樣的。多少王朝的滅亡，就是因為橫徵暴斂，民不堪負，反是死，不反也是死，索性就聚眾造反了。劉秀的做法很耐人尋味。

四是抑制豪強勢力，實行度田政策。東漢時期豪強勢力增長，土地兼併日益嚴重。老百姓失去了土地，沒有了基本的生活保障，社會矛盾日增；豪強佔據田畝，隱瞞不報，國家無法保證稅賦；豪強勢力增大，威脅到皇權。劉秀於建武十五年（39年）下詔：「州郡檢核墾田頃畝及戶口年紀，又考察二千石長吏阿枉不平者。」也就是令各郡縣要丈量土地，核實戶口，作為糾正墾田、人口和賦稅的根據。詔下之後，遇到豪強勢力的抵制，劉秀下令將度田不實的河南尹張伋及其他諸郡太守十餘人處死。這在很大程度上體現出平等的思想，潛含有共同富裕的理念。

劉秀的治國思想在很大程度上是秉承了劉家的傳統，無為而治、與民休息。其實，對老百姓並不在於怎麼去管，而是在於怎麼不去管，給百姓以自由度，盡量減輕老百姓的負擔，避免與外界發生爭端。不要今天一個政策，明天一個運動，自己明明還吃不飽，卻要硬撐著到外面去充橫、施捨，死要面子活受罪，費力不討好，又何必呢？這裡面其實有一個階級立場的問題，劉邦是個草根皇帝，儘管有不少人貶斥他有流氓習氣、市井作風，但他總還是擁有平民的感情，不像許多貴族出身的皇帝那樣驕奢淫逸，揮霍無度。而劉秀雖身為皇族，但自小在鄉間種地，接觸的多是些平民，和生於深宅大院是不一樣的，所以他秉承祖上的理念就比較容易。

不用管制度有多好，還要靠人去落實，要有人去做。劉秀應當說是一個兢兢業業、勤於朝政的皇帝。在統一全國後，他仍「每旦視朝，日仄乃罷，數引公卿郎將議論經理，夜分乃寐」，《後漢書》、《資治通鑑》等史書對他的評價都很高。他對自己的要求很嚴，不喜歡飲酒，不喜歡聽音樂，也不喜歡玩弄珠寶玉器，他吩咐身邊的官員，別接受各郡、國送來的好吃的、好玩的，周邊國家送來的駿馬、寶劍，他都賜給騎士。西漢末年，後宮人數達到三千多，除皇后外，分為婕妤、容華等十四個品級，連王昭君那樣的美人都無緣見「幸」。而劉秀當政後，則只有皇后、貴人有爵秩，其他人都沒有什麼待遇。生前修陵他要求不用修得那麼大，低窪處只要不積水就行了，死後也不用陪葬金銀珠寶。這樣的皇帝說實在的是真夠難得的，歷史上的那些帝王，甚至一般官員，整天花

漢光武帝
劉秀

天酒地，夜夜笙歌，還能有多少心思去敬業呀？劉秀要是放到現在，絕對能立為反腐倡廉的典型。

劉秀之所以能這樣做，除去政治方面的原因，還有其文化方面的因素。這裡講的文化，並不是指學歷、學識，而是指深入到血液及骨髓當中由文化所凝就的品位和境界，即根植於內心的修養。它不是靠外界強制，也不是自身的作秀，而是內在素質的一種展現。這單純靠讀書是換不來的，靠的是體悟、修煉、自覺及反省。

雍容大度
寬以待人

劉秀能贏得天下，其性格幫了他不少忙，他為人寬厚，容得下人，所以很多人都願意跟著他，為他賣命。他打江山時凝聚了一大批人，麾下有號稱「二十八宿將」的部屬，個個有才華。他對政敵和對不住自己的人，包括殺害了自己哥哥的更始帝也並未記仇，而是寬之以待。中國人似乎好記仇，看那些文藝作品，特別是武俠小說，家仇、情仇、世仇、宗仇、門系之仇，再加上階級仇民族恨，總是糾纏不清。而劉秀的為人很值得我們敬重，他雍容大度，寬以待人，以至成為他性格上的亮點，也是他成就帝業的重要因素。

在平定河北的進程中，劉秀擊破並收編銅馬、高湖等綠林軍。被收編的綠林軍將士都忐忑不安，不知道自己的命運將如何。而劉秀則以誠相待，為了打消他們的顧慮，讓那些投降的將領仍去指揮自己軍隊，他獨自騎著馬巡視各個軍營，與將士們聊天、開玩笑。將領們都很感動，說：「蕭王推赤心置人腹中，安得不投死乎？」意思是說劉秀跟我們這麼掏心，不計前嫌，我們怎麼能不拼死地跟著他呢？「推心置腹」的成語便由此而生。

二二三

說到成語，劉秀大概是出成語最多的帝王了，「置之度外」、「有志者事竟成」、「克己奉公」、「失之東隅、收之桑榆」、「披荊斬棘」、「疾風知勁草」、「旗鼓相當」、「差強人意」、「得隴望蜀」、「北道主人」、「敝帚千斤」和「樂此不疲」等等，都是出於他或跟他有關，這一方面說明他有文化，另一方面他也在豐富和創造著文化。

包圍洛陽，劉秀的軍隊對城內的守軍勸降。守將朱鮪當初曾參與謀害劉縯並反對派劉秀去河北，所以他認為劉秀絕輕饒不了他，因此不敢出降。劉秀則派岑彭去找他，告訴他「做大事的人不計較小恩怨，朱鮪現在投降可以保留官爵，不會殺他。我對黃河發誓，絕不食言！」但朱鮪仍將信將疑，他將自己反綁起來去見劉秀。劉秀見到後馬上為他鬆綁，並送他回洛陽。第二天洛陽的守軍便城門大開，全部投降了劉秀。劉秀封朱鮪為平狄將軍、扶溝（河南扶溝）侯。「用人不疑」，使劉秀贏得了極高的讚譽。

赤眉軍攻進長安，趕走了更始帝。劉秀立即下詔封更始帝為淮陽王，宣佈誰殺害更始帝將犯「大逆」罪，而將更始帝送回官府則封列侯。結果更始帝被赤眉軍所殺，劉秀命鄧禹去收屍並將其葬在了霸陵。

赤眉軍佔領長安後因多方受困，只得向東進發，劉秀在宜陽將其堵截。士氣低落的赤眉軍不戰自降，劉秀下令給飢餓的降軍發放食物，並對其頭領樊崇說不服可以放你們回去，我們再決雌雄。結果降軍都表示心服口服。劉秀把樊崇等將領及家室安排在洛陽居住，分給田宅；也給赤眉軍擁立的皇帝劉盆子在洛陽的王府中安排了個小官。

赤眉軍撤離長安，劉秀派馮異去接管漢中。他對馮將軍交待，去那裡是為了征伐不服從朝命的，凡是投降的，把首領送到京城就可以了，小民百姓都放他們回家種地，拆掉他們的營壘就行了。征伐戰爭，不是為了攻地屠城，而是要安定秩序，召集流散的人口。軍人能打仗，但也喜好擄掠，要注意約束他們，不要給當地留下苦難。

劉秀確實特別能容人。作為皇族，他安排官員，可並非把眼光都放在官員子弟身上，而是不管什麼出身，唯才是用。他的「二十八宿將」大都拔擢自小吏、布衣、行伍，他對原更始政權的舊臣僚開心見誠，不念舊惡，包括前面所說重用有宿怨的朱鮪等。正因為如此，他擁有著一個很強大的內閣班子，堪與劉邦的班底相匹敵。他將鄧禹比作張良，寇恂比作蕭何，賈複比作曹參，吳漢比作周勃，耿弇比作韓信。

說了劉秀這麼多優點，他有些什麼缺點或者弱點呢？我們說劉秀宣導儒學，但又推崇鬼讖，也就是弄神弄鬼、搞封建迷信那一套。這說來好像不太容易讓人理解，可卻又有著其自身的道理。儒學的要點之一是聽天命而敬鬼神，所以講點虛的、玄的應當說屬於正常。而劉秀登基加冕，說他是皇族，可總不那麼太硬氣，在亂世之年陰差陽錯地輪到他頭上，他自己也覺得是屬於幸運，所以杜撰點稀奇古怪的道理來也情有可原。

建武中元二年（57年），劉秀病逝於洛陽南宮，在位三十三年，終年六十三歲。諡光武皇帝，上廟號世祖，葬於原陵（位於河南孟津白鶴鄉），當地也稱「漢陵」。他一生「身濟大業，兢兢如不及」，確實是太累了。他臨終遺詔：「我對百姓無益，喪葬要像孝文皇帝那樣務從約省，刺史、俸祿兩千石的官吏都不要離開城郭，也不要派員或通過驛傳郵寄弔唁。」一世英主，臨終前還惦記著國家的風尚，實在難能可貴。

為政苛察的劉莊

58-75

歷史上有不少明君、英主，在選嗣及權力移交問題上都不盡如人意，以至身後引發混亂。漢光武帝在此問題上似乎也未能脫俗，但身後卻未出現混亂，很大程度上要歸功於繼任者劉莊的強勢和作為。劉莊在歷史上口碑不錯，承光武制度，重法治吏，為政苛察，總攬權柄，權不借下；對外戚和功臣設防，不使權力旁落；消除北匈奴的威脅，遣班超出使西域；繼續奉行「與民休息」的政策，減輕稅賦，治理黃河。史稱他及章帝在位時期為「明章之治」。

漢明帝劉莊像

少年聰慧
晉為太子

劉莊生於建武四年（28年），初名為劉陽，是光武帝的第四子，母親為陰麗華，當時為貴人，後立為光烈皇后。關於陰麗華，我們在講光武帝時介紹過，是南陽新野一大戶人家的千金，長得非常漂亮，光武帝年輕時一見傾心，脫口說出「仕宦當作執金吾，娶妻當得陰麗華」的話。後來，光武帝果真就娶了心儀的陰麗華為妻，對其寵愛有加。

但陰麗華並不是原配，在她之前光武帝還有一任妻子，叫郭聖通，河北真定人，是更始政權期間光武帝被派到河北擴充勢力時迎娶的，相貌雖比不上陰麗華，但人很能幹，一直跟隨著光武帝。建武元年（25年），光武帝加冕，要立皇后，那麼該立誰呢？按照喜愛程度光武帝無疑想立陰麗華，但這時陰麗華並未生育，可郭聖通已生有一子，即長子劉彊。按照封建宗法觀念，有後是天大的事情，而對於皇室，則關乎於江山社稷。所以，在政治和個人感情之間，光武帝選擇了前者，建武二年（26年），立郭聖通為皇后，陰麗華為貴人，同年，劉彊被立為太子。

光武帝立郭聖通為皇后還有一層原因，即其所依靠的政治力量。光武帝的家鄉在南陽，他和哥哥起兵組成「舂陵軍」，其骨幹即南陽籍的皇室後裔，麾下的「二十八星宿」中有十一人來自舂陵。陰麗華生於南陽，光武帝娶陰麗華及陰麗華的家族將其嫁予光武帝，都有著政治上的考慮。光武帝要找靠山，陰麗華的家族及所屬的利益集團要找到經理和代言。但光武帝真正起家是在河北，他迎娶的郭聖通是真定恭王的外孫女，這種聯姻對於當時他在河北立足、擴充實力，以及稱帝後獲得各種力量的支撐都是至關重要的。還有一種說法，光武帝其實娶陰麗華在前，娶郭聖通在後，但當時他跟郭家隱瞞了已婚的事實。

光武帝稱帝時天下未平，各種割據勢力還很猖獗。他率軍討伐彭寵，陰麗華隨軍出征。在討伐途中，陰麗華懷孕了，在河北的元氏，分娩生下

劉莊
漢明帝

了個男孩，起名劉陽，即後來的劉莊，這年為建武四年（28年）。因為是陰麗華所生，再加上小劉莊長得聰明可愛，光武帝很是喜歡。

光武帝是個文化人，十分重視對子女的教育。小劉莊似乎對學習也很有天賦和興趣，少年時師從經學大師桓榮，十歲時便能背誦《春秋》並說出大意，光武帝很是得意，誇兒子是個神童。由於經常圍繞在父親身邊，小劉莊很早便接觸到朝政事務，他對此也很有悟性，這對於他日後從政是很重要的。建武十五年（39年），朝廷發現各地所報墾田畝數與人口多有不符，便下令重新清查，即史上有名的「度田」事件。朝廷要求各州、郡的官員要進京彙報核查的結果。光武帝看到陳留縣的牘上寫有「潁川、弘農可問，河南、南陽不可問」的字樣，便問是什麼意思？陳留吏答曰不知，是在洛陽街上聽說的。這時，帷帳後的劉莊插話，說這是郡裡的官吏教他（陳留吏）該怎麼查。光武帝又問，為什麼河南、南陽不能問呢？劉莊說，河南是帝城，南陽是帝鄉，這兩個地方的田畝和宅第多為近臣和外戚所有，大多逾制，所以不能認真核查。光武帝讓虎賁將詰問陳留吏，結果所答與劉莊一樣。此事令光武帝對這個只有十二歲的兒子越加刮目相看。

建武十七年（41年），劉莊受封東海王；建武十九年（43年），再封東海公。這年，單臣、傅鎮等造反，佔據原武城，劫持了當地的官員，光武帝派臧宮率兵圍剿。單臣、傅鎮糧草充足，堅守城池，臧宮久攻不下，軍隊死傷嚴重。光武帝召集大臣們研究對策，大多提議懸賞攻城。劉莊卻主張不要將城圍得太緊，讓叛軍有突圍的機會，這樣一個亭長便能對付他們。結果真如劉莊所料，叛軍分散突圍後分別被平定、消滅。

基於劉莊的種種的表現，光武帝逐漸產生了易儲的想法，當然，寵愛陰麗華及陰麗華在枕邊所起的作用，是重要的原因。在封建社會，子以母貴是常有的事。但皇太子劉彊並沒有什麼過錯，平白無故將其罷黜，似乎不太合情理，更何況是廢長立幼。光武帝想出了個變通的辦法，他寵愛陰麗華，郭后自然心存不滿，經常私下裡譏諷陰麗華和光武帝，光武帝便抓住這點，以「懷勢怨懟、數違教令」為名廢黜了郭后，立陰麗華

為后。當然，此時郭后背後的政治勢力已顯得不那麼重要了。

郭后被廢，太子劉彊處於非常尷尬的境地，整日戰戰兢兢，唯恐有過。殿中侍講郅惲看透了光武帝的心思，向劉彊進言：「殿下久處疑位，上違孝道，下近危機，從前殷高宗為一代英主，尹吉甫乃千古良臣，尚因纖芥微嫌，放逐孝子。至於說到《春秋》大義，母以子貴。為殿下計，還不如趁機讓位，奉侍母親，才是不虧聖教的萬全之策！」劉彊思慮良久，上書父皇，請求讓位，出鎮藩國。光武帝「不忍」批准，經劉彊再三懇求，才行准許，下詔曰：「《春秋》之義，立子以貴。東海王陽，皇后之子，宜承大統。皇太子彊，崇執謙退，願備藩國。父子之情，重久違之，其以彊為東海王。」劉彊接到詔書後交出印綬，光武帝「立陽為皇太子，改名莊」，這年劉莊十六歲。

整個易儲過程光武帝做得遊刃有餘，收放自如，既達到了目的，似乎還賺了人情。他並沒有對郭家人那麼絕情，而是優容有加，劉彊就藩大國東海，郭后被封為東海王太后，郭后的兄弟郭況、郭竟、郭匡分別被封侯，官至東海相、太中大夫等。

建武中元二年（57 年），光武帝駕崩，劉莊順理成章地繼得皇位，這年他三十歲。

恩威並施
治法嚴苛

劉莊登基後，首先面臨的是自身權威的問題。因為他並非長子，在正統性上本來就存有爭議，原本有光武帝罩著，可光武帝一走，他的地位便受到多方面、特別是那些兄弟們的挑戰。在父親的葬禮上，各藩王及大臣們都前來奔喪，朝廷裡一片亂哄哄的，那些兄弟們與劉莊並肩而坐，

根本沒把他這位新帝放在眼裡。劉莊也不便於發作，他命令秉性剛直、執法威嚴的太尉趙熹主持葬禮，趙熹不負重托，仗劍入朝，將那些與劉莊坐在一起的侯王請下了殿階，加入到諸臣的行列，以明辨君臣之別。同時，整頓宮衛制度，各藩國官吏不得隨便出入宮禁，使朝廷的秩序逐步安定下來。

雖然表面上平靜了，但實際上暗流還在湧動。劉莊的幾個兄弟對他做皇帝仍心存不滿，他的同母弟山陽王劉荊，假借大鴻臚郭況（郭后的弟弟）的口氣，寫信給被黜的皇太子、東海王劉彊，說他無罪被廢，人心不服，勸其舉兵奪權。劉彊是個膽小怕事的人，忙將信使及信件押送到京城洛陽，交給劉莊查辦。劉莊並沒有立即審訊信使，而是將其釋放並跟蹤動向，結果搞清楚此信的確是劉荊所為。這件事對劉莊觸動極大，一母同胞尚且如此，那些異母的兄弟們能安分嗎？劉莊意識到，當下之急是緩和皇室內部的矛盾！

在這一點上，劉莊與先帝的處事風格頗為相似，他並不急於出手，大動干戈，而是不動聲色，恩威並施。他將劉荊一案密而不發，避免激起更大的矛盾。對陰、郭兩位皇后同等禮敬，「每事必均，恩寵俱渥」。對於劉彊，他關懷備至，待遇高於一般的侯王。永平元年（58 年），劉彊生病，劉莊派使者到其封國問候，詔令太醫為其診治，命其同母弟沛王劉輔、濟南王劉康、淮陽王劉延前去看望。在人事安排上，劉莊拜開國元勳鄧禹為太傅，同母弟東平王劉蒼為驃騎將軍，光武朝太尉趙熹保留原職，使宗室、功臣、仕宦等都擁有自己的政治代表，增強了政權的穩定性。

這讓人想到了那句話叫「溫水煮青蛙」，劉莊處事看似溫和，但絕非軟弱乏力，而是後發制人，一擊制勝。他對待仰仗權勢、作威作福、陰謀作亂的宗親、外戚、大臣，一旦證據確鑿，則嚴懲不貸，絕不心慈手軟。

制約宗室。宗室歷來是皇權的一大威脅，光武帝時，對同姓宗室限制比較嚴格，雖封王但封地較小，郡王在國內也沒有什麼實質性的權力。廣

陵王劉荊不安分，他當初給劉彊寫信，劉莊沒有追究，其非但沒有收斂，還要製造事端。劉莊命他去封地，他在封地問相士，我長得像先帝，先帝三十而帝，我如今也已三十，可以起兵嗎？相士嚇得趕忙報告給郡國的官員，劉荊意識到闖了禍，自己投入監獄。劉莊還是沒有追究。他又遣巫師祭祀詛咒，被郡國官吏告發，其惶恐之下自殺。楚王劉英為先帝與許美人所生，許美人不受寵，劉英也受冷遇，封在邊遠之地，封地很小，產生怨恨。當時佛教傳入，劉英在空寂中對佛教產生興趣，有個叫燕廣的人奏告他與漁陽人王平、顏忠等假借信奉佛教製作圖冊、圖謀不軌。劉莊派官員核實，彙報說劉英召集奸猾，捏造圖讖，圖謀篡位，請求將其處死。劉莊念及兄弟之情沒有殺他，只是剝奪其王爵，命其遷往丹陽，劉英在遷徙途中自殺。郭后所生的兩個兒子劉康和劉延也在封國結交賓客，圖謀不軌，但因不像劉荊、劉英那麼嚴重，只是削減其封地。

打擊豪強。東漢以來，豪強勢力發展嚴重。竇融是東漢開國三十二功臣之一，他當年納河西五郡予光武帝，官拜大司空，為人樸實但不善於管束自己的家人和子弟，結果子孫多有不法。其侄竇林欺君罔上、貪贓枉法，被判下獄處死。其長子即光武帝的附馬竇穆因其封地離六安國較近，欲佔有，於是假傳陰太后的旨意，讓六安侯劉盱休妻而娶自己的女兒，劉莊知道後，將其免官。竇氏家族除竇融留京，全勒令其遷回故郡，竇融也因管教子弟不嚴而遭到斥責，嚇得辭職回家養病。竇穆等後來被赦免，允許回到京城居住，但劉莊派人嚴密監視，竇穆心懷不滿，口出怨言又賄賂官吏，結果他及兩個兒子竇宣、竇勳都死在獄中。

限制外戚。光武朝鑒於王莽篡位，限制外戚，但同時又利用外戚來制約宗室。大司馬吳漢死後，光武帝欲讓自己的妻舅陰興接任大司馬，因眾臣反對而作罷，但死後仍讓女婿梁松輔政。劉莊繼位後，對外戚格外防範，他根據光武帝生前所願，畫二十八將於雲台，但自己的岳父馬援卻沒有收入，這就傳遞出一種信號，要限制和約束外戚。他在位時，自己的三個妻舅馬廖、馬光、馬防均位不過九卿。館陶長公主想替自己的兒子求個郎官，劉莊寧可給其一千萬錢，也不答應。其舅陰就的兒子附馬陰豐，因殺了公主，雖然陰太后還在，但劉莊不徇私情，殺了陰豐，陰

就夫婦也自殺。河西功臣梁統的兒子、劉莊的姐夫梁松因罪被殺，劉莊沒有講情面。大臣閻章才學出眾，因其妹是後宮妃嬪，始終得不到提拔。

劉莊嚴於治法在史上是出了名的，《後漢書》評價他「善刑理，法令分明」，他自己對此也頗為自得。不僅躬親政務，事無巨細，甚至連責罰都要親自動手。一日，劉莊賜予西域使者十匹絲綢，負責登記的尚書郎誤記為百匹，並將記錄轉交給大司農入帳。不知是何原因，劉莊那天索要來記簿並發現了錯處，大怒，急召尚書郎進殿，命左右將其按下，自己手持大棒狠狠打去。尚書台長官鍾離意聽說，急忙入殿叩首求情：「尚書郎所犯乃小過失，不需要施以重刑。他是我下屬，我管教不好，陛下要處罰的人應該是我，亦足懲戒百官。」劉莊這才罷手。還有一日，郎官藥崧犯了個非常小的過失，劉莊拿起木棒就要打，藥崧害怕，急忙鑽到了床下，劉莊大呼：「郎出！郎出！」藥崧答：「天子穆穆，諸侯煌煌，未聞人君，自起撞郎！」說得劉莊轉怒為喜，扔掉了木棒，說：「出來吧，饒你這一回。」劉莊不僅對身邊工作人員嚴厲，對三公九卿等重臣也是同樣，每有過錯，則當面訓斥。

劉莊處事並非固執己見、一意孤行，也能聽得進臣下的意見。當時劉英死，案件並未終結，同案犯顏忠、王平在獄中接受審訊。二人受不了嚴刑，胡亂招供，牽連出許多無辜的人，其中有隧鄉侯耿建、郎陵侯臧信、護澤侯鄧鯉、曲成侯劉建等，這四人與顏、王素昧平生，根本不認識，但劉莊出於以往對宗室的不滿，對顏、王供出的人不管罪證是否成立，一律治罪。有的官員秉承上意，造成冤案，有的則看出來也不敢說。只有侍御史寒朗剛直不阿，乘劉莊查問案情時痛陳耿建等無罪。劉莊很不高興，責問寒朗：「你說耿建等四侯無罪，為何顏、王二人招其參與了犯罪呢？」寒朗作答：「顏、王自知犯了不赦之罪，因此隨便招供，是想死中求生。」劉莊又問：「你既然知道如此情況，為何不早奏報？」寒朗答：「臣雖察知四人冤情，但怕海內再有人受誣告，因此未敢立即奏陳。」劉莊大怒，命左右將寒朗拿下治罪。寒朗大呼：「臣為國持正，但願進一言而死！」劉莊示意手下讓他把話講完，寒朗道：「臣奉陛下命令審訊罪犯，將及一年，不能窮治罪犯，反而要為其辯護，自知必死。

尚望陛下聽臣一言，幡然覺悟。對於眾多冤案，朝中大臣們心中都明白，但無人敢直陳。我今天能直伸其理，也死無所恨了！」劉莊聽罷沉默許久，然後揮揮手讓寒朗退出。當晚他輾轉反側，夜不能寐，白天的事對他觸動很大，近日來窮治楚王英獄，使朝中大臣們人心惶惶，深恐連及；百姓們疑竇重重，謠言四起。劉英生前喜歡交際，很多朝臣都和他有過來往，如此搞下去，局面則難以控制。劉莊意識到是該改弦更張的時候了，次日他親自到洛陽監獄查對案情，將沒有確鑿證據的一律釋放，這一放竟放走了一千多人。

尊禮儒學
引入佛教

劉莊在位敬業勤勉，史載他「乙更盡乃寐，先五更起，率常如此」，頗有作為，包括促進農耕、擴展疆土，以及思想文化等方面。他多次下詔減免賦稅徭役，命官吏勸督農桑，治理病蟲害，並以公田賜與或賦與貧民。組織力量與修農田水利，其中最大的工程是治理黃河。西漢末年以來，黃河年久失修，經常發生水患，「兗、豫百姓怨歎」。劉莊令著名水利專家王景和王吳率兵卒數十萬民工和士兵治理，用「堰流法」修築浚儀渠，自滎陽東至千乘海口千餘里修渠築壩，十里立一水門，用於排洪、灌溉，保障了黃河中下游地區農業生產的正常進行。他提倡節儉，宮廷生活不尚奢侈，上行下效，簡樸之風盛行。人口增長，光武末年，全國戶籍人口為兩千一百多萬，至劉莊後期，增至三千四百多萬，經濟及社會呈現出一片繁榮景象。

在國力增強的基礎上，劉莊積極開拓疆土，經營西域地區。光武朝時，因忙於恢復生產和穩定社會，對周邊游牧民族的侵擾採取守勢。劉莊繼位後，一改前朝的做法，採取積極進攻的戰略。永平八年（65 年），北匈奴騎兵進攻河西諸郡，焚燒城邑，屠殺百姓，搶奪財物。永平十五

劉莊
漢明帝

年（72 年），北匈奴又犯河西，同時脅迫西域小國隨同入寇。面對北匈奴的猖狂侵掠，劉莊派遣奉車都尉竇固、駙馬都尉耿秉率兵駐屯涼州（今甘肅清水縣北），做好抗擊準備。永平十六年（73 年）春，劉莊命竇固、耿秉等分四路出擊，竇固率部出酒泉，於天山（今新疆吐魯番城北）擊敗匈奴呼衍王部，佔據伊吾盧城（今新疆哈密西）。為鞏固軍事成果，竇固遣假司馬班超等到西域諸國開展外交活動，班超等率吏士三十六人，游走於鄯善（今新疆若羌一帶）、于闐（今新疆和田）等地，在鄯善擊殺了匈奴的使團，「於是諸國皆遣子入侍，西域與漢絕六十五載，至是乃復通焉。」成語「不入虎穴，焉得虎子」即源於此事件。永平十七年（74 年）竇固、耿秉等率軍於蒲類海（今新疆巴里坤湖）再次擊敗北匈奴，復置西域都護、戊己校尉于龜茲（今新疆庫車）、車師（今新疆吐魯番），恢復漢對西域地區的統治。

劉莊崇尚儒學，命令皇太子、諸侯王及大臣子弟、功臣子弟都要讀經。為外戚樊氏、郭氏、陰氏、馬氏諸子弟立學校於南宮，聘請有學識的經師傳道授業。劉莊在五經之中，獨重孝經，宣導「以孝治天下」，甚至命令期門、羽林的守衛士兵都要背誦孝經。他對禮儀制度非常重視，親自與東平王劉蒼討論，制定出祭祀天地和祖先的儀式，按照等級建立起一套天子、王侯、百官的車服制度。他大力提倡尊師重道，並身體力行。為太子時，博士桓榮是他的老師，即位後他「猶尊桓榮以師禮」，桓榮調任太常，劉莊親自到太常府，讓桓榮坐東面，設置几杖，像當年講學一樣，聆聽老師的指教。他還將朝中百官和桓榮教過的學生數百人召到太常府，向桓榮行弟子禮。桓榮生病，他派人專程慰問，甚至親自登門看望，每次探望，都是一進街口便下車步行前往，進門後，往往拉著老師枯瘦的手，默默垂淚，良久乃去。桓榮去世時，他換了衣服，親自臨喪送葬，並將其子女作了妥善安排。

隨著對外交往的擴大，佛教於西漢末年開始傳入中國。一次，劉莊做了個奇怪的夢，夢見一高大的金人，頭頂上放射白光，降臨在宮殿的中央。他正要開口詢問，那金人呼的一聲騰空而起，向西方飛去。夢醒後，劉莊百思不得其解，第二天朝會時，他向群臣詳述夢中所見，大多數人不

知其由。博士傅毅進言：「臣聽聞西方有位神，傳名為佛，佛有佛經，即為佛教。以前漢武帝元狩年間，派遣驃騎將軍霍去病出擊匈奴，戰勝後曾經繳獲十二座休屠王供奉的金人，安放在甘泉宮中，焚香致禮。經過長期戰亂，那十二座金人早已不知所終。陛下至今所夢見的，也許就是佛的幻影！」一席話引起了劉莊極大的興趣，於是派中郎將蔡愔等十八人西往天竺求取佛經。蔡愔等人歷經千辛萬苦，到了大月氏，與大月氏僧人竺法蘭和迦葉摩騰帶著求取到的佛經回到洛陽，在洛陽建立了中國第一座佛寺，存放經書並開壇講經，因當時是用一匹白馬馱著經書，寺院故稱「白馬寺」。

永平十八年（75 年）八月，劉莊在洛陽東宮前殿去世，終年四十八歲。廟號顯宗，諡明皇帝，葬於顯節陵（今河南洛陽東南）。

溫柔敦厚的劉炟

75-88

人們總喜歡把劉炟與其父明帝聯繫在一起，因為他們共同開創了令史家稱道的「明章之治」，同時作為「光武中興」的重要組成部分。盛世期間，吏治清明，經濟發展，百姓安康，開拓疆土，經營西域，其情景很像西漢高祖之後的「文景之治」。劉炟與明帝雖在名氣及威望上不及光武，但他們切切實實地給百姓帶來了安定與實惠，所以應當受到同等、甚至更多的尊重。

漢章帝劉炟像

放棄西域
班超堅守

劉炟生於建武中元二年（57年），即光武帝駕崩的那年。他是明帝的第五子，生母為賈貴人。因為明帝的馬皇后無子，而賈貴人是馬皇后同母異父的姐姐，所以劉炟自幼為馬皇后所收養，以馬氏為外家，這樣劉炟就成為了嫡子。永平三年（60年），四歲的劉炟被立為皇太子。

明帝推崇儒學，他挑選學識淵博的老師給皇子們教授儒學經典。劉炟從小便接受系統的儒家文化教育，對其性格的形成影響很大。他守規矩，待人寬厚，照現在的說法：本分、持重、與人為善。關於劉炟的幼年及童年，史籍鮮有記載，可能一方面由於明帝的子嗣較多，記不過來；另一方面則是劉炟的個性不突出，沒什麼好記。永平十八年（75年）秋，明帝去世，劉炟即皇帝位，時年十九歲，尊馬氏（明德皇后）為皇太后，次年改元建初。

劉炟稱帝後對朝廷「三公」進行了調整，原太尉趙熹改任太傅，司空牟融為太尉，朝遷蜀郡太守第五倫為司空。這裡要解釋一下，第五倫是人名，「第五」為複姓，源於媯姓，「倫」是名，此人乃東漢史上很有名的大臣。

劉炟即位之初便遇到了麻煩，邊關戰亂驟起。我們前面說過，明帝當年派竇固、耿秉攻打北匈奴，派班超出使西域，文攻武略，使西域諸部歸服，在西域建立都護府。但該地區始終不平靜，仍不斷發生戰亂。劉炟剛即位，焉耆、龜茲、車師等部便聯合北匈奴，攻打朝廷設於柳中、疏勒的軍政駐地，形勢緊張。劉炟趕忙召集群臣商議對策，多數人認為新遭國喪，人心不穩，西域路途遙遠，實在難以相救。唯有司徒鮑昱力主救援，他說：「現在邊關將士處於危難之地，如果不去救援，外則縱容蠻夷的暴行，內則傷害國家的忠勇將士，將來國家再有邊事，就不會再有人主動去為國盡忠了。」他接著說：「疏勒、柳中兩地漢兵只有幾千人，

劉炟
漢章帝

匈奴攻打幾個月仍不能取勝，說明其戰鬥力很有限。現在只要派兵奔赴西線，匈奴久戰疲敝，必不敢當，兩地之圍，會不戰而解。」劉炟採納了鮑昱的建議，命征西將軍耿秉出屯酒泉，代理太守職務，命酒泉太守段彭與謁者（即皇帝身邊掌管傳達等事務的近侍）王蒙、皇甫援率張掖、酒泉、敦煌三郡及鄯善兵共七千多人，畫夜西進，馳援被圍困的都護將士。次年春，即建初元年（76年），段彭等率領的軍隊先擊車師，再攻交河城，救出耿恭等官兵，退回玉門關內。

接下來，是否還要繼續經營西域呢？劉炟有些舉棋不定，大臣們爭論激烈。校書郎楊終上疏：北征匈奴和經營西域，耗資巨萬，百姓陷於憂愁和貧困之中，其怨氣足以撼動天地，請劉炟應當留心。太尉牟融、司徒鮑昱則力陳：征伐匈奴、屯戍西域是先帝定下的策略，孝子無改父之道，應按既定方針辦。楊終反駁：秦始皇築長城，大興勞役，胡亥上臺後不做變更，結果亡國；武帝開邊，元帝根據形勢做了改變，放棄珠崖等郡，所以漢室國運長久。西域連年用兵，將士出征久不還鄉，不符合天意。劉炟再三思量，經營西域確實存有人力、財力等諸多方面的困難，所以他最終決定放棄西域，詔令滯留西域的漢朝人員回國。

這時班超正住在疏勒國，也接到了撤退的詔書，收拾行裝，準備回國。班超在西域生活多年，很受當地人民的尊敬和愛戴。聽說他要回國，疏勒人感到驚惶不安，因為他能震懾住匈奴，他一走，怕疏勒之後會國無寧日了。疏勒都尉抽出長刀，淚流滿面，仰天長歎道：「漢朝使節棄我而去，我國必為匈奴所滅。與其後日死亡，不如今日魂隨漢使，送其爾歸！」說罷，引刀自刎。班超雖然在感情上難以割捨，但無奈詔命在身，只好撥轉東行。到了于闐國，班超受到夾道歡迎，百姓們聽說他要東歸，失聲痛哭，有人伏地抱著他的馬腿，不讓離開。班超無奈，只好留了下來，上書劉炟，請求讓他留屯西域。劉炟同意了班超的請求。

班超留在西域，以過人的智慧和膽識，團結各族民眾，有效地遏止了北匈奴的侵擾。西域各國除龜茲外，都願意臣服於漢。建初六年（83年），班超上書劉炟，請求派兵支援，降服龜茲，實現「斷匈奴右臂」的意圖。

劉炟大力支持，徵集吏士前往，有位平陵人徐幹自告奮勇願立功異域，劉炟大喜，命其為假司馬，率領千餘人組成的遠征軍，西去馳援班超。在西域諸國中，烏孫最為強大，班超又請求劉炟慰問烏孫，劉炟隨即派遣使者去烏孫，烏孫國王非常高興，於建初八年（85年）遣使回訪。在西域得到這樣一個大國支援，劉炟欣喜異常，擢升班超為將兵長史，授予他代表朝廷在西域行事的權力，提拔徐幹為軍司馬。

這期間發生了件事，很能說明班超的人品。當時，劉炟派遣衛侯李邑護送西域使者回國，行至于闐，李邑聽說龜茲與疏勒發生了戰爭，他怕死，不願再西行，於是上書劉炟，奏稱西域難平。為了掩蓋其膽怯的行徑，竟造謠說班超終日擁嬌妻、抱愛子，安樂國外，無意東歸，他以前的報告，純屬虛構，均不可行。班超聽說後，覺得遠在異域，讒言難止，於是休妻上表，陳述苦衷。劉炟感歎班超的忠誠，下詔譴責李邑：「如果班超真如你所說擁妻抱子，那麼他部下一千多人為何不思東歸，反而和他同心協力呢？你在西域從今以後就受班超節制，不必多言！」但班超對李邑並未計較，待他行至疏勒，授其為從事，對其百般照顧。後來烏孫國王遣子入侍，班超又派他陪同烏孫國王子一起回到了洛陽。徐幹問班超：「他以前曾誹謗於你，現在送王子為何不派他人，讓他留在西域呢？」班超笑了笑，說：「既然他無心留在這裡，還不如讓他回去。」由於班超的努力，西域局勢穩定，其在西域的威望空前，諸國都願意受其節制，這就為日後朝廷再次打通同西域的密切交往鋪平了道路。

封侯外戚
權力外泄

光武、明帝兩朝，鑒於西漢王莽篡位的教訓，不允許外戚封侯干政。馬太后的兄弟馬廖、馬防、馬光，在明帝時雖然為官，但馬廖只是虎賁中郎，馬防、馬光不過為黃門侍郎，一直不曾晉升。大概是出於對馬太后

的養育之恩，或許還有其他原因，劉炟剛一即位，就越級提拔馬廖為衛尉，馬防為中郎將，馬光為越騎校尉。馬氏兄弟同時升遷，有些得意忘形，不可一世，一些趨炎附勢的官宦和清客（指在富貴人家幫閒湊趣的文人）爭相趨附，一時間馬家賓客盈門、車水馬龍。司空第五倫等人見此極力勸諫，但劉炟未予理睬，而是將第五倫等人的上書擱置在一邊。

劉炟又想為他娘舅馬氏諸人封侯拜爵。馬太后怕有礙成法，引起非議，堅決不許。這裡要說一下這位馬太后，她與當年呂雉、竇漪房、王政君相比，絕對是個顧全大局的人，她嫁進皇家就為社稷江山考慮，而不是一門心思地替娘家人攫取權力和利益，這樣的女人真是不多見的。建初二年（77年），一些趨附的朝臣又上書請求劉炟詔封馬氏兄弟，說是因為不封外戚，引得陰陽失衡，天遭大旱。劉炟欲依從此議，但馬太后仍堅執不從，發佈曉諭：「凡上書言封外親者，皆欲獻媚於我謀求好處。凡外戚貴盛至極，少有不倒臺的。所以先帝在世慎防舅氏，令其不在樞機之位。況馬氏兄弟德才不逮，我怎麼能上負先帝之旨，下負先人之德，重蹈西京敗亡的覆轍呢？特此佈告天下。」

馬太后的詔書傳出，大臣們不敢再多說什麼。但劉炟在感慨之餘仍不死心，再向太后面陳：「漢興之後，舅氏封侯，與諸子封王一樣，已成定制。太后原意是謙虛退讓，為何不讓我奉獻加恩三舅的美意呢？且舅舅們年事漸高，身體多病，如有不諱，將使我遺恨無窮，望太后省察，宜及時冊封，不該拖延！」馬太后語重心長地對劉炟道：「我反覆考慮，實在不應加封。從前竇太后欲封王皇后兄，遭到丞相周亞夫的反對，說高祖有約，無軍功者不侯。今馬氏無功於國家，怎能與佐漢中興的陰、郭二家相比？而富家貴族、祿位重疊者，決難持久。我已對此深思熟慮，勿再提加封之事。況且你剛接帝位，天氣異常，災害頻仍，穀價騰貴。正應為此事考慮，如何安頓百姓，度過難關。怎麼放著正事不做，先營封侯外戚呢？」一席話，說得劉炟只有俯首受教，惟惟退出。這老太后太讓人尊敬了。

建初三年（78年），馬太后去世。同年，劉炟冊立已故大司徒竇融的曾

孫女為皇后。這時，馬氏家族開始漸漸失勢，竇氏外戚則迅速發展。在後宮，妃嬪之間為爭寵進行著微妙的爭鬥。竇皇后雖然得寵，但沒有生子。而宋貴人生有一男，取名劉慶，被立為皇太子。另外，前太僕梁松的侄女梁貴人生有一子，名為劉肇。竇皇后與宋貴人素有不和，她將宋貴人及太子劉慶視為眼中釘，欲除掉之。於是買通宮中侍女，作證誣告宋貴人製造蠱惑，詛咒皇上；另一方面，竇皇后又設計將劉肇據為己有。劉炟因迷戀竇氏的美貌，對她的話格外相信，於是下詔廢黜了宋貴人及皇太子劉慶，另立劉肇為皇太子。不久，宋貴人含冤自殺，劉肇的生母梁貴人因父親梁竦、伯父梁松坐罪身死，憂憤成疾，不久也死去。這樣，竇皇后在後宮便獲得了統治性的地位。

宮外，外戚集團之間也在為權力和利益展開爭鬥。由於馬太后去世，馬氏兄弟在朝中失去了依託，往日聚集在其門下的食客漸漸散去。這三兄弟中，馬廖還能潔身自好，馬防、馬光卻不知形勢已變，還在大起宅邸，購置美田，驕盈過制。對此，人們議論紛紛，傳到劉炟的耳中，便對馬氏兄弟進行訓誡。馬廖心有不滿，於是致書友人，表露出時過境遷、人情淡薄之感慨。不想信的內容被竇氏探聽到，竇氏乘機上書，狀告馬廖心懷怨悱，並告馬防、馬光奢侈越僭，濁亂聖化。劉炟見到奏本後，隨即罷免了馬氏三兄弟的官職，命他們徙就封邑。隨著馬氏的淪落，竇氏集團在朝中的地位陡然提升。竇后的哥哥竇憲被任命為侍中、虎賁中郎將，弟弟竇篤為黃門侍郎。竇氏兄弟出入宮省，典司禁兵，廣交賓客。對此，司空第五倫上書，陳明外戚當政的危害，請求劉炟要嚴格約束竇氏，以防患於未然。但對於第五倫的一片苦心，劉炟仍未予重視。

竇氏家族的勢力急劇膨脹。竇憲依仗妹妹在宮中的地位，橫行跋扈，殺人越貨，欺凌諸王、公主，以及前朝皇后陰、馬諸家，甚至用極低的價錢強奪沁水公主的田園。劉炟聽到傳聞，這才引起了重視。一日，劉炟命竇憲同出巡遊，路過沁水公主田園，劉炟故意問：「公主田園今屬誰家？」竇憲知事情敗露，支支吾吾，不敢正視。劉炟方知傳聞屬實，回到宮中，召竇憲痛斥：「你私自奪取公主的田園，可知犯何罪？你如此驕橫，與秦朝趙高指鹿為馬有何兩樣？貴如公主，尚遭到你的掠奪，何

況普通的平民百姓？我要拋棄你，就如對待一隻雛雞、一隻臭老鼠差不多，有何可惜！」竇憲慌忙伏地請罪。至此，竇氏勢力才有所收斂。

為了重建光武、明帝兩朝約束外戚的規制，劉炟特調鐵面無私、剛正不阿的周紆進京，任洛陽令。周紆一上任，就命令屬吏通報京師豪強的名單，並嚴申禁令，不論誰人犯法，嚴懲不貸。一日黃昏時分，黃門侍郎竇篤出宮回家，路過止奸亭，亭長霍延截住車馬，要進行檢查。竇篤的隨從平日作威作福、狐假虎威慣了，根本沒把一個小小的亭長放在眼裡，一把將霍延推開。霍延拔出佩劍，高聲喝道：「我奉洛陽令手諭，無論皇親國戚，夜間經過此亭，必須查究放行。你們是些什麼人，敢在此撒野！」隨從還要與之爭辯，坐在車內的竇篤大聲說道：「我是黃門侍郎竇篤，從宮中請假回家，可以經過此亭嗎？」亭長聽竇篤通報了姓名，這才准許放行。但事情並未了結。第二天入宮，竇篤劾奏周紆縱吏橫行，辱罵貴戚，竇皇后跟著在劉炟面前哭訴。劉炟知道竇氏姐弟所言並非事實，但礙於情面，下詔將周紆逮捕候審。周紆在審判時義正詞嚴，據法痛斥竇氏的惡行，廷尉做不了主，只好如實向劉炟稟報。劉炟又命令將周紆釋放，但免去其洛陽令官職。劉炟深知周紆的忠直，不久又任命他為御史中丞。劉炟的反覆不定，猶豫不決，表明他對外戚既有所警惕，但又下不了決心，結果為王朝中期的外戚專權埋下了禍根。

政寬刑疏
推崇文化

相對於明帝的治法嚴苛，劉炟治政就顯得寬鬆了許多。一方面取決於他的性格善良、厚道；另一方面則取決於他推崇的儒家文化，包括「仁者愛人」、「己所不欲勿施於人」，以及「敬鬼神」的思想等等。

劉炟在位時的政令刑罰確實比較寬疏，例如依照東漢制定的法令，官員

貪污等要禁錮三世，即三代人都不准為官，劉炟即位廢除了這項規定。因為他認為父輩、甚至祖輩犯罪，讓後世幾代子嗣都受牽連，有失公允，因為出身是不可選擇的。而對官員和貴族的賞賜，劉炟又往往超過規定的限額，其出發點無非是多給部署發放點福利，但有討好之嫌，也不過問國庫是否承受得了，結果造成了朝廷財政的困難，而這些都要轉嫁到老百姓的身上。可見寬疏還是要有原則的。另外，他還去除了一人犯謀逆等大罪親屬皆受牽連的法令，將有些刑徒減刑還到邊遠地區。他禁用酷刑，採納尚書陳寵的建議，去除了酷刑五十餘條。採取惠民政策募民墾荒，鼓勵人口增殖，減輕徭役賦稅等。

但劉炟主持的一些舉措，有時候並非是建立在對事實分析的基礎之上，而是源於讖緯之學，這恐怕是儒學中「敬鬼神」思想的一種延伸。建初元年（76年），兗、豫、徐等州發生了嚴重的旱災，赤地千里，哀鴻遍野。劉炟在調集糧食賑濟災民的同時，召集群臣商討解決的辦法。照不少人的看法，災異是由於陰陽失調導致的，而陰陽失調又與政事有關。我們前面提過，當時有朝臣上書，說不封外戚，造成了陰陽失衡，結果出現大旱。此時朝廷上也是相同的論調，司徒鮑昱說到：「前幾年治楚王英獄，抓人成百上千。這些人並不是都有罪，受牽連而坐獄的人恐怕有一半是冤枉的。那些判了徒刑的人遠離家鄉、骨肉分離，死了靈魂也不得安息。這就導致了陰陽失調、水旱成災。現在不如赦免這些刑徒，解除監禁，讓他們回家和親人團聚，這樣也許能致和氣，使天降甘露、解除旱情，免除黎民百姓之苦。」尚書陳寵也上書曰：「治理國家就如調整琴瑟的弦一樣，弦調得太緊就會崩斷，刑罰太嚴也會激起人民的不滿。建議陛下進一步寬緩刑罰。」劉炟聽從了他們的建議，大赦天下，寬緩刑罰。

劉炟非常推崇文化，自己也非常喜愛文化。漢朝自武帝獨尊儒術以來，圍繞「五經」（指《詩經》、《尚書》、《禮記》、《周易》、《春秋》）形成了許多「章句之徒」，即那些出於學術或政治目的，不能通達大義而拘泥於辨析章句的人。劉炟在做太子時，十分愛好儒學，但對這種現象並不以為然。做了皇帝後，他下決心要進行一次整頓。建初八年（79

年），劉炟接受楊終的建議，在白虎觀召集將領、大夫、博士、郎宮和諸儒開會，議定五經異同，最後由他拍板，決斷是非。這次會議的討論記錄，後來由班固整理成書，名為《白虎通德論》，簡稱《白虎通》或《白虎通義》。此次會議以及《白虎通》所說的「正經義」，即通過官方的手段將經學進行了一番梳理，消除了諸多歧義，融入陰陽五行和讖緯之學的內容，稱得上是一部將儒學思想法典化的著作，較之此前官方推行的董仲舒今文經學的著作更加規範和權威，具有很高的學術和社會價值。劉炟在位期間思想文化很活躍，湧現出王充等思想家、文學家。

劉炟不僅精通經文，而且精於書法，在書法方面有著很深的造詣，著名的「章草」即源於他。所謂「章草」即由篆書向隸書衍化過程形成的一種草書體，圓潤、灑脫，是「今草」的前身。這種書體始於秦漢初期，到劉炟時得到了認可和定型，他自己也寫得一筆這種草體的好字。因劉炟死後諡號「孝章」，故後人將這種書體稱之為「章草」。

章和二年（88 年），劉炟去世，年僅三十一歲，英年早逝。關於他的死因，後世說法不一，有的說他過分沉溺於聲色，身體透支；有的則說他婚姻不幸，竇后跋扈，先後害死了他的四個愛妃，心情壓抑。他死後諡號孝章皇帝，廟號肅宗，葬於敬陵（今河南洛陽東南）。

命運多舛的
劉肇

劉肇是個命運多舛、但不屈從於命運、與命運抗爭，可最後又不得不聽任於命運的帝王。他從小被迫離開生母，不滿十歲失去父親；自己登基做了皇帝後，把持朝政的是養母及其娘家的一幫親戚；好不容易從這些人手中奪回政權，正待大展宏圖之時，卻又一病不起，年紀輕輕便命喪黃泉。人生無常，命數難料，是劉肇生命進程的一種無奈，一種寫照。

過繼養母
年幼登基

劉肇是前朝皇帝章帝的兒子。章帝共有十一個子女，八男三女，劉肇是第四子，生母姓梁，是宮中的一名貴人。說到劉肇的生母，得先把章帝的後宮介紹一下。後宮是指皇帝的妻妾居住的地方，人們也習慣於稱呼這些人，包括皇后和妃嬪。皇后只有一個，妃嬪則人數不等，她們分為不同的級秩，最多的朝代有十來個等級，稱謂五花八門，什麼婕妤、昭儀等等，東漢則因繁就簡，分為貴人、美人、宮人、采女四級。

皇室的後宮往往是爭鬥最為激烈、是非特別多的地方。皇帝不搞一夫一妻制，娶一群女人，一個個錦衣美食，閑得沒事，都想得寵，於是爭風吃醋、勾心鬥角，甚至你死我活，什麼陰招都使得出來，什麼狠勁都下得去手，花樣迭出，充滿著陰險、狡詐和血腥。皇帝要是駕馭得了還行，要是軟弱、偏聽偏信，那可就亂了套了。這些女人，大都是豪門貴族之後，其背後擁有不同的利益集團，所以爭鬥遠遠要超出後宮的範圍。

章帝的皇后姓竇，人稱竇皇后。這個竇后雖名氣比不上西漢文帝的皇后竇漪房，但才氣和相貌也很了得，據說六歲時就能寫文章，人長得特別漂亮，曾祖是大司空竇融，父親竇勳，母親是沘陽公主。另一位是宋貴人，貴族出身，父親宋揚是文帝時的功臣宋昌的八世孫，姑母是馬太后的外祖母，她的妹妹和她一起進宮，也被封為貴人。再來就是梁貴人，劉肇的生母，爺爺叫梁統，歷任太守、宣德將軍、太中大夫，父親叫梁竦，沒有做官，是一名文人，伯父梁松，是光武帝的女婿，官至太僕。

後宮開始得寵的是宋氏姐妹，但自打竇氏入得宮來，有才氣又漂亮，章帝很快移情竇氏，對其恩寵有加。可竇氏有一點不足，自己沒孩子。宋貴人和梁貴人則一人生了一個男孩：劉慶和劉肇。劉慶是長子，被冊立為皇太子。因為兒子是太子，宋貴人難免會有些得意，也就難免會與竇氏發生矛盾，但她絕非竇氏的對手，在競爭皇后時敗下陣來。竇后在後

宮處處佔先，頤指氣使，盛氣凌人，但沒給章帝生個兒子總感到心裡不踏實，擔心后位會動搖。她對宋貴人則很看不慣，視為眼中釘，欲除掉而後快。

竇皇后有才氣，也很有機心和手腕，她開始運籌一套清除情敵、鞏固自己地位的計劃。她意識到自己沒孩子，必須認養一個皇子，以此來實現母憑子貴的目標。她覺得梁貴人好說話，就跟梁貴人拉近關係，說好話，欲認養劉肇。梁貴人當然捨不得，但思前想後，覺得兒子跟著皇后肯定比跟著自己有前程，說不定今後還能當上太子，甚至做上皇帝，那時候自己便能時來運轉，盡享榮華富貴了。於是，心甘情願地將劉肇過繼給了竇皇后。

與此同時，竇后經常在枕邊說宋貴人的壞話，使章帝對之產生反感。建初四年（79 年），馬太后病逝，宋貴人失去了依靠，竇后便聯合自己的母親沘陽公主、哥哥竇憲派人監視宋氏姐妹及其家人。不久，宋貴人生病，需要吃一種叫「生菟」的藥引，給家人寫了封信，請他們幫助購買並送到宮中。這封普通的家書落入竇氏成員的手中，他們編織罪名，誣告宋貴人想用「生菟」做巫蠱，詛咒皇上。這純屬無中生有，但章帝因寵愛竇后卻信以為真。宋氏姐妹被雙雙送入監獄，主審的是竇氏的親信、史上很有名的造紙術發明人、宦官蔡倫。宋氏姐妹屈打成招，並承認五歲的太子劉慶也參與了陰謀。建初七年（82 年），章帝下詔，貶太子劉慶為清河王，改立四歲的劉肇為皇太子。蔡倫對宋氏姐妹仍不依不饒，要求對其處以絞刑。宋氏姐妹知道死期臨近，於是買通看守，雙雙服毒自盡。她們的父親也被免職逐回扶風平陵老家。

竇后的目的算是達到了，既除掉了宋貴人，又讓自己的養子當上了太子，可謂一箭雙雕。但梁貴人卻怎麼也高興不起來，竇后收養了自己的兒子，卻並沒有如想像中的那樣對她充滿感激，而是將小劉肇圈在自己宮中，完全據為己有，根本不讓她們母子相見。竇后對小劉肇竭盡心力，彼此間培養起了深厚的感情，她完全以生母自居，並警告周圍人不得透露一點關於劉肇過繼的風聲。

劉肇
漢和帝

儘管這樣，竇后還是很不放心，她知道紙包不住火，今後劉肇一旦知道自己的身世，就會疏遠她，這麼多年的努力就會付之東流。這時她顯現出女人陰狠的一面，採取各種方法迫害梁貴人，將其父親、叔父都關入監獄、處死，以致梁貴人抑鬱成疾而亡。

然而這一切都是在劉肇毫不知情的情況下進行的，劉肇一直以為竇后就是自己的親生母親，是最可親、最可信賴的人。章和二年（88 年），父皇章帝病逝，不滿十歲的劉肇被扶上了皇位，竇后晉封為皇太后，改元永元。因為劉肇年少，朝政大權由竇太后所把持，劉肇只能聽憑「母后」的擺佈和調遣。

竇氏專橫
奪回權力

竇太后在光鮮亮麗的外表之下，有一顆權力慾、控制慾很強的心。她含辛茹苦地撫養劉肇，為的就是掌控權力的這一天。劉肇稱帝後，她臨朝稱制，大權獨攬。說來劉家娶的妻子都夠強勢的，漢代的呂后、竇漪房、王政君，一專權就是十幾、甚至幾十年。西漢晚及東漢初，朝廷都極力抑制外戚，結果稍一放鬆外戚就拱了出來，形成了如今竇氏專權的局面。外戚及閹黨可以說是專制體制下的兩顆毒瘤，同時又是專制制度的必然產物。這兩種人當道，往往會加劇政權中那些醜陋的東西，如公報私仇、打壓忠良、結黨營私等等，而外戚即女人掌權，則會更夾雜著情仇、嫉恨，以及家族攬權等現象。

女人當權，最熱衷於兩件事：一是打壓、清算過去的情敵，二是安排自己的親屬，竇太后也莫過於此。情仇她早就結算清了，宋貴人被誣告服毒而死，梁貴人被迫害抑鬱而亡，剩下的就是安排親屬了。當時雖以鄧彪為太傅，領尚書事，但其生性怯懦，明哲保身，不問朝政，司徒袁安、

太尉宋由、司空任隗等都沒有什麼實權。竇太后攝政後，便急不可耐地提拔自己的哥哥竇憲為侍中，直接掌握朝廷機密，負責向全國發佈她的詔書；弟弟竇篤任虎賁中郎將，負責統領皇帝的侍衛；另外兩個弟弟竇景、竇瑰任中常將，負責傳達詔令、擬定文書。如此一來，朝廷的重要職位全被她的兄弟承包了，「劉氏王朝」實際上成為了「竇家王朝」。

富貴不忘親情，這是女人心思，甚至還稱得上是美德。身居高位，沒有安全感，提攜親屬，讓娘家兄弟保駕護航，似乎也可以理解。但她不惜動用國家資源及兵士的性命，就讓人難以接受了。

竇憲是個亡命之徒，心黑手狠，豢養了許多刺客，對那些素有積怨、持不同政見、可能危及其權力和利益的人便暗下黑手。明帝時竇憲的父親竇勳犯罪，韓紆負責審理，考實後收監被誅。竇太后問政時韓紆已死，竇憲便派刺客謀殺了韓紆的兒子，並帶回其首級拿到父親的墳上祭奠。齊殤王之子都鄉侯劉暢受竇太后器重，到京都弔唁章帝時，多次受到竇太后的接見，引發竇憲的猜忌，生怕其分享自己的權力，派人將其殺害。事情敗露，竇憲該當死罪。為了使竇憲免受處罰，當時正遇北匈奴內訌，竇太后便讓竇憲領兵遠征北匈奴，為其創造一個將功補過的機會。朝中大臣紛紛上書，直諫竇太后不該「以一人之計，棄萬人之命」，但竇太后仍執意堅持。

永元元年（89 年），竇憲和耿秉率軍從朔方出塞，會同南匈奴單于的萬餘騎兵，在稽落山（今漠北西北部的額布根山）大敗北匈奴，斬獲大批兵士、牲畜，先後有八十一個部落，共二十餘萬人歸附朝廷。漢軍乘勝追擊至燕然山（今杭愛山）。此次軍事行動，史學家、《漢書》作者班固隨軍出征，為頌揚勝利，班固受竇憲之命在燕然山刻石紀功。事畢，竇憲班師回朝。過了兩年，即永元三年（91 年），漢將耿夔又大破北匈奴於金微山（今阿爾泰山），至此，匈奴勢力瓦解，退出了漠北地區。

遠征匈奴的勝利使竇憲不僅將功補過，而且在朝廷中勢力大增。竇太后下詔赦免了他的殺人罪，擢升其為大將軍，封武陽侯，地位僅次於當朝

太傅。「一人得道，雞犬升天」，竇氏成員一個個飛揚跋扈，橫行鄉里，如執金吾竇景縱容家奴於光天化日之下搶劫財物、侮辱婦女、劫持罪犯，而「有司莫敢舉奏」。他們大肆修建豪華宅邸，樓館錯落，「彌街絕里」。竇家人的行徑引起了正直朝臣的擔憂，他們紛紛上書，甚至以死抗爭。尚書何敞勸竇氏要以西漢的呂氏、霍氏為鑒，為國家宗廟計，也為竇氏的長遠利益考慮，應該就此斂手。竇憲聞知後，罷免了其職務，命其出任濟南王太傅。尚書僕射樂恢建議皇帝的舅舅們（即竇氏兄弟）不應干涉皇室的事務，以免使天下人認為有私，由此得罪了竇家，不得不告老還鄉，竇憲暗中指使州郡官吏迫其飲藥自殺。朝廷上下，莫不懼怕竇氏的威權。

劉肇就是在如此的環境下長大，永元四年（92年），他十四歲，已由一名懵懂的孩童成長為一名翩翩少年，到了懂事的年齡。他開始不滿於受他人支配、沒有任何權力的境況，渴望能成為一位名副其實的帝王。可他感到無從下手，力不從心，當然，也沒有那麼強烈的緊迫感。儘管如此，還是引起了竇氏集團的警覺和疑懼，他們意識到劉肇的成長將會成為他們獨斷專橫、為所欲為的障礙，甚至會剝奪他們的權力。可他們經過數年的經營，大權在握、黨羽遍佈，朝廷儼然是他們的勢力範圍，想做什麼就做什麼，劉肇在他們眼中，是一枚可以任意擺佈，甚至捨棄的棋子。

竇憲與他的幾個弟兄竇篤、竇固、竇景、女婿郭璜、岳丈郭舉等人密謀，欲殺掉劉肇，搬掉障礙，改朝換代。劉肇在暗中聽到了風聲，這對於一個十四歲的少年來說無異於晴天霹靂，他感到驚恐、孤立和無助，但很快他意識到必須勇敢起來，要想盡辦法應對，怯懦只能消極等死，慌亂只會將自己送上絕路。他似乎一下子成熟了許多。但他畢竟只是一名少年，需要有人指點，尋求別人的幫助。可他所處的環境非常險惡，朝中雖有司徒丁鴻、司空任隗、尚書韓棱等人可以信賴，但竇氏家族的成員及其親信遍佈朝廷的各個角落，自己的一舉一動都受到監視，根本沒有機會與朝臣單獨相處，甚至想參看一本《漢書·外戚傳》都無從到手。

在劉肇身邊所能接觸到的只有宦官。經過長期觀察，劉肇認準中常侍、鉤盾令（負責宮內河池苑囿的宦官）鄭眾可以信任，此人謹慎機敏，足智多謀，不攀附竇氏集團，跟隨劉肇多年，人很可靠。他找機會與鄭眾暗中商議，二人的共識是與其坐以待斃，不如拼死一搏，先下手為強。劉肇通過被廢太子劉慶找到千乘王劉伉，借到一本《漢書·外戚傳》，讓鄭眾勾劃出史上皇帝誅殺外戚的案例。當時，竇憲正鎮守涼州，如果京城有變，他必定領兵叛亂。為保證計劃成功，劉肇下詔令竇憲回京輔政。參照前朝文帝誅薄昭、武帝誅竇嬰、昭帝誅上官桀、宣帝誅霍禹等事件的做法，他做好了思想及方案上的準備。

竇憲、鄧疊等人奉命回到了京師，實施計劃的時機已到。永元四年（92年）六月二十三，劉肇親臨北宮，下詔命執金吾和北軍五校尉領兵備戰，駐守南宮和北宮；關閉城門，逮捕了竇氏的黨羽射聲校尉郭璜、侍中郭舉、衛尉鄧疊、步兵校尉鄧磊等人，全部收監處死。次日，派謁者僕射抵達竇憲的宅邸，收回了其大將軍的印綬，改封其為冠軍侯，命其及竇篤、竇固、竇景前往各自的封國。劉肇念及竇太后的養育之恩，並沒有立即處決竇憲等人，而是選派了幾名幹練的封國宰相進行監督，待他們到達封國後，迫令其自殺。竇憲的四弟竇瓌沒有參與謀反，被免於死罪。

劉肇在清除竇氏集團的過程中，策劃縝密，指揮若定，做得乾脆俐落，展現出超越其年齡的勇氣和才幹。但他在行動中依靠宦官勢力，又為日後宦官與外戚爭權、宦官亂政埋下了伏筆，從而加劇了王朝衰敗的過程。

為政寬容
歷經換后

在一舉清除了竇氏集團的勢力後，劉肇開始親理朝政。首先封賞在清除行動中的有功人員，宦官鄭眾直接參與了方案的策劃和實施，自然是首功，被升遷為大長秋。「長秋」是漢代皇后的宮名，用以名官，即皇后近侍官的首領，一般由皇帝的親信充任，負責宣達旨意，管理宮中事務。

劉肇注意到，鄭眾在策動班賞的過程中，總是辭讓少受，使劉肇很受感動，更加深了對其的信任。從此，凡遇家國大事，劉肇往往先同鄭眾商量，然後再交由大臣們討論。從此，在朝政決策中更多地體現出了宦官的意志，正如史書上所言「宦官用權自此始矣」。

劉肇是個勤政的帝王，他每日臨朝聽政，深夜批閱奏章，從不荒怠政事，故有「勞謙有終」之稱。他非常重視官吏的選拔和任用，在當政時期，曾四次專門下詔納賢，提拔了一批有能力的官員。在法制上他主張寬刑，任用富有同情心的廷尉陳寵掌管刑獄，每次斷案都依據刑律，「務從寬恕」。對於那些有過失的人，劉肇也能根據情況從寬處理。

永元八年（96 年），竇太后在孤寂中死去，由於其生前控制，劉肇一直不知道自己的真實身世。此時，梁家人將事實公諸於眾，劉肇知道後悲痛欲絕。該如何安置竇太后呢？三公聯合上奏：「請依光武黜呂太后的故事，貶竇太后尊號，不宜合葬先帝。」百官們都擁護此議。但劉肇卻念及竇太后的恩德，認為「恩不忍離，義不忍虧」，決定不降竇太后的尊號，謚章德皇后。同時，追尊自己的生母梁貴人為皇太后，為外祖父梁竦平反，追封褒親湣侯，並派人迎回了發配於邊疆的外祖母、舅姑等，給幾個舅舅封了侯，賞賜巨額錢財。從此，東漢史上勢力最強、危害最大的梁氏外戚集團開始萌生。當然，這是後話。

在這場政治風波中，歷史學家班固因替竇憲撰寫紀功碑，因文獲罪，被逮捕關入監獄。劉肇得知後，立即命令將其放出。但等命令到達監獄時，班固已死。於是，劉肇命令班固的妹妹班昭繼續其兄的事業，完成了《漢書》。

劉肇非常關注百姓的疾苦，曾多次下詔賑濟災民、減免賦稅、安置流民、不誤農時，同時詔命理冤獄、恤鰥寡、矜孤弱、薄賦斂，告誡上下官吏要反省造成天災人禍的原因，並常常以此而自責。永元八年（96 年）京城洛陽地區發生蝗災，他下詔：「蝗蟲之異，殆不虛生，萬方有罪，在予一人。」嶺南（今廣東地區）出產龍眼、荔枝，自武帝始，當地向

皇家納貢，「舊南海獻龍眼、荔枝，十里一置，五里一堠，奔騰阻險，死者繼路」，桂陽郡（今湖南郴州市）臨武縣令唐羌為民直諫荔枝罷貢，劉肇批示：「遠國珍饈，本以薦奉宗廟，苟有傷害，豈愛民之本？其敕太官，勿復受獻！」截至元興元年（105 年），全國的墾田面積達七百三十二萬多頃，戶籍人口達五千三百二十五萬人，達到了東漢的鼎盛，史稱「永元之隆」。

劉肇親政後，選后提上了日程。前執金吾陰識的女兒被選入後宮，陰識為光武皇后陰麗華的哥哥，世為貴戚，小女長得清麗可人，聰明賢慧，深得劉肇的喜愛，永元八年（96 年），被冊立為皇后。

但劉肇對陰后的感情並沒有維持多久，前護羌校尉鄧訓的女兒鄧綏也被選入後宮，鄧是開國元勳、高密侯鄧禹的孫女，長得更加年輕、漂亮，性情溫順，劉肇很快移情，冊立鄧綏為貴人。一次，鄧貴人感染風寒，臥病不起，劉肇趕忙命其家人入宮探病，並准許其家人自由出入宮禁。鄧貴人很懂事，知道後勸阻劉肇，說：「陛下為了妾竟然允許外家出入宮禁重地，人們知道了會非議，妾不敢蒙此厚恩！」劉肇不禁讚歎：「換作別人都會以見親屬為榮，貴人反而為朕擔心，其見識真非常人能及！」於是，對其更加寵愛。這引起了陰皇后的妒忌，其發狠地說：「他日我若得志，必使鄧氏再無遺類！」宮中有名侍女意外聽到這番話，因平日得鄧貴人恩惠，將此話告訴了鄧貴人，鄧貴人聞後流淚說道：「我平常小心敬奉皇后，今日發生此事，日後還怎能和好相處？與其等到將來受禍，不如今日自盡，也算上報帝恩，避免族禍，死也無憾了。」鄧貴人想飲藥自盡，恰巧宮人趙玉在旁，馬上勸阻鄧貴人。後來劉肇得知此事，逐漸對陰后產生厭惡之感，萌生了廢后的念頭。

永元十四年（93 年），有人告發陰皇后私為巫蠱，詛咒皇帝。實際上漢代多任皇帝在位期間都有人舉報此事，也分不清是真是假。劉肇命中常侍張慎草草審理，即行定案，派司徒魯恭持節至長秋宮，冊廢陰皇后，令其遷居桐宮。陰皇后悲憤難忍，不久死去。廢陰氏後，劉肇想立即立鄧貴人為皇后，鄧貴人極力推託，並稱病不起。但劉肇決心已定，非鄧

劉肇
漢和帝

氏為后莫屬，經過幾個月的勸說，鄧貴人終於即皇后位。

東漢在西域有一個著名的人物：班超。竇憲當年率部擊敗北匈奴後，他由長史升任為西域都護，駐守車師。劉肇稱帝時，匈奴已經遠徙，中亞的月氏國與朝廷發生矛盾。漢軍當年出擊匈奴，月氏國曾派兵援助，其國王想借此與朝廷和親，請求班超轉達。但班超未予理睬，將其和親的文書退還，由此引發了月氏的仇恨。永元二年（90 年），月氏派副王謝領兵七萬進攻都護府。此時班超所率的漢軍不過數千，臨時召集西域兵馬又來不及，將士們惶恐不安。班超卻非常鎮靜，他對部隊說：「月氏兵勢雖盛，但其翻越蔥嶺遠道而來，糧餉供應定不充足，不能久持。我們只要固守城堡，堅壁清野，堅持幾十天，敵軍就會不戰自退。有什麼可驚慌的呢？」將士們聽後安定下來。不久月氏兵到，圍城堡久攻不下，果然糧缺。副王謝派使節到龜茲求糧。班超在路上設伏，一舉將其使節擊斃。次日，班超將使節的頭顱掛在城頭。副王謝見後大驚，連忙遣使求和，班超訓斥其使節：「你們無故侵犯，罪責明白。我知道你們糧草已盡，本可發兵攻擊，讓你們片甲無回。但大漢天子以仁義為重，不尚屠戮，既然你們已知錯，可以放你們回去。」副王謝忙率領部隊退回了蔥嶺以西。

對月氏一戰的勝利威震了西域，原來與朝廷對立的龜茲、溫宿、姑墨三國連忙遣使向班超請降，願為漢朝的屬國。班超乘勢召集龜茲、鄯善等八國兵馬，討伐與朝廷對立的焉耆，全勝而還。至此西域五十餘國盡成為朝廷的屬國，達到了兩漢以來經營西域的鼎盛。為了褒獎班超的功績，劉肇於永元六年（94 年）特封其為定遠侯。

永元十二年（90 年），班超在西域已度過了三十個春秋，由心雄萬丈的壯漢變成了七旬的老人。他上書劉肇，請求回國：「臣不敢望到酒泉郡，但願生入玉門關」。劉肇憐其哀戚，准許了其請求，派任尚接任。在辦理交接時，任尚請教：「君侯在西域多年，遠近畏懷，功績卓著，請問有何囑咐？」班超答：「西域人同中原人風俗相異，來此戍守的士卒多為赦免的罪犯，性格暴烈，對他們不能要求太嚴，寬小過總大綱而已。」

但任尚對班超所言並未重視，對部下及屬國的君長要求甚嚴，結果失去人心，導致西域諸國紛紛反叛，沒幾年，任尚的都護府被西域諸國攻沒，東漢的勢力又退出了西域。

元興元年（105 年），年紀輕輕的劉肇病死於京都洛陽的章德前殿，終年只有二十七歲。他剛過百天的兒子劉隆繼位，改元延平。次年，劉肇葬於慎陵（位於今河南孟津），廟號穆宗，諡孝和皇帝。

懵懂早夭的劉隆

106-106

劉隆作為一位帝王，實在沒有太多的內容可談。甚至從嚴格的意義講，他也算不上一位真正的帝王，剛過百天便即位，還只是個嬰兒，不足一年後夭折，也就一歲。這種年齡什麼都不懂，什麼也做不了，只是在紀年表上有他，否則就會出現空缺或斷檔。所以我們還得介紹他，儘管內容不多。

養於民間
百天繼位

劉隆，字盛，生於元興元年（105年），是和帝最小的兒子。和帝生前生了不少孩子，據說有幾十個子女，情慾過度，可能是和帝英年早逝的原因之一。但和帝的孩子、特別是男孩活下來的很少，大多夭折。有人便給他出主意，說把孩子放到民間去養，比較容易養活。和帝便暗中派人把生下來的皇子送到老百姓家去撫養，劉隆就是其中之一。

和帝具體送了多少皇子到民間，史籍並無記載，因為都是暗中操作。正式記載的和帝只有兩個兒子：劉勝和劉隆，劉勝是老大，其生母不詳，劉隆是老小，生母是皇后鄧綏（一說是養母），另外還有四位公主。當時和帝很年輕，二十幾歲，誰也不會想到去為他安排後事，皇位繼承都認為是很遙遠的事情。

但黃泉路上無老少，和帝二十七歲便一命嗚呼，弄得舉朝上下都沒有什麼思想準備。在準備安葬的同時，需盡快指定皇位繼承人。和帝死得突然，沒有留下這方面的囑咐。按照規制，繼承皇位的應當是長子劉勝，但劉勝患有一種挺奇怪的病，多年治癒不了。哀皇后鄧綏便說：「劉勝有病，不能繼承帝業，還是立劉隆吧！」於是就派人將劉隆從民間迎回，先立為太子，緊接著舉行了登基大典，劉隆在朝臣們的萬歲聲中正式繼位為皇帝。這樣，劉隆就從一個乳臭未乾的嬰兒，一躍而成為了王朝的最高統治者，即東漢的第五任帝王。當然，只是名義上的。而這一切，都是在其母后的懷抱中進行的，他什麼也不知道，只知道張著嘴要奶吃。

對於劉隆繼位的事，朝臣們表面都表示擁護，可背地裡卻免不了說三道四、指指點點。因為和帝的子嗣都養育於民間，誰也說不清楚有多少個皇子，都養在什麼地方。而長子劉勝的病情，也搞不清楚到底是怎麼回事，有人認為是捏造，是鄧后為了讓劉隆登基而編造出來理由。但不管怎樣，劉隆繼位已成事實，鄧后晉為皇太后，改次年為延平。因劉隆年

幼，由鄧太后臨朝聽政，新一輪的外戚干政又形成了。

太后干政
革除弊端

人們一提女人即母后干政，都認為是很黑暗、糟糕的時期，其實也不盡然。史上那些名聲好的、開明的母后自不必說，比如西漢的竇太后、北魏的馮太后、遼代的蕭太后、清代的孝莊太后等，都促進了經濟社會的發展或扭轉了歷史的走勢，即使那些名聲不好、甚至臭名昭著的女人，比如呂雉、慈禧等，其當政時期社會發展也不錯，甚至還出現了中興（如同治中興）的局面。這是很值得思索的問題。當然，也有很壞的時期。所以，不能一概而論。

鄧太后是一個人品、素質都很不錯的女人。其祖父是東漢的開國元勳、居雲台二十八將之首的鄧禹。當年正是他提出「延攬英雄，務悅民心，立高祖之業，救萬民之命」，助光武帝打下了江山，建朝後位居太傅。鄧太后是鄧禹的孫女，從小接受到良好的教育，包括家風及文化方面。她自幼喜愛讀史誦經，幾個兄弟都不如她，父親鄧訓（時任護羌校尉）有什麼疑難問題也常向她詢問。但母親有些擔憂，說：「你一個女孩子，不修習女紅，反而苦讀史書經文，難道還想當博士不成？」從此，她日修女紅，夜讀經史，擁有了一般后妃所不具備的素養和見識。她十五歲應選入宮，十六歲被封為貴人，因身材勻稱、姿容秀美、處事謹慎、善待下人而深得和帝的寵愛，在後宮很有威信。不久，和帝廢掉了嫉妒心強的陰皇后，改立她為后。

鄧太后聽政後，採取了一些措施，革除弊端。一是反對淫祀。淫即放縱、過度的意思，淫祀是指不合禮制的祭祀。當時有不少人迷信陰陽五行，講求孝道，祠祀之風盛行，給社會帶來沉重的負擔。鄧太后對此非常反

感，認為鬼神之事難以預料，過度的祠祀並不能帶來福祉，下詔罷諸祠官不合典禮者，以示表率。二是主張以教化為本。東漢以來，犯法遭禁錮者頗多，監獄接近飽和。鄧太后認為，治理國家的根本在於向民眾傳授倫理道德、綱常禮教，使其成為忠臣順民，刑罰只能作為輔助的手段。延平元年（106 年）五月，她下詔大赦天下，將犯法禁錮者釋為平民，以「柔道」治天下。三是裁減後宮人員。當時後廷宮女如雲，行成「內有怨女，外有曠夫」的局面，加重了財政開支。鄧太后自幼入宮，對此甚為了解，一次詔免後廷宮人及嬴弱老病五六百人。

鄧太后所採取的措施，應當說帶有著明顯的理想主義色彩，甚至具有「反腐倡廉」的意味，在當時的背景下，能意識並做到這一點，尤其是一位女人，實為難能可貴。我們看那些權力的擁有者，一門心思地要強化權力、樹立尊威、打擊政敵、培植親信、粉飾太平，沉溺於恭維和頌揚，盡享鋪張和浮華。而鄧太后掌權後想的是淨化社風、進行教化、剷除腐敗，在理念及做法上都達到了相當的高度。

從另一個角度講，理想主義和「反腐倡廉」其實古已有之，並非什麼新鮮的事物，可為什麼講到及反到現在，依然成效不大，甚至問題還更為嚴重呢？究其緣由，在專制的條件下，理想主義只能是一種標榜，因為它與專制是背道而馳的，而腐敗則是專制的副產品，如果專制制度不改變，理想主義則無法得以弘揚，腐敗會越演越烈。當然，鄧太后作為兩千多年前的政治家，是很難看到這一點的，而她的階級及時代局限性，又使她不可能走得更遠。另外，鄧太后自幼飽讀經書，骨子裡擁有著一種文人氣質，她設想通過教化來實現對社會的管理，是一種良好的願望，但實現起來卻舉步維艱。

注重節儉
緩解矛盾

鄧太后十分注重節儉及關心百姓的疾苦。延平元年（106年）六月，詔令減少太官、導官、尚方、內者所負責的膳饈、帷帳、珍玩等耗物費工之物，下令郡國貢奉的額度減少為原來的一半，詔命御府、尚方、織室所負責的錦繡、冰紈、金銀、珠玉、雕鏤等珍玩之物，一律不再造作，從而大大地減省了庫府的開支。原來太官、湯官每年的經費多達兩億元，如今降到了每年數千萬錢。延平元年（106年）七月，全國不少地區遭受水災，有些郡國隱匿不報，弄虛作假，百姓蒙受苦難。鄧太后嚴令各受災郡國要如實彙報災情，並對受災地區免徵租稅，說明其恢復生產的情況。

鄧太后是個心胸很大度的人，這確實很不容易，尤其是一位女人。當年，陰皇后因詛咒被和帝廢黜，不少人受到牽連。鄧太后主政後，不計前嫌，先後減免了受陰氏誅連者的罪責，賜予其財物田地，給以生計。將皇戚馬氏、竇氏家族因罪羈押者赦為平民，以緩解貴戚之間的矛盾。專門為鄧、馬、竇氏等家族的子弟開設學堂，傳授經書，提供良好的教育環境。但鄧太后的寬容並非遷就，而是賞罰嚴明，其身邊的官吏、皇親國戚，甚至連她的兄弟只要觸犯刑律都嚴懲不貸。對新生事物則給予扶持，她讚賞蔡倫的造紙術，下令宣傳推廣，封蔡倫為侯，為中國四大發明之一的普及和推廣起到了關鍵性的作用。

鄧太后主政期間，周邊基本太平，只是位於遼東的鮮卑人尋釁滋事。鮮卑是繼匈奴之後興起於中國北方的遊牧民族，起源於東胡，秦漢時東胡被匈奴所敗，分化為烏桓和鮮卑。鮮卑又分為拓拔和慕容部，拓拔部於魏晉南北朝時期建立北魏，後分裂為東魏和西魏，慕容部在青海、甘肅一帶建立吐谷渾。延平元年（106年）四月，鮮卑中的遼東鮮卑攻打漁陽郡（今北京密雲西南），搶掠後滿載而歸。漁陽太守張顯得知後大怒，率幾百人出塞追擊，被鮮卑人引入危險地帶。部下嚴授勸張顯不要急於

劉隆
漢殤帝

追擊，先派少數兵馬試探，以免中鮮卑人的埋伏。張顯好大喜功，不但不聽勸說，反而訓斥嚴授膽小，結果真的中了鮮卑人的伏擊，張顯中箭身亡，手下士卒四散逃跑。被張顯稱為「膽小鬼」的嚴授不僅沒有逃跑，反而英勇殺敵，殺死多名敵人，自己身負十餘處傷，最後戰死。這就看出人品了。鄧太后接到戰報後非常感慨，親自為烈士寫文章予以褒獎，賞賜家屬錢財，還提拔其子弟做官。

當然，鄧太后也難以擺脫依靠和重用自己家族的慣勢。她主政後不久，將她哥哥鄧騭由虎賁中郎將提升為車騎將軍，控制了擁有決策權的內朝機構。延平元年（106 年）八月，當鄧太后為朝政日夜操勞之際，僅當了二百多天皇帝的劉隆突然夭折，年僅一歲，是中國史上壽命最短的皇帝，史稱「八月皇帝」，諡孝殤皇帝，葬於康陵。

馭權乏術的劉祜

漢安帝

初初
永寧光光
元
永建
延

106-125

劉祜是個挺幸運又很不幸的皇帝。說他幸運，前任殤帝百天繼位，在位不到一年天折，不可能有子嗣，需要在皇族中遴選繼承人，劉祜被有幸選中，成為東漢的第六位帝王；說他不幸，繼位後大權掌握於鄧太后之手，好不容易熬到鄧太后死，權力又被宦官和皇后所操控，他在很大程度上只是個擺設，「馭權乏術」是他致命的弱點。

有幸入闕
外患頻發

劉祜生於永元六年（94 年），即和帝在位的時期。我們前面講過，和帝有個同父異母的哥哥叫劉慶，當年被立為皇太子，後竇太后當權，廢了其太子位，改立其弟劉肇，即和帝，劉慶改封清河王。劉祜即廢太子劉慶的兒子，出生於王府，為王太子。母親為左小娥，出身貴族，從小跟姐姐一起入宮，後被送到清河王府。兩姐妹都受過良好的教育，進入王侯府邸依然喜愛讀書，特別是左小娥通曉《史書》，喜愛辭賦。在這種情況下，劉祜會接受很好的教育，衣食無憂、悠然自得地度過一生。

延平元年（106 年）八月，劉祜的命運發生了意想不到的變化。繼位不足一年的幼主殤帝突然夭折，由誰來繼任成為朝野關注的焦點。不少朝臣舊話重提，建議立和帝的長子、殤帝的哥哥劉勝為帝，而執掌大權的鄧太后則表示反對，理由仍然如前，劉勝身患疾病，不能擔綱大任。那麼該立誰呢？鄧太后與其兄、車騎將軍鄧騭私下合計，經過一番篩選，將目光聚焦在了劉祜身上。劉祜是章帝的嫡孫，身體健康，立為皇帝名正言順。當然，真實的原因是劉祜年少，尚未成年，而劉勝已經長大成人，立劉祜有利於鄧家人進一步掌控皇權。另外，劉祜的父親劉慶處事謹慎，沒有大的野心。主意已定，鄧騭便去找太傅張禹、司徒徐防等大臣斡旋，以徵得他們的同意。事畢，派人連夜持太后節召劉祜入宮。這一年，劉祜剛滿十三歲。

劉祜入得宮後，先受封長安侯，隨後準備嗣位。在宮廷明亮的燈光下，劉祜茫然地坐在御座上，聽任他人的擺佈。鄧太后緩慢、莊重地宣佈：「長安侯劉祜忠於國家，孝敬父母，仁慈厚道，熱愛學習，懂得《詩經》、《論語》。年方十三歲，就有成人的志向，又是章帝的世嫡皇孫，就讓他繼承和帝的事業吧！」詔畢，太尉徐防奉上象徵皇帝權力的玉璽和綬帶，劉祜接過，正式登基加冕，改元次年為永初。

劉祜雖然稱帝，但朝政大權依然掌握在鄧太后和車騎將軍鄧騭手中。劉祜剛剛登基，就遇到了麻煩，朝廷接河西急報，西域各國紛紛叛漢。我們前面說過，在西域威望甚高的班超因年事已高，辭去了西域都護的職務，請求返回內地。朝廷派任尚接任。任尚為政嚴苛，引起了西域各國的反感，於是聯合起來，圍攻都護府，任尚上書求援。鄧太后急忙派遣郎中梁慬為西域副校尉，率兵五千，晝夜馳援任尚。朝中，鄧太后召集朝臣們商討對西域的策略。多數大臣認為，朝廷新遭變故，西域路途遙遠，音訊難通，不如放棄西域。鄧太后出於穩定局勢的考慮，不願意大動干戈，於是命令騎都尉王弘率領關中兵及羌族騎兵出玉門關迎接西域都護府的官員和在柳中屯田的士卒。

誰知這一舉措，竟引發了羌族民眾的起義。羌族是我國古老的民族之一，長期居住在青藏高原，過著遊牧生活。王莽末年，羌人大批入居塞內，散佈在金城等郡，與漢人雜居，由遊牧轉為農耕。東漢初，光武帝在削平割據隴西的隗囂後，根據漢羌雜居容易產生矛盾的情況，設置了護羌校尉，管理羌族部落，並陸續遷羌人至隴西、天水、扶風（今甘肅東部、陝西西部一帶）諸郡。永平元年（58 年），竇固等攻破青海境內未臣服的羌族燒當部，將其遷至三輔一帶。所謂「三輔」，原指治理長安京畿地區的三位元官員，後泛指這三位元官員所管轄的區域，包括京兆、左馮翊、右扶風，相當於今陝西中部地區。為了隔斷內遷的羌族與青海境內未臣服羌族的聯繫，防止他們聯合反抗，朝廷在大、小榆谷（今青海西寧一帶）、龍耆（今青海樂都一帶）等地建立屯田區，長期駐守屯墾。一段時間內，有效地遏制了羌族燒當部的寇掠活動，其勢力日漸削弱，雙方處於相對平靜的狀態。但從和帝始，地方豪強勢力興起，漢羌關係日趨緊張。居住在郡縣的羌人因受地方官吏和豪強的欺辱、奴役，非常不滿。永元元年（89 年），燒當羌豪東號之子麻奴隨父歸附朝廷，居於安定。永初元年（107 年），朝廷決定撤回西域都護和屯田的士卒，徵發金城、隴西、漢陽等地的羌騎前去助陣。羌人不願意遠徙，害怕到西域後不讓他們再返回，行至酒泉便紛紛逃散。各郡縣忙發兵阻截、追捕，並趁機擄掠搶劫，焚燒羌族村落，致使羌人流離失所，被迫起而反抗。麻奴兄弟乘機聯合先零、鐘羌等部落，截斷了隴道。朝廷忙派遣鄧騭、

任尚率軍五萬屯守漢陽，以防羌人東侵。永初二年（108年），先零首領滇零大敗任尚軍隊，在當地稱帝。

這實際上是因為處置問題不當，激化了民族矛盾。面對羌人的反抗，朝廷展開激烈的爭論。一派主張放棄涼州，據守三輔；另一派則主張堅決鎮壓。後一派以鄧騭為首，佔了上風。但戰亂地區的官吏為保身家性命，紛紛要求內遷，於是金城、隴西、安定、上郡、北地諸郡縣的漢人紛紛入居三輔及其附近地區，涼州實際上已放棄大半。此時，漢陽郡的百姓由於不堪官兵的騷擾，在杜琦、杜季貢兄弟的率領下，也發動了起義。戰亂前後持續了十一年，直至元初五年（117年），羌族的起義才被鎮壓下去。戰爭耗資巨大，共用資二百四十億，使朝廷的元氣大傷。

內憂連連
等來親政

福不雙降，禍不單行，在邊境亂事多發的同時，國內天災不斷。劉祜稱帝的當年，有十八個郡國發生了地震，四十一個郡國發生了水災，二十八個郡國遭受到風暴和冰雹的襲擊，可謂多事之秋。太尉徐防、司空尹勤相繼引咎辭職。鄧太后另任命太傅張禹為太尉，太常周章為司空。此時的太尉和司空，名義上為百官之首，實際上並沒有實權。鄧太后倚重的是宦官，特別是鄭鄉侯鄭眾和尚方令蔡倫。這恐怕是專制統治者在用人上的必然走向，對誰也不相信，只相信身邊的近臣。

鄭眾是助和帝從竇氏家族手中奪回權力的宦官，此人有機心，但人比較正派，和帝親政後他並未乘機攫取權力，對封賞總是推辭不受，表現出較好的人品。和帝死，他接著輔佐和帝的皇后鄧氏，受到信任，也合情合理。蔡倫可就不同了，這個人物我們自小就聽說過，是中國四大發明之一造紙術的發明人，人稱「紙神」，一副正面人物的形象。其實此人

陰險狡詐、做事沒有底線，當初竇氏家族陷害劉慶的生母、劉祜的祖母宋貴人，蔡倫負責「查辦」，結果將宋氏姐妹置於死地。和帝清除竇氏家族後，他又轉而投向鄧皇后。鄧后喜歡詩書，蔡倫投其所好，總結民間造紙的經驗，用樹皮、麻頭、魚網等造出了品質上乘的紙張，受到鄧太后的重用。蔡倫受封龍亭侯，任中常侍兼尚方令，所以後人稱他所造的紙為「蔡侯紙」。享譽世界的造紙術在發明過程中竟滲透著阿諛和媚態，說來也夠悲哀的。

這裡要說說宦官，人們俗稱太監，即從小被閹入宮、在宮中伺候皇帝及皇室的人。這些人都是苦出身，他們從社會的最底層進入到權力的頂層，接觸到奢華的生活及複雜的權力運作模式，同時也接觸到了權力。對此，他們並沒有如人們所想像的那樣表現出多少優秀品質，相反表現得很貪婪、陰狠和不擇手段。這裡要特別說明的是，這些人分為不同的等級，並不全是做那些沏茶倒水、跑腿送信的事情，有相當一部分人居於權力的核心部位，整天待在君主的身邊，做筆墨、宣召一類的事情，他們會不失時機地去影響、干擾，甚至操控權力，以達到自己的目的，在造成權力混亂的同時，向權力注入了很骯髒、醜惡的東西。

對於鄧家人專權及重用宦官，司空周章很看不慣，當然他是從骨子裡瞧不起那些出身低賤的閹人。於是，他聯絡了一批持同樣想法的官僚士大夫，準備發動政變，殺死鄧騭及鄭眾、蔡倫，廢黜太后、劉祜，另立平原王劉勝為帝。但消息不慎走漏，鄧太后先發制人，迅速罷免了周章的職務。周章自知難脫其咎，服毒自盡。

朝廷中不滿鄧太后專權的人還有不少。永寧元年（120年），劉祜已二十六歲，郎中杜根上奏太后，說劉祜已經成年，請讓他獨立處理政務。鄧太后聽後勃然大怒，命人用布袋套住杜根的頭，使棍棒將其活活打死，拋屍郊外。客觀地講，鄧家人的素養還是比較高的，當初鄧太后獎勵在立劉祜過程中的有功人員，自然也包括鄧氏兄弟，但鄧家人堅辭不受，使者到鄧宅時他們都躲了出去，最後只好作罷。平時鄧家幾個兄弟處事謹慎、奉公守法、勤於政事，口碑很不錯。可我們看到，一旦有人威脅

或者質疑他們的權力時，下手也是夠狠的。幸虧杜根命大，被扔到荒郊野地裡竟然又活了過來，他掙扎著逃往深山，隱姓埋名，靠給人打工度日。因言獲罪、甚至因言喪命，是專制一大特色，或者說是一大罪惡。所以，要消除專制、創建民主，首先要允許言論自由。人們若不敢講話、不敢說真話，又談何政治上的清明？鄧太后的弟弟、越騎校尉鄧康也勸姐姐該退居深宮，別再干預政事，但鄧太后依然我行我素。鄧康見姐姐不聽忠告，稱病不朝，鄧太后一怒之下罷免了鄧康的官職，並開除了鄧康的族籍。

永寧二年暨建光元年（121年，這兩個年號是同一年），鄧太后在一片恭維與勸退交織的聲中去世，其當政二十年，享年四十一歲，劉祜終於等來了親政的日子。這裡用一個「等」字，揭示了專制制度的特點。專制統治者，不到閉眼的那一天，絕不會主動地交出權力，而繼任者，儘管是明確的接班人，乃至名義上的最高統治者，也得耐心等待，否則會身敗名裂，墜入萬劫不復的深淵，其罪名往往是陰謀篡政、搶班奪權。

宦官得志
後宮爭儲

新的君主上臺或親政，按理說應當想怎麼謀劃社稷、體恤黎民、化解矛盾、強國富民，可實際上其往往並不這麼想，而是考慮清除政敵、任用親信、樹立威望，於是清算、懲治、殺戮、獎賜、提拔、矯飾，「一朝天子一朝臣」、「一人得道雞犬升天」，專制制度就是在這樣的過程中循環往復，不斷加深著不同利益集團間的仇視、對立與矛盾，其手段則越加隱秘和殘忍。

一般人認為君主應當心胸寬廣，普天之下莫非王土。心懷天下、兼濟百姓、寬憫包容，應當是帝王的情懷。可實際上這些人的心胸很狹窄，當

初誰冒犯過自己，或表現出過不敬，都要實施報復，甚至格殺勿論。這說來還是權力在作祟，當初誰依附誰，其實並非因為對錯，而是因為權勢，很多人是在押寶；反過來說，如今誰極盡恭維之能事，也未必就是出於真心，而是因為你手中有權。以人劃線，實際上是一件很不明智的事情。投機取巧、賣身求榮、阿諛奉承，在很大程度是讓專制制度逼出來的。君主要整治或提攜誰，主要為彰顯威權，讓你俯首稱臣，專制需要的是奴才。

專制制度從本質上講是一種私權力，即一人一家的權力。不管它打著什麼樣的旗號，維護的都是自身的私利。它之所以要打擊政敵，是因為政敵要限制、取代或分享其權力，搶其風頭；而重用親信，則是需要擴大和維護自己的私利。如果權力成為公權力，政敵正好可以成為權力的監督，甚至可能成為合作的夥伴，也就用不著御史大夫一類的官員了。公權力主張公平與正義，講究透明和公開，所以也就用不著培植黨羽、安插親信，甚至要迴避。當然，這是理想的模式。

劉祜親政後首先要報復的是鄧太后及其娘家人。道理很簡單，鄧太后讓他過那種有位無權的日子，實在太受煎熬、也太沒有面子了，鄧太后一死，他簡直獲得了政治上的解放。作為鄧太后及家人，客觀上講可能未必是為了撈取利益，他們並不貪婪，相反很謹讓、持儉，在某種意義上是出以「公心」，願為代勞，鄧太后作為一位年輕的寡婦，嘔心瀝血、兢兢業業，確實很不容易。但你這麼做未必別人就領情，甚至會很反感、抵觸，所以報復就在所難免了。劉祜跟鄧太后還曾經有過節，當初他父親劉慶被竇太后罷黜太子位，祖母宋貴人被迫害致死，承辦者的是太監蔡倫，而鄧太后主政特別依靠他，劉祜沒少受其算計，所以必須清算。

怎麼清算？最致命的罪名是謀反。幾個以前受過鄧太后懲處的官人乘機告太后的兄弟鄧悝、鄧弘、鄧閶陰謀廢掉劉祜，另立平原王劉勝為帝。這其實純屬誣告，但正中劉祜的下懷，他立刻指使手下人判鄧悝等三兄弟為謀反罪處死。鄧騭因不知情，被免官令其回到郡國，結果受郡縣官吏的逼迫而死。蔡倫被責令到廷尉處認罪，其恥於受辱，服毒而亡，封

漢安帝 劉祜

地被收回。鄧騭無罪遇害，大臣們均感不服，大司農朱寵等人仗義執言，為其鳴冤叫屈。應當說當時的朝風還是蠻寬鬆的，還有人敢說話，主持正義。為了平息官員們的怨氣，劉祜假惺惺地譴責郡縣官員，並命令妥善安葬了鄧騭。

劉祜多年來處於有位無權的境況，缺乏理政的才幹和經驗，也缺乏主見。他長期居於後宮，接觸朝臣少，熟悉的多是宦官。所以他親政後很自然地要依靠他所熟悉、服侍過他的這些人，打理起朝政來毫無章法。這又是專制制度的特點，是一種很無能的表現。專制制度從本質上講是一種低能、狹隘的體制，儘管君主洋洋自得，以天朝老子、甚至世界領袖自居，其實目光很短淺，用人很有局限，勢力範圍很狹窄。

劉祜上臺伊始便封宦官中黃門江京為都鄉侯，李閏為雍鄉侯，對其乳母王聖及其女兒伯榮恩寵有加。這就相當於把自己的管家和保姆都提拔起來，加爵封邑，朝政不亂那才怪呢！這些人的素質很低，一旦得勢便頤指氣使，胡作非為。劉祜的乳母及女兒生活奢侈，收受賄賂，隨便出入宮禁，甚至干預政事，官員們都敢怒不敢言。一次，伯榮到甘陵去，沿途郡縣官員迎來送往、前呼後擁，甚至有的郡守和王侯迎著伯榮的車子叩首行禮，可見當時的朝政墮落到什麼程度。

宦官得勢，自然有人去巴結，但正直的官員則能堅守底線，展現出士人應有的風骨和氣節。大鴻臚耿寶受宦官之託，向太尉楊震推薦宦官中常侍李閏的哥哥，說：「李常侍為皇帝所倚重，要您錄用他的哥哥到太尉府做事。我這是傳達皇上的意見。」楊震聽後很氣憤，答：「假如皇上真的要我錄用他，按手續應由尚書下達文件。」耿寶沒趣地走了。劉祜閻皇后的哥哥也曾向楊震推薦自己的親戚，楊震也未理睬。劉祜下令為其乳母王聖修建宅院，中常侍樊豐和侍中周廣、謝惲等人乘機大興土木，朝野反應強烈。楊震上疏：「如今災害連年，邊境多事，國家窮困，百姓空虛。而陛下卻為王聖大起宅第，為費巨億，一些無恥小人乘機貪污受賄。望陛下深思！」劉祜見疏不為所動，結果樊豐、周廣、謝惲等人更加肆無忌憚，偽造詔書，騙取國庫資財，為每個人修了一處豪宅，並

配有花園、池塘，甚至連死後的墓地都規劃好了。楊震再次上疏揭發。幾個宦官感到心虛，正好太史官報告說星象發生變異，他們便乘機向劉祜進言，說楊震原是鄧氏的部下，對鄧氏被誅有怨恨之心，正好應了天象。東漢向來有因災異罷免三公的慣例，再加上劉祜對楊震的嘮叨早感到不耐煩，便聽信了宦官的話，收回了楊震的印綬。楊震被罷免，閉門謝客，怕引來新的麻煩。宦官們仍對其落井下石，到劉祜處說：「楊震身為大臣，有過錯不思悔改，反而怨氣十足，閉門不出。」於是，劉祜下詔讓楊震歸還本郡。楊震乃天下大儒，遠近聞名，遭此不白之冤，覺得很無顏面，當被逐出京城走至城西陽亭時，對前來送行的兒子和學生說：「為國而死，是士的本分。我乃國家之棟樑，身居太尉之職，上不能糾正君主的過失，下不能誅奸除惡，有何面目復見日月，今天就是我的殉日。我死後，請給我用雜木為棺，不起墳塋，也不要舉行祭祀儀式。」說罷服毒而死。樊豐等人聽說楊震已死，仍不肯善罷甘休，私派使者到弘農郡，阻止將楊震的靈柩送回家鄉安葬。

此時的國家已經到了貧敝的極處，水荒連年，地震頻起，邊境多事，人民痛苦不堪。延光三年（123年），西部又傳來消息，北匈奴和車師聯兵，進攻河西四郡。大臣們多主張放棄西域，唯有從邊疆回京彙報的敦煌太守張當力排眾議，向劉祜奏道：「臣以前在京城任職，也認為應放棄西域。現在親到邊陲就職，才知道西域的重要。放棄西域，河西諸郡則不能自保。」延尉陳忠也贊成張當的看法。劉祜採納了張當、陳忠的意見，派班超之子班勇為西域長史，率領五百士兵出屯柳中城。班勇到西域後，依靠河西四郡和西域屬國的支援，擊退匈奴，降服車師，使中原和西域的交通再次通暢。

在王朝深陷內憂外患之時，朝廷內部爭鬥不已，焦點是令各方所垂涎的儲位。說來也夠邪門的，東漢自明帝始，皇后都不能生育，劉祜的皇后閻氏也是如此。永寧元年（120年），劉祜立宮人李氏所生之子劉保為皇太子，李氏在此之前被閻皇后所鴆殺。閻皇后怕太子繼位後會追究她的惡舉，便處心積慮地要除掉他。閻皇后與樊豐等人相勾結，先將劉保的乳母王男、廚監邴吉判成死罪，除去其羽翼，然後又向劉祜進讒，說

劉保行為過惡,不宜處太子位。劉祜寵愛閻皇后,便動了廢立之心。但是太子的廢立要經大臣們討論,原大鴻臚、現大將軍耿寶按閻皇后旨意,力主廢黜劉保。太常桓焉、廷尉張皓則進行反駁:「經有常言,人生年未滿十五,過惡尚不及身,望陛下為太子選德行高操的師傅,輔導以禮儀,自然行為有方。」劉祜還是不為所動,堅持廢黜了劉保,另封其為濟陰王。說來劉祜就這麼一個兒子,把他廢掉,讓誰來接班?

延光四年(125 年),身處政治及經濟危機的劉祜竟然還想著去南方出巡。他攜閻皇后和貴戚一路風花雪月,吃喝玩樂。但抵達宛城時忽然染疾,渾身發冷,發高燒,於是只好匆匆返回。當抵達葉縣(今河南葉縣南)時,病情加重,想囑咐後事,已經說不出話,不久,在車中一命嗚呼。其在位十九年,終年三十二歲。死後謚孝安帝,廟號恭宗,當年葬於恭陵(今河南孟津三十里鋪村南)。

行無定數的劉保

漢順帝｜永建｜陽嘉｜永和｜漢安｜建康

125-144

劉保是位命運多舛、處事矛盾、沒有定數的帝王。

他從小走運，五歲被立為皇太子，是安帝的獨苗；但安帝聽信閻皇后挑唆，其生母被殺，太子位被廢，他從幸運的巔峰跌入霉運的谷底。他十來歲時安帝去世，在閻皇后一家的操縱下，立了另一個旁系的王子為帝，他連參加安帝葬禮的權力都被剝奪。但老天似乎長眼，在一群宦官的護佑下，他登上御座，成為東漢的第七位帝王。

儲位被廢
太后弄權

劉保生於元初二年（115年），是安帝唯一的兒子，母親為宮人李氏。所謂宮人即一般的侍女，沒有級秩，在宮中沒有地位。這種人在歷史上很多，結局大都很悲慘。因為後宮的規則是「母憑子貴」，但那些后妃不會容忍這些人取代或分享她們的權益，所以不是皇子被調包，就是本人被打入冷宮，甚至被鴆殺，李氏也不例外。她在劉保出生後不久即被安帝所寵幸的閻皇后用藥酒毒死，再次印證了專制制度的黑暗與殘忍。劉保登基後追諡其生母為恭湣皇后，當然，這是後話。

永寧元年（120年），劉保被立為皇太子，這年他只有五歲。一切似乎都順理成章，因為他是安帝唯一的兒子。但是，閻皇后擔心劉保長大成人後會知道她殘害其生母的惡行，便使出渾身解數，要除去劉保的儲位。她聯同安帝的奶媽王聖、宦官大長秋江京、中常侍樊豐等，誣陷劉保的乳母王男和廚監（宮廷的廚官）邴吉，理由很荒唐，是什麼「土禁」的爭執，結果二人被殺，家屬被徙邊疆。劉保因從小與這二人朝夕相處，感情頗深，其無端被害，劉保經常暗自歎息。閻皇后等幾個人又詆毀劉保及東宮官員，編織罪名，無中生有。結果安帝偏聽偏信，廢黜了劉保的太子位，改封其為濟陰王。說來安帝是很糊塗的一個人，他就這麼一個兒子，把其廢掉，無疑給那些覬覦權力人提供了機會。

閻皇后又稱閻姬，滎陽（今河南滎陽）人，是前朝尚書、步兵校尉閻章的孫女，長水校尉、北宜春侯閻暢之女。她於元初元年（114年）入宮，當年被封為貴人，次年被立為皇后。此人權力慾、控制慾極強，心狠手辣，她殺死劉保的生母，處死劉保的奶媽和廚監，把劉保逼上了絕路。接著，又安插自己幾個兄弟到權力的核心，閻顯官居車騎大將軍，閻景官至衛尉，閻耀官至城門校尉，閻晏官至執金吾，掌管了皇城守衛及指揮皇家衛隊的重要權力。這恐怕是大多數女人涉足權力的慣用手段，嫉殺情敵，重用娘家人。而劉家的女人似乎都非常強勢，從西漢的呂后始，

女人專權的時期特別多，閻皇后則步其後塵。

按照閻皇后所打的如意算盤，先唆使安帝廢儲，使太子位空缺，自己再捉緊時間與安帝生個龍種，將來立為太子，再做皇帝，這樣江山社稷就將永遠掌控在她們閻家人手中。她吩咐御醫給她配製促進生育的湯藥，獨享安帝的雨露，期盼著早懷龍胎，產下龍種。然而，這一切都隨著她跟安帝的出巡而破滅了。

父皇駕崩
太監擁立

延光四年（125 年）春天，安帝忽發奇想要去南方巡遊，於是邀閻皇后及其兄弟同往。一路上聲勢浩大，車水馬龍，飽覽湖光山色，盡享豪邸佳餚，當然還少不了與閻皇后纏綿。可誰想到行至半路，不知是旅途勞頓，還是求子心切，安帝突然發病，渾身發冷，體溫竄高，隨行的御醫趕緊診治，但不見效果。於是，閻家人商定趕快返回京城洛陽。當行至葉縣（今河南葉縣），安帝目光呆滯，呼吸困難，不久便氣絕身亡。閻皇后見狀失聲痛哭。當然，她的哭泣並非僅為夫皇，而是為自己的前景感到擔憂，她知道皇后即皇帝之後，皇帝在，她可以為所欲為，皇帝不在了，她便失去了權力。別的皇后在夫皇死後可以立親子為帝，自己做皇太后，照樣可以掌控權力，但她沒有子嗣，甚至沒有做好這方面的準備。如果大臣們知道安帝駕崩，一定會迎立劉保，到那時候她毒害李氏、廢黜儲位等惡行便會公諸於世，劉保絕對不會輕饒她。閻皇后一下子亂了方寸。隨行的宦官樊豐倒是冷靜，他對閻皇后及閻氏兄弟說：「現在安帝病故，只有我們幾個人知道。我們應當暫時先封鎖消息，等回到洛陽控制了局面再對外公佈。」這種做法我們早有所見，當年秦始皇就死在出巡途中，宦官趙高勾結朝臣李斯秘不發喪，回宮後矯詔害死了其長子扶蘇，立胡亥為帝。歷史總有著驚人的相似之處，或者說進行著某種

重複。專制從一開始就充滿了陰謀與血腥。

皇家的車隊載著安帝的屍體急駛在返回洛陽的路上，日夜兼程，馬不停蹄。沿途州縣的官員準備好各種貢品，守候在道邊，準備進獻。但龐大的車隊毫不理會，車上的帷幔遮掩很密實，伴著車輪的轟鳴聲絕塵而去，跪拜的各級官吏望著遠去的車隊百思不得其解。

車隊行走了四日，回到洛陽。迎駕的朝臣們並不知道聖上已死的消息，直到晚上，待閻氏兄弟及幾個宦官將事情安排妥當，才在宮中發佈喪訊，朝臣們無不感到驚愕。閻皇后及其兄弟經過一番秘密篩選，決定立濟北惠王劉壽的兒子北鄉侯劉懿為帝。於是，派人迎來劉懿並舉行了加冕儀式。閻皇后被尊為皇太后，臨朝攝政。

劉懿是章帝劉炟的孫子，和帝劉肇的侄子，初封北鄉侯。史籍有關他的記載不多，甚至不知道他確切的出生年月，當然也就不知道他有多大歲數。只知道他年幼，少不更事。稱帝後只是個傀儡，權力仍然掌控在閻氏家族手中。

劉保呆坐在洛陽南宮的德陽殿暗自神傷。十年前，他剛出生不久母親即遇害；五年前，他當上太子又被廢黜。如今聽說父皇去世，按理說自己是唯一的法定繼承人，可他前去弔唁，卻被車騎將軍閻顯擋在了門外，說廢黜太子無權參加先帝的喪禮，他感到異常悲憤和孤獨。朝中的很多官員打內心對他報以同情，但礙於閻后及其家族的威勢，不敢有所表示。這恐怕也是劉保日後得以稱帝的眾望基礎。

劉懿的身體很弱，稱帝後病患不斷，醫治不見效果，而且越發嚴重，真不知當初閻氏家族選擇他是不是看走了眼。此時，宦官中常侍孫程似乎覺察到了什麼，他對濟陰王的謁者長興渠說：「濟陰王劉保是先帝的嫡親兒子，並沒有什麼過錯，只因先帝聽信讒言，才被廢黜。如果北鄉侯死的話，我們聯合起來，共斬江京和閻顯，事情定會成功！」依附孫程的還有長樂太宮丞王國等人。江京似乎也聽到了什麼，感覺氣氛不對，

趕緊找到閻顯說：「北鄉侯的病看來不會好了，我們應當早點兒挑選其他王子，有所準備。」閻顯認為所言極是。不久，劉懿死，閻后、閻顯等又將消息封鎖，不向朝臣公佈。同時，他們急召濟北王、河間王的王子進京準備繼承皇位。為了防止意外，他們將城門緊閉，並派重兵把守。

劉懿在位只有七個多月，二百多天，是東漢史上又一個匆匆過客。事後，劉保按照諸侯王的身份安葬了他，史界並未把他作為正式帝王，只稱之為少帝。

劉懿的死訊雖然對朝臣們封鎖，但瞞不過宮中的宦官。孫程、王國和中黃門黃龍、彭愷、孟叔、李建、王成、張賢、史汎、馬國、王道、李元、李佗、陳子、趙封、李剛、魏猛、苗光等十九人在德陽殿西鐘下秘密聚集，進行宣誓，每人割去一片衣服，以示同心協力，共舉大事。兩天後的晚上，孫程等人又秘密聚集了一次，決定立即動手。他們每人手持一把兵器，向章台門殺去。此時，江京、劉安、李閏、陳達等都坐守於宮門下，孫程、王國等人奮勇當先，經過一番廝殺，斬了江京、劉安、陳達，只留下了李閏。李閏年歲大，是個老資格宦官，在宮中有一定威望。孫程等把刀放到其脖子上，說：「現在我們要迎立濟陰王，你不准從中作梗。」李閏是個明白人，知道反抗已經沒有了意義，便順勢說：「好吧。」孫程等拉起李閏，一齊來到西鐘下，迎接劉保即皇帝位。

因為事先沒有任何準備，過程進行得很簡單。事畢，劉保帶領著尚書令、尚書外僕射，或者說這些人簇擁著他，趕到南宮，登上雲台，召集公卿百官，舉行了加冕儀式。這年劉保十一歲，改次年為永建。

劉保命令虎賁、御林軍鎮守南、北宮諸門。此時，閻顯正在宮中，聽說迎立劉保的消息，甚為震驚。他急忙吩咐小黃門樊登以太后的名義召見越騎校尉馮詩、虎賁中郎閻崇，命令他率領自己的部隊鎮守平朔門，以抵擋孫程等人的進攻。閻顯對馮詩說：「濟陰王自立為帝，不是太后的意圖，璽綬還在我們手裡，如果你們為我們效力，可以封侯！」閻太后進一步說：「能捕獲濟陰王，封萬戶侯；能捕獲李閏，封五千戶侯！」

馮詩等佯裝答應，說：「只是帶來的士兵太少，待我回營再召些兵來。」閻顯對馮詩有些不放心，命樊登與之同去。誰知馮詩一出左掖門，回身一刀便把樊登給殺了，急忙趕回自己的軍營，堅守不出。接著，尚書郭鎮率羽林軍緝拿了閻顯的弟弟、衛尉閻景。這時，劉保及其擁立者已經基本上掌控了局面，隨即派使者到閻太后處奪取到了璽綬，又派侍御史逮捕了閻顯和他的弟弟、城門校尉閻耀、執金吾閻晏，並將其全部處死。同時，將閻太后遷往離宮，家屬徙至比景縣。至此，一場擁立劉保的政變告一段落。

這裡要說一下這場政變。在中國史上，靠非權力掌控者而進行的宮廷政變少之又少，尤其是一些並不處於高位的人，實屬罕見。權傾一時的閻氏家族瞬間垮臺，說明了專制制度的脆弱，也說明了正統權力的強大，即所謂「根紅苗正」。但政變的發動者是一群宦官，這又決定了它只能是一種紛爭中的權力轉移，並不能改變社會發展的走向，更無法扼制王朝滅亡的趨勢。

左右搖擺
行無定數

劉保從小遠離權力，長期受制於人，理政是他的短處。加之他性格柔弱，處事缺乏主見，所以理起政來毫無條理和魄力，而這是作為帝王致命的弱點。

孫程等宦官因為有擁立之功，劉保稱帝後全部將之封侯。李閏因沒有參與謀劃，後來也是被迫擁戴，所以沒有封侯。封侯食邑，是這些宦官冒死發動政變的目的，也是拼死相爭的內在動力。可宦官都是些沒有子嗣的人，給他們封地，到頭來沒人能繼承，是一件很無奈的事。劉保也是替這些人著想，允許他們可以收養義子，這樣一來宦官在情面上的問題

算是解決了。

對於閻皇后，議郎陳禪建議說：「皇上與閻太后並非母子，不如叫她住開去，永不見面。」其他大臣也附和此議。唯獨司徒掾周舉表示反對，「掾」即屬員的意思，他說：「現閻氏兄弟被誅，太后住在離宮，本來已經非常難過，如做得過分，太后不幸死去，皇上如何向天下人交待？不如學鄭莊公的榜樣，給後世留個美名。」劉保採納了周舉的建議，下詔叫太后搬回東宮。第二年春天，劉保又到東宮朝拜了閻太后。

劉保登基後，深知宦官干政的危害，主要也是怕受制於這些宦官，逐漸疏遠了孫程等人。但這並非是他用人的取向，而是重用另一個宦官張防。此即劉保行無定數的特點。無論做什麼事他都先與張防商量，張防則仰仗劉保的信任，肆意弄權，違法亂行。司隸校尉虞詡不畏權勢，收集張防的罪行，上書彈劾。但奏章到了劉保手裡便沒有了下文。虞詡憤怒至極，跑到監獄裡把自己關了起來，然後再次上書：「過去安帝任用樊豐，幾乎使國家覆亡。現在張防故技重演，國家又處於危險之中。我不願與這樣的人在一個朝廷做事，所以把自己關起來，以避免前朝楊震自殺的悲劇重演！」其風骨和氣節令人敬仰。

張防聽說了虞詡的舉動，跑到劉保那裡哭哭啼啼。劉保偏聽偏信，竟將虞詡罰去服勞役。張防乘機買通監獄官員，對虞詡嚴刑拷打。監獄官對虞詡說：「你反正也活不成，還不如自殺，自己少吃些苦頭，我們也少些麻煩。」虞詡大義凜然，說：「我寧願受刑而死，然後拖出去示眾。如果我不聲不響地自殺，誰替我明辨是非！」消息傳到了孫程的耳中，他急忙跑去求見劉保，說：「陛下同我們準備起事的時候，非常痛恨奸臣，認為奸臣是國家禍害。如今陛下即位了，反倒重蹈先帝的覆轍！司隸校尉虞詡為國盡忠反被拘禁，中常侍張防違法亂紀、貪污受賄的行為天下人共知，陛下倒認為他是忠臣。現在星相有異，說明宮中有奸臣，應當立即將張防抓起來，這才符合天意！」此時張防就站在劉保的身後，孫程大聲喝道：「奸臣張防，還不快下來受縛！」張防知道孫程的厲害，不得已離開劉保，走向了東廂。劉保顧及到孫程和其他大臣們的呼聲，

忍痛割愛，將張防發配到邊遠地區。

可劉保仍不願受制於孫程等人，過了不久，以「爭功」的罪名將當初參與擁立的孫程等十九名宦官全部趕出了京城。過了兩年，即永建三年（118年），劉保又念及孫程等人的功勞，將他們重新召回洛陽。孫程官拜騎都尉，但沒有實權，最後死在洛陽。這一打一哄算是把劉保左右搖擺的性格展現得淋漓盡致了。

劉保主政後災異不斷，地震、地陷、旱災、蝗災頻發，風、澇、水患不斷，經濟停滯，社會混亂。天相在很大程度上是與人治相通的。

永建六年（130年），劉保到了該冊立皇后的時候。此時後宮受劉保寵愛的貴人有四人之多，他也拿不定主意該立誰，竟想借助於神意，通過抽籤來定奪。尚書僕射胡廣表示反對，說：「不以才德，而以神卜來定皇后，不符合經典，違背祖宗成法。」劉保只得作罷。劉保做什麼幾乎都這麼反覆不定。這時梁商的女兒梁妠選入宮中被封為貴人，此女子是我們前面說過和帝的生母恭懷皇后梁氏（梁貴人）弟弟的孫女。梁妠經常被劉保召去侍寢，次數多了，梁妠推辭說：「希望陛下像天下雨那樣沁潤均沾。」意為也要顧及到其他妃嬪。劉保很欣賞梁妠的德行，越加寵愛她。次年，即陽嘉元年（132年），梁妠被冊立為皇后。應當說梁妠是靠品行上位的，至於日後其家族成員取得權力，專橫跋扈，那是另外一回事。梁妠做了皇后，其父親也跟著沾了光，梁商原官拜屯騎校尉；不久，拜執金吾；再過兩年，又晉升為大將軍。

劉保稱帝時，其乳母宋娥也參與了策劃。陽嘉二年（133年），劉保封宋娥為山陽君，同時封梁商的兒子梁翼為襄邑侯。這年夏天，京城又發生地震，宣德亭發生了滑坡，地裂八十五丈。劉保召集了一批飽學厚德之士，請其陳述治政的弊端，以應和災異。大儒李固說：「宋阿母雖有大功，給她豐厚的賞賜就夠了，裂土封國，有違祖宗的成法。梁氏貴重，給梁商高爵也就行了，現在他的子弟做官的做官、封侯的封侯。這些人爵位尊顯，專總權柄。應該疏遠外戚，罷退宦官，天下就會安寧！另外，

還要注意尚書、公卿和地方官員的人選，整頓綱紀、宣揚教化。如此則能使天下人歸心，長享天下的太平！」經學大師、扶風郡功曹馬融說：「現在天下窮困，人民經常聽說國家要給他們恩澤，但從來沒有得到什麼實惠，應該減省勞役，不誤農時，節約開支，使百姓們能夠安居樂業。」著名科學家、太史令張衡說：「現在選拔官員只以懂六經或能寫公文書為標準，而不管操行，是捨本而求末。郡國首相換得太頻密，屬吏和地方人民忙於送舊迎新，公家和百姓都增加了開支。有些官員政績很好，為地方人民所擁護，因為有一點微小的過錯就被罷官，其實沒有必要。應該以天下為公，才能順應天意和民心。」

劉保看了這些人的奏章，認為李固的意見很好，任命他為議郎。但因李固的奏章得罪了宦官和宋娥，這些人便寫匿名信誣陷他，李固不得不棄官回到漢中老家。馬融也被拜為議郎。只有張衡仍做他的太史令，致力於渾天儀、地動儀的研究和《靈憲》的寫作。

永和五年（140年），平息十多年的羌族起義又爆發了。由於地方官的殘暴、奴役和掠奪，羌族且凍、傅難等部先起，西塞、湟中等地的羌部響應，向武都、三輔等地進攻。劉保忙下令集結十多萬軍隊，由馬賢率領前去鎮壓。射姑山一役，漢軍大敗，馬賢戰死。涼州東、西部羌人又起，起義聲勢越大。劉保驚恐不安，再派南北軍開赴三輔鎮守。此次戰爭持續了十五年，至沖帝永嘉元年才結束，耗費了八十多億軍費。參戰的將領恣意放縱，貪污軍餉，中飽私囊，士兵們受盡困苦，死傷慘重。

對羌族的戰爭加重了百姓的負擔，而官府的腐敗又激起民眾的不滿，從永和六年（114年）始，廣陵、江夏、南郡、益州、徐州等地多次爆發小規模的民眾起義，雖然被鎮壓，但百姓的不滿情緒日益高漲。

隨著社會矛盾的增長，官府內部的矛盾也進一步顯露。宦官和外戚相繼得勢，把持權力，阻塞了以通經入仕為主要階梯的官僚、士大夫的晉升之路。漢安元年（141年），大將軍梁商死，其子梁冀繼大將軍位。期間，劉保派侍中杜喬、周舉，光祿大夫周栩、馮羨、欒巴、張綱、郭遵、劉

劉保
漢順帝

班八人分行州郡，考察政績，劾拿貪官污吏。張綱出了京城，便將車輪埋於地下，說：「豺狼當道，安問狐狸？」折返上朝彈劾梁冀貪污放縱，不忠於君，共列了其十五條罪狀。此時，梁皇后正受寵愛，梁氏姻親滿朝，已形成了一個政治集團。劉保知道張綱所言都是事實，但卻不處理。幾個巡視組回來所帶回的貪污案件，都與梁氏有關。梁冀恨透了張綱等人，這時廣陵（今江蘇揚州）發生了民眾起義，梁冀便乘機舉薦張綱為廣陵太守，把其趕出了京城。但梁冀還不敢公然殺害張綱，說明梁氏集團與士大夫集團的力量還處於對峙狀態，誰還沒有佔有絕對的優勢。

建康元年（144年），處於內憂外患之中的劉保在玉堂前殿去世，在位十九年，終年三十歲，謚孝順皇帝，廟號敬宗（後去除），葬於憲陵（位於今孟津三十里鋪）。

無知短命的劉炳

144-145

劉炳是東漢又一個年幼早夭的帝王。兩歲登基，三歲夭亡，前後只做了幾個月的皇帝。但史界仍把他作為正式的帝王，不像前面說過的「少帝」劉懿，因為他是前朝順帝的兒子，名正言順。東漢的帝王似乎都在重複著兩種狀況：一是十幾歲繼位，三十來歲故亡；二是在繈褓中繼位，幾個月內夭折，劉炳便是其中之一。東漢皇后幾乎都不能生育，繼位的都不是嫡子，全為庶生，甚至是旁系。從血脈繼承的角度看，東漢王朝已江河日下，盡顯枯竭。

父皇西去
幼童晉位

劉炳又名晃，字明，生於漢安元年（142年），是順帝唯一的兒子，母親為虞貴人。虞氏於十三歲時以良家女的身份被選入掖庭。所謂掖庭，即指皇室兩側的宮區，像人的雙腋，主要指級秩較低的妃嬪居住的地方，漢代規定婕妤以下居掖庭。虞氏入宮後為順帝生下了女兒劉生，永和三年（138年），劉生受封舞陽公主，劉炳繼位後又尊其為舞陽長公主。漢安元年（142年），虞氏又生下了兒子劉炳。

劉炳的出生給順帝帶來了歡樂，因為他是順帝第一個、也是唯一的兒子。建康元年（144年），劉炳被立為皇太子。時間不長，順帝於同年八月一病嗚呼，年僅兩歲的劉炳在眾臣的擁戴下繼位為皇帝，改次年為永熹。然而，這一切都是在劉炳渾然不知的情況下發生的，他只是個幼兒，光知道要吃要喝，沒有任何掌握權力的慾望和能力。

劉炳的父親順帝當年也是獨子，也被立為皇太子，但不久被廢，是由一群宦官採用非正常手段擁立其做了皇上，從這點上講劉炳算是幸運的。他身為幼童，懵懂無知，對權力的掌控者構不成威脅，所以能夠順利得以稱帝。如果他像其父那樣已經基本懂事，恐怕結局又會是另一番模樣。

順帝生前朝政大權基本上掌控在梁氏家族的手中。梁氏是一個歷史很久遠、根基很深的家族，祖籍安定烏氏（今甘肅涇川），先祖可以追溯到春秋時期的晉國，光武帝時的梁統是朝中重臣。到了順帝時，梁統的曾孫梁商官拜侍中、屯騎校尉，雖稱不上特別顯赫，但也擁有相當的地位。而隨著梁商女兒梁妠被選入宮，封為貴人，又立為皇后，其家族的地位迅速飆升。

客觀講，梁妠及其父親梁商的素養還是比較高的。梁妠身為貴人時，倍受順帝寵愛，經常召其侍寢，時間長了，梁妠勸順帝也要顧及到其他妃

嬪。梁商因女兒而加官進爵，但處事很低調，對名利也比較淡然。順帝正是看重了這一點，提拔其為大將軍。但是在專制條件下，人的品行及處事都會隨著地位的改變而發生變化，為了鞏固權力，都會安插親屬和親信，以至魚龍混雜，良莠不齊，梁商的兒子梁冀便是典型。

人們在研究歷史的時候，總愛歌頌聖明、清官及嚴吏，似乎有了聖明的君主、清廉的官員及嚴格的選吏和監察制度便可以把國家管理好，給百姓帶來福祉，這實在是一個美麗的幻想。國家能否強盛，百姓能否幸福，關鍵取決於權力的走向，是由民眾享有權力，還是由少數人或個人專權。如果皇帝掌握著絕對的權力，各級官員便會圍繞其阿諛、奉承，彼此之間便會展開激烈的爭鬥，以攫取權力的份額及背後巨大的利益，這時清官也會變得不清。至於那些選吏及監察機構，實際上是根據聖上及各級官員的意志而運作的，它決定著讓誰當權及獲利，使用誰和打壓誰，也改變不了權力的走向，實際上是一群御用的鷹犬。而這一切需要巨大的運作及維護成本，由誰來負擔呢？當然是廣大民眾。所以，專制制度不改變，國家絕對構築不起良好的機制，百姓也難於獲得本該屬於自己的幸福。

太后攝政
娘舅濫權

劉炳即位後，實際上只是個傀儡，甚至連傀儡都算不上，只是個擺設，他根本不具備獨立的行為能力，也決斷不了任何事情。順帝的皇后梁妠被尊為皇太后，臨朝攝政。這就又要說到漢代皇室女性的強勢了，呂雉、竇漪房、王政君，一專權就是十幾、甚至幾十年；東漢的太后雖比不上西漢太后那麼知名，但強勢的也相當不少，章帝的竇氏、和帝的鄧氏、安帝的閻氏，以及順帝的梁氏等等，不說專橫跋扈，起碼說話算數，夫君死後都臨朝攝政，大權獨攬。

劉炳
漢沖帝

東漢的皇后還都有個特點，全不能生育，沒有自己的子嗣，這在母憑子貴的封建皇室體系中是很罕見的，它從另一個角度說明東漢帝王還是比較偏重感情的。光武帝則除外，他在封后時將后位給了已經生養了子嗣的郭氏，而沒有給他非常寵愛、當時還未生育的陰麗華。後來的幾任帝王就不同了，所封的皇后都沒有或乾脆不能生育，但對她們依然寵愛，當然也不排除他們不敢不寵愛。對於為他們生育了子嗣的妃嬪，大多沒有給予應有的名分和地位，譬如順帝就未給劉炳的生母虞氏加爵號，劉炳早夭，又來不及、也沒有能力給自己的生母加尊號。後來梁妠的哥哥梁冀擅秉朝政，對其他家族排斥，導致虞氏始終沒能晉升，只被人們稱為「大家」。

後來到熹平四年（175 年），即靈帝劉宏的時期，小黃門趙佑、議郎卑整上言：「依照《春秋》大義，母以子貴。自漢興以來，都尊崇皇帝的母氏，所有外戚親族都受到恩寵。沖帝（劉炳）的母親虞大家、質帝（劉纘）的生母陳夫人，二人都生育了天子，卻沒有獲得稱號。臣雖低賤，仍有追贈的舊典，更何況兩位皇母仍然健在，如果她們不能得到崇高顯貴的地位，就無法表現出遵循前代舊典的做法，也無法給後世子孫留下榜樣。」靈帝聽了大受感動，逐拜虞氏為憲陵貴人，陳夫人為渤海孝王妃，派中常侍持節授印綬，並派遣太常用牛、羊、豕三牲告祭憲陵、懷陵、靜陵。當然，這是後話。

劉炳繼位後，太尉趙峻被任命為太傅，大司農李固被任命為太尉，總領尚書事。這兩人說來是朝廷位居相位的高官，但朝政大權實際掌握在大將軍梁冀的手中。梁冀是梁商之子，梁太后的哥哥，史籍講他鳶肩豺目，即兩肩聳起來像老鷹的翅膀，眼睛跟豺狼一樣倒豎著，直勾勾地看人，說話含糊不清。他自幼遊手好閒，刁蠻放縱，好酒貪杯，擅長騎射，喜歡彈棋、格五、六博、蹴球、意錢一類的玩意。最初為黃門侍郎，後轉升為侍中、虎賁中郎將、越騎校尉、步兵校尉、執金吾，永和元年（136年），拜河南尹。在河南任職期間，他驕橫跋扈，肆意妄行，其父信任的雒陽縣令呂放向梁商說了他的情況，梁商對其進行訓斥，梁冀懷恨在心，派人在路上刺殺了呂放。他怕父親知道，竟嫁禍於呂放的仇家，又

請求讓呂放的弟弟呂禹任雒陽令，前去捉拿嫌犯，結果把呂放的仇家全族及一百多個賓客都殺了。梁冀窮奢極欲，貪得無厭，接任大將軍後，幾次加封連同以前的食邑達到三萬戶，府中的掾屬人數比太尉、司徒、司空三公府的總人數還要多一倍。他大興土木，修建豪宅，廣開林苑，極盡奢華，用金無數。他大搞裙帶關係，給自己的族親封官授爵，梁家在他和梁商任大將軍期間，前後有七人被封侯，有三人做了皇后，有六位貴人，女人擁有食邑稱君的有七人，娶公主的三人，其餘任卿、將、尹、校的共五十七人，真可謂「一人得道，雞犬升天」。梁冀所做最過分的事，即殺了後來繼位的當朝皇帝質帝劉纘，就因為質帝說了句他是「專橫跋扈的將軍」，結果被害，真是膽大妄為，無法無天。

動亂四起
政權不穩

劉炳在位期間，正值東漢王朝的中期，外戚和宦官兩大勢力相互爭鬥，前後持續了六十多年。自明帝之後的數任帝王，大都軟弱無能，不是被外戚就是被宦官所控制，政治衰朽，朝政混亂，加劇了社會矛盾，導致動亂四起，國勢日漸衰微。

在劉炳「當政」不足一年的時間裡，各地民眾起義不斷。先是九江（郡治在安徽淮南附近）的范容率眾起義，義軍戰勝了前來鎮壓的官兵，官軍統帥揚州刺史尹耀和九江太守鄧顯都死在軍中，全軍覆沒。九江當地的民眾紛紛響應，如徐鳳、馬勉聚眾起義，號稱「無上將軍」，表現出與朝廷勢不兩立的態度，黃虎等人也打起義旗，攻打當地要塞城市合肥（今安徽合肥附近）。與九江地區的起義相對應，遠在南郡（郡治在今越南的廣治附近）的越族也舉起反抗的大旗，攻佔城邑，懲治貪官污吏。西北地方的羌族叛軍也非常活躍，擊敗了朝廷護羌校尉趙沖的鎮壓，趙沖死在軍中。這種動亂甚至波及到王朝的腹地，在都城洛陽附近發生了

當地農民集體盜掘「憲陵」（順帝的陵墓）的事件。

然而，這一切對於劉炳來說，他並不知曉，就是知道了他也未必覺得有多麼重要，因為除了年少外，他還正在與病魔抗爭。劉炳剛出生時身體就比較瘦弱，按照皇室的規矩，從小離開了生母，交由奶媽撫養。結果小病不斷，稱帝後日漸嚴重，具體得了什麼病，史書上並未記載。以致引發了人們的種種猜測，甚至懷疑是被梁冀所害，但缺乏事實依據。永熹元年（145 年），僅做了五個月小皇帝的劉炳在洛陽玉堂前殿去世，終年三歲。諡孝沖皇帝，何謂「沖」？史書講：「幼少在位曰沖」，「沖幼早夭，故諡曰沖」。葬於懷陵（位於今河南孟津）。

因言招禍的劉纘

145-146

看到本章「因言招禍」的標題，讀者一定會感到很詫異。在封建社會，帝王享有至高無上的權力，手握生殺予奪大權。劉纘作為一位帝王，怎麼會因說話不當而招禍呢？但事實的確如此。在君弱臣強的情況下，君主被權臣所貶、所害的事情時有發生，劉纘則是比較典型的一位。這應當說是集權的另一種表現。

侯王子嗣
入得宮闕

介紹劉纘的身世，要比一般帝王複雜。他又名續，生於永和三年（138年），是東漢的第三位帝王章帝的玄孫。為什麼要扯得那麼遠呢？因為從血脈傳承上講，劉纘只有到章帝那裡才能跟帝王的血脈拉上關係。其曾祖劉伉為章帝的長子，因其生母地位卑微，被剝奪了皇位繼承權。建初四年（79年），劉伉受封為千乘王（封國在今山東高青縣附近）。劉纘的祖父劉寵受封樂安王，父親劉鴻受封渤海孝王。按照這樣的傳承，到劉纘這一代，會成為一位地方的侯王，通常與皇位是無緣的。可意想不到的事情就偏偏發生了，經過一番周折，劉纘成了東漢的第九位帝王。可話又說回來了，這對劉纘未必是件好事，我們前面說過，他的結局很悲慘，只因為說了一句對權臣不恭敬的話而搭上了性命，福和禍在很多時候是相互轉化的。

剛說過的沖帝繼位時兩歲，身體狀況不佳，繼位不久便重病纏身。具體得了什麼病，史籍上並未記載，經過多方醫治，仍不見好轉。這時候掌控朝政大權的梁冀感覺到小皇帝已時日無多，便作出傳位方面的準備。沖帝年幼無子，也沒有兄弟，梁冀便吩咐手下人在皇族中按順位查找，結果選定了兩人，一個是清河王劉蒜，另一個就是劉纘。梁冀派人將這二人帶到了洛陽都亭，以備不時之需。

梁冀的預感很快便成為了事實。永熹元年（145年）正月，年僅三歲的沖帝一命嗚呼。因為事先有所準備，梁冀及梁太后並未慌亂。但選定的是兩個人，該立誰呢？按其血統傳承關係，劉蒜和劉纘大致相同，其曾祖都是章帝的兒子，是同父異母的兄弟，一個受封千乘王，一個受封清河王。劉蒜的父親劉延平是劉纘父親劉鴻的弟弟，以清河王嗣子的身份繼承了清河王位，劉蒜和劉纘兩人是堂兄弟。二人不同的是劉蒜年齡稍長，時年十七歲，劉纘年僅八歲。

這時太尉李固站出來說話:「今天物色皇帝的繼任人選,應該選擇比較年長、品格高潔,而且能夠親自掌管國家大事的人,就像當年周勃立文帝、霍光立宣帝一樣,千萬不要像近年鄧氏、閻氏家族,選立一位年幼的皇帝啊!」李固是文人出身,並不懂梁家人的心思,梁冀及梁太后選帝,是以他們能否繼續掌控政權為標準的。劉蒜和劉纘與梁家都沒有過深的關係,立誰其實都是一樣的。但從掌控權力的角度講,劉蒜已經基本成年,擁有了一定的經歷和主見,而劉纘則還處於幼年階段。相比之下,立劉纘顯然比立劉蒜容易掌控。於是,兩兄妹一商量,事情就這麼定了下來。當然,也用不著假惺惺地搞什麼廷議和選舉,他們的所作所為在當時就是王法。

有後人評論,說李固所講的那番話實際上起了相反的效果。他不提效法周勃、霍光還好,梁冀還有可能立長棄幼,但說出來反而對梁冀有一種警示作用,因為當年立帝事後,周勃被捕入獄,霍光被誅滅全族,下場都異常悲慘,梁冀並不願步二人的後塵。這其實有點太高估梁冀的見識和韜略了,梁冀就是一名粗人,並沒有那麼長遠的眼光和見解,他的行為準則是我行我素,恣意妄為,他才不管你世後如何呢。但不管怎樣,這次帶有天意和人為相混雜的選擇,鬼使神差地使遠離皇權、年僅八歲的劉纘成為了東漢的君主。他登基加冕,入主宮闕,改元次年為本初。

外戚專權
行事為艱

劉纘即位為皇帝後,梁太后仍以皇太后的身份臨朝稱制,朝政大權依然掌控在大司馬、大將軍梁冀的手中。原有的權力架構基本上沒有改變,只是君主換了人,由劉纘代替了死去的沖帝。這種權力模式在東漢時期是很典型的,即我們常說的外戚專權,而且梁氏家族還非當朝的外戚,是由順帝時期延續至此,跨越了三個朝代,儘管這三個朝代都很短暫。

這裡要對外戚專權的話題再多說上幾句。所謂「外戚」，即皇后的娘家人，主要指皇后的兄弟，也就是皇帝的內兄弟。縱觀東漢的歷史，歷朝的皇后都很能幹，全能降得住帝王，帝王死後又大都晉為皇太后繼續專權。皇后的兄弟大都是朝中的重臣，掌握著很重要的權力。為什麼會形成如此的格局呢？這還要從東漢開祖光武帝在建朝之初的治國方針談起。我們知道，光武帝聚集力量、建立政權，依靠的是隨他東征西戰、患難與共的一批將領。按照歷朝的規律，君主立國後往往要誅殺功臣，即「鳥盡弓藏，兔死狗烹」。因為功臣往往居功自傲，不把君主放在眼裡；其勢力強大，很容易舉兵造反。但光武帝是個很重情義的人，他並沒有對元老們大開殺戒，而是對這些人非常尊重，但又不放任，於是採取了聯姻的辦法，即讓自己的皇子、公主迎娶或嫁予這些家庭的子女，光武帝認為這樣做，那些元老們就不會惹事生非了。

這確實是一種治理的思路，不像別的朝代，過河拆橋，卸磨殺驢，顯得特別絕情。但這些元老們經過一段時間的經營，仰仗著與皇室的關係，實力不斷擴大，根基越發穩固，形成了一個個龐大的家族集團，反過來對皇權構成了不同程度的制約。東漢之初像這樣的家族主要有六個，即鄧禹家族、耿弇家族、梁統家族、竇融家族、馬援家族和陰麗華家族，全是光武帝所信賴和依靠的。也正是這幾個家族，在其後的日子裡基本上壟斷了歷朝的皇后及朝臣的重要崗位，其他的勢力只能在他們的縫隙中求生存，這是當初光武帝所沒有預想到的。

東漢的這種家族政治，對我國後世的影響非常大，魏晉南北朝的門閥士族、隋唐的豪強集團、近現代的各系軍閥等等，都有其家族政治的印跡。說白了就是主政者當初為了獲取權力，必須聯合各方勢力，而權力一旦到手，各派勢力必然要求分享利益。但主政者總想著獨當一面，或者說完全凌駕於各派政治勢力之上，所以要麼殺戮、打壓、翻臉不認人，要麼姑息、縱容、失控，以至形成了如此的局面。要消除這種狀況，唯一的辦法是改變權力的結構，變與豪強聯手為與民眾聯手，但這在封建體制下是不可能的。路漫漫其修遠兮，吾將上下而求索。

梁太后攝政及梁冀專權，是東漢初梁統家族勢力的一種延續，或者說是一種惡性的膨脹，它較之其他幾個家族專權要更加為所欲為、肆無忌憚，梁冀這個惡魔般的人物，貪慾成性，恣意妄為，將外戚專權中各種負面的東西都演繹到極致。他大搞任人唯親，給家族成員加官授爵，培植親信；他慾壑難填，大興土木，假公濟私，巧取豪奪；他驕奢淫逸，放蕩不羈，生活腐敗；他目無綱紀，享受特權，打壓不同意見等等。

劉纘就是在這樣一種環境中生存。他小小年齡便離開父母，來到完全陌生的地方。他在侯國雖然也見過些世面，但皇宮的各種繁縟禮儀、複雜的人際關係，以及他從未接觸過的政務，使他目不暇接、無所適從。梁冀及梁太后對他很不尊重，甚至無視他的存在。朝政上有什麼事，兩兄妹一商量便決定了，根本不徵求他的意見。他只是個傀儡、擺設。別人認為他來到了天堂，他卻彷彿墜入了地獄。別說實現什麼遠大的抱負，就連行使帝王基本的權力也談不上，他很苦悶，但又無人可以傾訴，只能默默地忍受。

無意之言
引來禍患

劉纘是個很聰明的孩子，年齡雖小，但對周圍的人和事物已經有了自己的看法，加之從小受到良好的教育，其內心世界較同齡的孩子要豐富和敏感得多。但他畢竟尚未成年，非常欠缺見識、閱歷及人生經驗，在宮中又沒有可以特別依賴和信任的人，讓他周旋於各色人等及複雜的事物之間，其難度是可想而知的。閱歷不足，勢單力薄，是他的基本狀況。

作為劉纘這樣一個八九歲的孩子，可能知道該做點什麼，對事物也有著自己的評判標準，但卻不知道什麼事情不能去做。這就是我們常說的智商和情商的分別了，智商在很大程度上源於天分，而情商則需要人生的

磨礪和積累，它雖然與年齡不成正比，但成長的經歷是必須的。劉纘則恰恰在這方面出了問題。

從理論上講，劉纘是王朝的最高統治者，每逢上朝都坐於皇位之上，文武百官分立其左右，面對如此場景，他也會產生某種錯覺，感覺自己真的是一位皇帝了。但實質性的權力並不在他手中，他受制於旁人，這就形成了反差，時時刻刻在刺激著他。在這種情況下做出調整，審時度勢，運籌帷幄，需要周密的思考和部署。想要成為名副其實的君主，獲取本該屬於自己的權力，必須積攢力量，擴充實力，要韜光養晦，但這對於初來乍到、年紀尚小的劉纘來講實在是太難了，甚至無法做到。

然而意想不到但又不可避免的事情就這樣發生了。梁冀主持朝政，專橫跋扈，為所欲為，引起眾多正直朝臣的不滿，以太尉李固為首的士族官員上書批評梁冀，要求矯正時弊，革舊鼎新，但遭到梁冀等人的打擊和壓制。在這場較量當中，劉纘很自然地傾向於李固等朝臣一邊，看不慣梁冀的所作所為。一次上朝議政，梁冀頤指氣使，盛氣凌人，朝臣們都敢怒而不敢言。退朝時，梁冀先走，劉纘當著群臣的面，說：「此跋扈將軍也。」發洩出對梁冀的不滿。誰知此話傳到了梁冀耳中，引其勃然大怒。梁冀看出劉纘雖然年少，但聰慧早熟，一旦得勢，將會非常難對付，於是便暗中動了殺機。

災禍很快來臨了。本初元年（146 年）閏六月初一，梁冀讓安插在劉纘身邊的親信將毒藥暗中混在煮餅之中。就餐時劉纘不知餅中有毒，很快吃下，頓時感到胸悶腹痛，難以忍受，他忙喚內侍將太尉李固叫來。李固看到劉纘難受的樣子，忙問是怎麼回事？劉纘答：「剛剛吃了餅，只覺得肚子難受，嘴裡發乾，想喝點水。」此時梁冀正站在一旁，忙阻攔道：「不，不能喝，喝了水就要嘔吐。」梁冀的話音未落，只見劉纘一頭栽倒在地，口吐白沫，在地上滾了幾滾，頓時斷了氣。可憐的劉纘，就因為一句話，年輕的生命頓時凋謝了。然而更可悲的是，劉纘死後，朝廷上下竟沒有人敢提出要調查其死因。在梁冀等人的高壓之下，劉纘被草草安葬，其死後諡孝質皇帝，葬於靜陵（位於河南偃師高龍鄉）。

苟且貪婪的劉志

漢桓帝

建和｜和平｜嘉興｜壽｜熹

元｜永｜永｜延｜永康

劉志是又一個讓外戚扶植起來的帝王。從順帝始，梁氏家族先後策立了沖帝、質帝和劉志，前二人在位時間很短，沖帝病故，質帝被害，到劉志情況有了改變。他稱帝二十一年，主政期間朝廷發生了不少大事，首當其衝是誅滅梁氏家族，惡貫滿盈的梁冀被迫自縊身亡。但此絕非劉志審時度勢、當機立斷、治政有方，他怯懦、苟且、貪婪，荒淫無度，巧取豪奪，把本來災難深重的社會搞得更加危機重重，王朝的末日指日可待。

外戚驕奢
姑息放任

劉志字意，陽嘉元年（132年）生於蠡吾（今河北博野），是章帝的曾孫，河間孝王劉開的孫子，蠡吾侯劉翼之子，母親為匽明。其少年時代鮮有記載，只知道他曾師從甘陵（今山東清平南）人讀經，受過良好的教育。當然，若沒有沖帝短命，質帝遇難，劉志最多繼嗣個王位，做帝王是萬萬不敢去想的。可事情總那麼難以預料，帝王的光環竟然環繞了他，而且他在皇位上一坐就是二十一年。從這點上講，劉志算是幸運的。

從我們前面介紹東漢帝王的情況看，後期多有藩王的子嗣入繼大統。主要原因是有多位皇帝年幼早夭或者身無後嗣，只能在旁系中遴選。而當權的外戚或宦官又都希望策立年幼無知的小皇帝，以便於掌控，所以惡性循環，便形成了如此的局面。劉志稱帝確實也有些湊巧，本初元年（146年），質帝在位，由梁太后做媒，準備把自己的妹妹嫁給劉志，於是將劉志召到洛陽城北的夏門亭。如此一來，劉志便將成為太后的妹夫，比他日後做皇帝實際上要大一輩。但婚禮尚未舉行，太后的哥哥、即他未來的妻舅梁冀，因被質帝指斥為「跋扈將軍」，竟將質帝給毒死了。如此一來，朝中又要議立新帝。

那麼，這次該立誰呢？太尉李固、司徒胡廣、司空趙戒等舊話重提，力諫立上次未立成的清河王劉蒜，認為清河王「明德著稱」，且血緣與質帝最近，應立為嗣。當然，其中也暗含有削弱梁氏集團的意圖，因為劉蒜是質帝的堂兄弟，對梁冀謀害其弟一事心有不滿。梁冀當然也明白其中的緣由，極力阻撓。他提出自己的人選，即梁太后剛召來準備做妹夫的劉志，劉志年方十五，年齡適當。關鍵是劉志與其妹成婚，若稱帝，他妹妹將來就是皇后，那時天下就更是他們梁家的了。於是，梁冀召集三公、中二千石、列侯等一起討論此事。朝堂上李固、胡廣、趙戒及大鴻臚杜喬據理力爭，而梁冀又拿不出特別充分的理由反駁，只好宣佈暫時休會。

梁冀回到府中，正為策立之事犯愁，忽然手下通報有人來訪，來人是中常侍曹騰。曹騰當年曾與梁冀的父親梁商一同受過他人陷害，算是梁家的患難之交。梁冀向曹騰詢問立帝一事，也想借此探明一下宦官對此事的態度。曹騰答曰：「清河王劉蒜為人清正嚴明，一旦他成為皇帝，將軍您定必大禍臨頭，不如考慮擁立蠡吾侯之子劉志，可長保榮華富貴。」梁冀聽了此話，更堅定了立劉志的決心。

第二天，重召公卿們討論。朝堂上，梁冀大發淫威，逼迫群臣同意他的提案。群臣在梁冀的淫威下只得屈從，胡廣、趙戒等人都不再吭聲，只有李固堅持己見。為了消除障礙，梁冀讓梁太后下詔罷免了李固的太尉職。事情定後，梁冀持節，以藩王青蓋車迎劉志入南宮。就這樣，劉志在梁氏兄妹的一手操縱下成為了東漢的第十位帝王。他登基加冕，改元次年為建和。梁太后仍臨朝稱制，梁冀繼續把持朝政大權。

梁冀接二連三地策立及處置帝王，變得越發狂妄自大，肆無忌憚，他對權力的掌控及揮霍簡直到了無以復加的地步。他以所謂「災異」現象讓梁太后罷免了時任太尉杜喬的職務，又羅織罪名，將敢於直言的杜喬和李固投入大獄處死。宛縣縣令吳樹將梁冀的一些不法門客按刑律治罪，梁冀心懷不滿，假以提拔吳樹為荊州刺史，召到家中為之餞行，結果在酒中下毒，吳樹在回家途中身亡。郎中袁著，年僅十九歲，年少氣盛，他給劉志寫信，建議讓梁冀退休，以免功高震主，將來招致大禍。這說來是在替梁冀著想，可梁冀知道後，立即派人追捕袁著。袁著嚇壞了，對外謊稱病死，用蒲草結成屍體下葬，結果被梁冀識破，捉到後將其活活打死。名士郝絜因與袁著是好友而受到牽連，逃脫不了梁冀佈下的天羅地網，只好叫人抬著棺材去見梁冀，在梁府門前服毒自盡，以求放過自己的家人。有位西域商人到洛陽經商，因誤殺了梁家一隻兔子而惹怒了梁冀，不僅殺了這個商人給兔子抵命，還誅連了十幾個人。

劉志對於梁冀的所做所為採取了姑息、放任，乃至縱容的態度，甚至可以說是討好，當然背後所隱含的是深層的恐懼。因為他能做上帝王，全憑梁冀「提攜」，而當上帝王，又必須與梁冀搞好關係，否則質帝的下

劉志
漢桓帝

場就是他日後的歸宿。他在賦予梁冀巨大權力的同時，還授予了其種種特權，規定梁冀可以「入朝不趨，劍履上殿，謁贊不名」，其禮遇之優，超越了蕭何；給梁冀增封了四個縣的食邑，加上原有的達到三萬戶，其封地之廣，超越了鄧禹；賞賜其金錢、奴婢、彩帛、車馬、衣服、甲第，其賞賜之厚，超越了霍光。另外，還封其弟梁不疑為潁陽侯，梁蒙為西甲侯，梁蒙之子梁胤為襄邑侯、其妻孫壽為襄城君，並加賜赤綬，即一種服飾，標誌著身份，尊比長公主。如此一來，朝中無論大小政事，全要經過梁冀定奪。百官的升遷任免，都要先到梁冀家中謝恩，才能到尚書台去辦理手續。地方郡縣每年進獻的貢品，都要將上等的先送給梁冀，然後再獻予劉志，梁冀「威行內外，百僚側目，莫敢違命，天子恭己而不得有所親豫」。梁冀和妻子孫壽窮奢極侈，搜刮財富，強取豪奪，激起了極大的民憤。

廁所政變
扳倒權臣

劉志對梁冀的容忍、遷就，以至巴結、討好，實際上並非出自真心，在很大程度上是惹不起，或者說是懼怕。他心底裡並不贊成梁冀的做法，但又無可奈何、無能為力。出於他懦弱的性格，只能窩窩囊囊地忍受，而且一忍受就是十二三年。直至和平元年（150 年），情況才有了轉機，梁太后的生命走到了盡頭，臨終前，她下詔歸政於劉志，並期望劉志和梁冀都「好自為之」。對於「好自為之」的理解，後人說法不一，多認為是梁太后偏袒梁冀。實際上從當時的情況看，梁太后對梁冀的諸多做法也看不慣，但又左右不了。「好自為之」是想讓梁冀和劉志都做出克制，彼此都能過得去。當然，此話主要是針對梁冀講的，因為劉志本來就很克制，或者說不得不克制，而梁冀則不同，屬於仗勢欺人。另外，梁太后所言是否暗含有為梁冀日後的前景擔憂，就不得而知了。但這種擔憂後來卻實實在在地發生了。梁冀對妹妹的囑託很不以為然，依然專

橫跋扈，我行我素，絲毫沒有讓權予劉志的意思。而劉志則依然苟且恭順，繼續做他的傀儡皇帝。

但再溫馴的兔子也有被逼急的時候，起因則與劉志冊封皇后有關。劉志在位期間共冊立過三位皇后，即梁皇后、鄧皇后和竇皇后，這三人一看姓氏，就知道都是望族。劉志所立的第一位皇后是梁太后及梁冀的妹妹梁女瑩，即當時梁太后做媒的那位。婚禮按照當年惠帝的規格，聘黃金兩萬斤，其他彩禮照舊。不久，梁女瑩被立為皇后。當然，這主要靠的是梁家的勢力。劉志對梁女瑩倒是很寵愛，但梁女瑩一直無子，至梁太后病逝，劉志的情感開始轉移。對此，梁女瑩很不滿，見到宮中有妃嬪妊娠，便想方設法讓其墮胎。劉志由於懼怕梁冀，也不敢指責，但對梁女瑩越發疏遠。延熹二年（159年），梁女瑩因憂憤病亡，死後葬懿陵，諡「懿獻皇后」。同年，劉志誅滅梁冀，下詔廢懿陵為貴人塚。當然，這是後話。

劉志冊立的第二位皇后是鄧猛女，即開國元勳鄧禹的孫子鄧香之女，母親名宣。其母先嫁予鄧香，生下了猛女，因丈夫早夭且鄧氏遭難，便改嫁給梁冀妻子孫壽的舅舅梁紀。猛女自幼隨母親生活，遂改姓梁，即梁猛女。若從孫壽的家譜而論，猛女應當算是梁冀的小姨子。長大後，孫壽看她容貌姣美，將其送入宮中，封為貴人。劉志移情後開始寵愛梁猛女，並對其家族格外關照，封其母為長安君，其兄鄧演為南頓侯，鄧演死，其子鄧康嗣侯，結果引發梁冀的嫉恨。梁冀怕其母系一族日後強大會影響到他專權，便派人去刺殺長安君。長安君逃脫後跑到劉志處，告發此事，這下劉志再也忍受不了了，暗下決心要除掉梁冀。

但除掉梁冀又談何容易？梁冀經過幾十年的經營，掌握著幾乎所有軍政大權，其家族成員封侯食邑，親信、爪牙遍佈朝野，正直的朝臣李固、杜喬等人盡被清除，劉志的一舉一動全在梁冀的監視和掌控之中，就連身邊的宦官也多為梁冀的耳目。怎麼辦？是繼續苟且偷生，還是冒一次險？劉志選擇了後者。因為畢竟是為自己心愛的人一搏，衝冠一怒為紅顏。更何況梁冀心狠手辣，此次刺殺的是岳母，下次很難說是不是該輪

劉志
漢桓帝

到自己。如今劉志已二十有八，那種寄人籬下、忍辱負重的日子實在過夠了，要改變一下生存的狀態！

那麼，依靠誰來實現既定的目標呢？劉志思前想後，其實別無選擇，只能靠身邊的宦官。因為守備禁軍，他根本插不進手；朝野上下，幾乎都是梁冀的人，只有這些宦官，因長期跟自己生活在一起，多少還有幾個知心者。經過一段時間的觀察，他認為宦官唐衡比較可靠，便想與之商議。可宮中梁冀的耳目甚多，必須找一個穩妥的時機及地點，劉志想到了廁所。一位當朝的帝王，被逼到這個份上，也真夠可憐。但劉志卻顧不得那麼多了。一天，劉志假裝上廁所，讓唐衡服侍，進入廁中，劉志確認安全，便輕聲問唐衡：「你知道我們周圍的人之中，有誰跟梁冀不和嗎？」

這話問得很有技巧，如果唐衡有二心，這番問話便可以理解為關心梁冀的安危；如果唐衡可靠，二人便可以進一步深談。結果劉志沒看錯人，唐衡確實忠於他，答道：「中常侍單超、徐璜、具瑗、左悺，私下裡對梁冀不滿，只是敢怒而不敢言。」劉志聽後頗感欣慰，但並不敢把幾個人一同叫來，而是先將單超和左悺叫到密室，說：「大將軍梁冀把持朝政，朝廷內外都被他的人控制，我想除掉他們，你們認為如何？」單超和左悺想都沒想，答：「梁冀是誤國的奸賊，早就該除掉。只是我們沒有足夠的智謀，不知道陛下到底怎麼想？」劉志說：「我的想法很明確，你們商量一下，想辦法把梁氏除掉。」單超說：「其實要剪滅梁氏並不難，只是我們怕陛下猶豫不決，中途改變決定。」劉志說：「梁冀作惡多端，理應消滅，決不猶豫！」於是又召來具瑗和徐璜，劉志咬破單超的手臂，六個人喋血為盟，共商滅梁大計。

幾個人經過仔細商議，以劉志的名義召來司隸校尉張彪，調動軍隊交由單超指揮，圍攻梁冀的大將軍府。雖然梁冀權傾天下，但他平日得罪太多人，以前只是沒有人敢公然反對，現在單超等人奉皇帝之命要消滅他，很多人便立即倒向了舉事的一方，另一些人則等待觀望，真正為其賣命的並沒有幾個人。結果單超率兵很快就拿下了梁府，奪取了梁冀的官印。

梁冀受困於府中，自知罪孽深重，必死無疑，於是和妻子孫壽一起自殺。衛尉梁叔、河南尹梁胤、屯騎校尉梁讓、越騎校尉梁忠、長大校尉梁戟等梁冀的族親，一律被處死。太尉胡廣被免職，司徒韓縯、司空孫朗被逮捕入獄，梁氏集團頃刻被一網打盡。當時，被罷免的官員有三百多人，朝官幾乎一空，百姓拍手相慶。史上將這次發動難度極高、獲勝又相對順利的行動稱之為「廁所政變」。從此能看出，那些看似不可一世、囂張霸道的專權者，其實很脆弱，一遇動盪，很快便土崩瓦解。

緊接上面的話題，政變後劉志親攬朝政，立梁猛女為后，由於劉志厭惡梁氏，遂賜猛女改姓「薄」，後來有人說猛女本是鄧香的女兒，應當恢復鄧姓，稱鄧皇后。隨即，劉志追封鄧香為車騎將軍、安陽侯，封猛女的母親宣、侄子鄧康以大縣，賞賜以巨萬計。不久，其母宣去世，劉志又以皇后之母的規格安葬，封鄧康的兄弟鄧統為昆陽侯，鄧會襲宗陽侯，鄧秉為清陽侯，其他鄧氏族親也都位列校尉、郎將等。但鄧猛女也無子，劉志對其新鮮了些日子，又開始移情，寵幸郭貴人。鄧猛女自恃位尊，心生嫉恨，跟郭貴人一起在劉志面前相互詆毀，引得劉志對鄧猛女非常不滿，延熹八年（165年），劉志下詔廢黜了鄧猛女的皇后之位，送至暴室管制。鄧猛女憂憤而死，葬於北邙山（今河南洛陽東北），其族親也都受到制裁。

劉志冊立的第三位皇后叫竇妙，是竇氏家族的後裔，父親為郎中竇武。延熹八年（165年），劉志廢鄧皇后，竇妙被選入宮中，封為貴人。當時，劉志對采女田聖專寵，想立其為皇后。所謂采女，即漢代後宮的一種稱號，因選自民家，故曰「采女」，後為宮女的通稱。朝臣們以田聖出身微賤而強烈反對，劉志無奈，只得立竇妙為后，封其父竇武為槐里侯，官拜城門校尉。但劉志對竇皇后並不喜歡，寵愛的仍是田聖等人。永康元年（167年），劉志染病，而且還病得不輕，他封田聖等九女為貴人，這在歷代帝王中是不多見的。

由於劉志對竇妙薄情，引得竇妙對田聖等人非常不滿。劉志去世後，竇妙稱皇太后，與父親竇武定策，迎立了解瀆亭侯劉宏，即靈帝。竇妙臨

朝聽政，當劉志的棺材還停放在前殿未安葬，竇妙就發難，派人殺了田聖，並且還想把劉志所封的貴人全都殺掉，但在中常侍管霸、蘇康的苦諫下，方才罷手。不久，竇武和陳蕃等人謀誅宦官的事情敗露，中常侍曹節等矯詔殺死了竇武，將竇妙遷於南宮雲台，其他家屬遷於比景（今越南南部）。但靈帝念及竇妙的擁立之功，對其比較關照。建寧四年（171 年）十月初一，曾率領群臣朝見竇妙，並親自為她祝酒。後又聽從黃門令董萌的勸告，增加了對竇妙的供養。但竇妙心中鬱悶，熹平元年（172 年），聽說母親死在比景，感傷而亡。死後與劉志合葬宣陵，諡「桓思皇后」。當然，這也是後話。

賣官鬻爵
黨錮之禍

政變成功，接下來便論功行賞、封官授爵。宦官單超、左悺、徐璜、具瑗和唐衡五人因謀誅梁冀有功，同日被封侯，世稱「五侯」。單超任車騎將軍，位同三公，朝政大權從此又落入宦官的手中。我們前面說過，宦官都是些出身卑賤、憑藉某種機緣而靠近權力的人，他們為達目的往往不擇手段，做事情沒有底線。讓這些人掌權，情況是可想而知的。單超等人仰仗著劉志的權勢濫行淫威，使得「中外服從，上下屏氣」，順我者昌，逆我者亡，搞得朝政烏煙瘴氣。

「五侯」及其親屬的專橫、亂政，遭到了朝中正直官員的反對，使劉志也深感憂慮，開始對其進行限制。他先是重用宦官侯覽，以分奪「五侯」的權力；繼而讓人揭發其惡行，對其進行打擊。延熹八年（165 年），司隸校尉韓演奏指左悺的哥哥、太僕南鄉侯左稱「請托州郡，聚斂為奸，賓客放縱，侵犯吏民」，劉志立刻准奏，結果左氏兄弟被迫自殺。韓演又奏指具瑗的兄弟具恭貪污，劉志下令徵詣廷尉，即召往主管刑獄的部門，具瑗只好上還東武侯印綬，向劉志謝罪。劉志下詔貶其為都鄉侯，

不久具瑗死在家中。接著，劉志下詔，單超、徐璜和唐衡的襲封者都降為鄉侯，子弟分封者，一律免爵。此即「除內嬖」。

劉志抑制「五侯」，只是為了強化皇權，並非要清除宦官勢力。他新重用的宦官、中常侍侯覽同樣殘暴專橫，貪得無厭，前後搶佔民田一百一十八頃，住宅三百一十八所，並模仿皇宮修建豪宅，分十六個區，有樓閣、池塘、林苑等，極盡奢華。由於宦官專權，其爪牙遍佈朝廷及地方的各級機構，政務一片混亂。

隨著權力的鞏固，劉志荒淫、貪慾、暴虐的本性充分暴露出來。他年少時就生性放蕩，曾與宦官張讓有斷袖之情，類似於現在所說的同性戀。而如今的生活更加奢侈、腐化，他後宮的宮女竟達萬人之多，儘管他曾接受光祿勳陳蕃的建議，釋放了宮女五百餘人，但這遠遠低於所留宮女的數量。他在位二十一年，冊立了三位皇后，封了十多個貴人，才女等妃嬪不計其數，整日燈紅酒綠、夜夜笙歌。他雖標榜信奉佛、道，但沉溺於女色，淫慾無度。

劉志奢侈、腐化的生活耗費著國庫的大量資產財富，使得庫府入不敷出，財政日漸枯竭。在此情況下，劉志採取措施，一方面加重農民的稅賦，如延熹八年（165年），令郡國有田者每市交十錢為稅；另一方面，削減百官的俸祿，借王、侯國租稅並賣官鬻爵。劉志賣官鬻爵從延熹四年（161年）開始，這年零吾羌和先零羌等少數民族起義，危及到三輔（今陝西省中部）地區。要鎮壓起義，財政又拿不出那麼多錢，劉志便下詔減發公卿百官的俸祿，借貸王、侯國的一半租稅，同時下令以不同價格出售關內侯、虎賁郎、羽林郎、緹騎營士和五大夫等官爵。此舉對當時及後世的影響極壞，不僅使買官賣官成為了合法的行為，嚴重地破壞了吏治，而且由於賣官及買官者的搜刮，更加重了百姓的負擔，並為靈帝時更大規模的賣官鬻爵開了先河。

由於宦官專橫、賣官鬻爵等種種弊政，劉志的統治簡直糟糕至極。為了維護王朝的統治，也是為了尋求自己的政治出路，一部分正直的朝廷官

劉志
漢桓帝

吏、太學生及郡國士人，聯合起來發起「清議」，即議論時政、品評人物，在輿論上抨擊宦官集團。同時，一些官吏在自己的職權範圍內打擊宦官勢力。在這場運動中，襄城（今河南方城）人李膺成為領袖，其任河南尹時，因打擊閹黨下獄，司隸校尉應奉上書為他求情，才被赦免，後任司隸校尉。宦官張讓的弟弟任野王令，貪殘無道，殺死一位孕婦，畏罪躲在張讓的家中。李膺知道後，即率吏卒到張讓家搜出將其處死。很多宦官都非常害怕他，休假時也不敢走出宮門。李膺則因為敢於打擊當權的宦官，聲望極高，士大夫以能得到他的接見，被認為是極高的榮譽，稱之為「登龍門」。他與太尉陳蕃、南陽太守王暢受到士大夫階層的敬重。以李膺為首的反宦官鬥爭激怒了當權的宦官集團，延熹九年（166年），宦官派人誣告李膺等交結太學生、郡國生徒「共為部黨，誹訕朝廷，疑亂風俗」。劉志聽後大怒，完全地站在宦官一邊，嚴厲打擊反對宦官的直臣。他詔令全國，逮捕「黨人」，收捕了李膺、陳寔等二百餘人。有的黨人逃走，劉志懸賞捉捕，一時間，朝廷的使者四出，相望於道，使反對宦官的鬥爭遭到了毀滅性打擊。次年，在竇武等人的奏請下，劉志對「黨人」略有寬恕，下詔將其赦歸田裡，但規定為終身禁錮，不得再次做官。此即著名的「黨錮之禍」。

永康元年（167年）十二月二十八日，生活放蕩、縱慾無度的劉志在德陽前殿去世，時年三十六歲。死後諡孝桓皇帝，葬於宣陵（位於河南偃師大口鄉）。劉志一生無子，只有三個閨女，其後繼又只能由旁系來接替了。

荒誕透頂的劉宏

漢靈帝建寧熹平光和中平

168-189

劉宏是又一位由藩國子嗣稱孤的帝王。桓帝死，無子，由竇皇后和其父竇武做主，選擇解瀆亭侯劉宏入繼大統，成為東漢的第十一位帝王。這看似偶然又帶有某種必然性的傳繼現象，彰示了東漢王朝人氣慘淡和日暮途窮。劉宏在此情況下接手皇權，本該勵精圖治、勤勉敬業，拯救大廈於不傾，但他卻無心政務、貪財好色，把封建統治者最醜陋、最不堪的一面展現得淋漓盡致，王朝在他手中只能加速滅亡。

東漢晚期靈帝劉宏時期，國家逐步走向衰亡，連當時豪門也過著奢華的生活，觥籌交錯，享受聲色犬馬，帝王更是縱慾過度。圖為壁畫《樂舞百戲圖》，1972 年於內蒙古和林格爾的東漢墓出土。

藩王繼統
二次「黨錮」

劉宏於永壽二年（156年）生於冀州河間國（今河北深州），是章帝的
玄孫，曾祖父為河間孝王劉開，祖父劉淑、父親劉萇相繼為解瀆亭侯，
母親為董氏。因其父劉萇去世得早，劉宏自小就繼得解瀆亭侯的爵位。
對於他少年時的情況，史籍上鮮有記載。因為要不是趕上桓帝去世這麼
一個千載難逢的機會，他可能一輩子做他的侯王，根本沒有機會問鼎皇
權，所以記載少屬正常。

但事情偏偏就那麼湊巧，永康元年（167年）十二月，桓帝崩，其生前
雖然妃嬪如雲，卻沒有留下一兒半子，只有三個閨女，皇位繼承人又只
能從旁系中挑選。當時桓帝的皇后竇妙臨朝攝政，其父竇武為大將軍，
二人經過商量，選中了年方十二的劉宏。一則因為他身上有從章帝沿襲
下來的皇族血統，二則因為他還是個不太懂事的孩子，便於掌控。於是，
竇氏父女派遣侍御史劉儵，中常侍、奉車都尉曹節等人前往河間國迎接
這位新皇帝。

建寧元年（168年）正月的一天，劉宏隨迎駕的隊伍抵達洛陽城外夏門
的萬壽亭，大將軍竇武率文武百官在此迎候。他換乘豪華的青蓋輦車，
在眾臣及御林軍的護衛下駛入皇宮。次日，劉宏於德陽殿登基，改年號
為建寧，尊竇氏為皇太后，以大將軍竇武、太傅陳蕃及司徒胡廣三人共
參錄尚書事。追尊其父劉萇為孝仁皇，陵墓為慎陵，封其母董氏為慎園
貴人。至此，這位不甚知名的小國侯王，瞬間成為了東漢王朝的最高統
治者，起碼名義上是如此。當然，他對這一切知道的並不深，因為他當
時只有十二歲。

劉宏即位不久，朝廷便發生了一場重大的變故，史稱「九月政變」。當
時，大將軍竇武因迎立有功輔政，依靠太傅陳蕃主持朝政。陳蕃厭惡宦
官，啟用了許多在第一次黨錮時受處罰的士人。在一次朝會上，陳蕃悄

悄對竇武說：「中常侍曹節、王甫等，自先帝以來操弄權柄，濁弄海內。今不誅此輩，以後就難圖了。」竇武也深有同感，二人一拍即合。於是，竇武以志同道合的尹勳為尚書令，劉瑜為侍中，馮述為屯騎校尉，啟用曾被禁錮的黨人李膺、杜密等，組成了以士大夫為主體的朝政班底。

待人員安排妥當，二人開始對宦官動手。他們先揀一些權位不高但劣跡斑斑的宦官開刀，誅殺了管霸、蘇康等人，接著又奏報太后，請誅曹節、王甫等大太監。竇太后對此有些猶豫，事情便拖了下來。建寧元年（168年）八月，竇武逮捕了宦官鄭颯進行拷問，牽扯到曹節等人，竇武便想藉此機會一舉剷除宦官勢力。他命人寫好奏章呈送竇太后，不料奏章送到長樂宮主管、宦官朱瑀手裡，朱瑀偷看了內容後大驚失色，罵道：「宦官弄權放縱死有餘辜，但我們這些人有什麼罪？為什麼要滅我們全族？」他大呼道：「陳蕃和竇武上書太后，要廢掉皇上，要造反了！」

於是，他召集了十七個身強力壯的宦官，歃血為盟，誓殺竇武和陳蕃。曹節聽到消息後，急忙跑到劉宏的寢宮，說：「外面人多嘈雜，看來出事了，請陛下出御德陽前殿。」他請劉宏帶上寶劍，一群人前呼後擁，出了寢宮。曹節下令關閉宮門，收繳了傳令用的印信、符節，把尚書台的官員叫來，用刀威脅著，要他們起草詔令。同時，派王甫帶著聖旨去營救鄭颯，劫持太后，奪取印璽。鄭颯出來後，立即帶人去捉拿竇武。竇武聞訊後慌忙跑進了兵營，傳令：「宦官們造反了，盡力殺敵的，重賞！」結果集合了幾千人，把來捉他的宦官殺了。王甫等人聽說竇武拒捕逃跑，趕忙召集了一千多名禁衛軍出屯皇城南門。

黎明時分，兩軍對壘。王甫派人招降竇武的士兵，說：「竇武這是造反，而你們都身為衛士，職責是保衛皇上，怎麼竟跟他同流合污呢？誰願意投降的，重重有賞！」結果，不少人跑到宦官那裡。到吃早飯的時候，竇武手下的士兵所剩無幾。竇武見大勢已去，驅馬逃生，王甫帶著人馬緊追，竇武走投無路，自殺身亡。王甫割下其頭顱，掛在洛陽都亭上示眾。

在王甫追拿竇武的時候，陳蕃才得到事變的消息，他帶領八十多人闖進

皇宮的承明門，正好遇到王甫，王甫下令捉捕。陳蕃是位七十多歲的老人，拔出寶劍指著王甫大罵，嚇得其隨從不敢上前。王甫又趕忙叫來人將陳蕃團團圍住，將其拿下殺了。

外戚、士大夫與宦官的爭鬥，以宦官一方大獲全勝而告終。此次政變，實際上宦官是被逼而反，但以竇武、陳蕃為代表的外戚及士大夫準備嚴重不足，應對無能，關鍵時候猶豫不決、心慈手軟，給了宦官以機會。探究更深一層的原因，東漢長期以來外戚專權，壟斷仕途，裂土封王，搞得很不得人心，結果士兵們臨陣倒戈，無人相助，時所必然。

宦官得勢，即對外戚及士大夫大行報復。竇武、陳蕃等人被滅族，未被處死的族人則被流放交州。竇太后被遷到南宮雲台居住。

建寧二年（169年），山陽郡督郵張儉彈劾中常侍侯覽，指其回鄉為母親掃墓時鋪張擾民，拆毀其房屋、甚至祖墳，因而惹怒了侯覽。侯覽指使同鄉朱並上書彈劾張儉等二十四位山陽名士結黨，圖謀不軌。劉宏見到奏章後，問計於曹節，曹節借題發揮，說黨人危害社稷，要求在全國範圍內清剿，劉宏准奏。結果造成大批士人逃亡，李膺、杜密等被捕入獄，受害致死者達六、七百人，史稱「第二次黨錮之禍」。

熹平五年（176年），永昌太守曹鸞上書為黨人鳴冤，要求朝廷予以平反。劉宏大怒，將曹鸞在獄中拷打致死，並且更大規模地禁錮黨人及其親友。這就能看出專制的特性，一意孤行，死不認錯。直至光和二年（179年），經上祿縣長和海建議，劉宏下令，黨人「從祖父」以後的親屬，不再受牽連。光和七年（184年），黃巾起義爆發，中常侍呂強認為不解除黨錮，可能會使黨人與黃巾軍勾結，劉宏這才宣佈解除。

劉宏
漢靈帝

貪得無厭
荒誕透頂

劉宏對外戚、士大夫與宦官之間的爭鬥，感到很迷茫，無所適從。因為他畢竟只有十二歲，對很多事情不太明白。對於外戚和宦官，他都沒有過深的淵源，在茫然無知的情況下繼統，懵懵懂懂地處於爭鬥之中，由於被宦官所控制，所以就隨了宦官。他的知識儲備很有限，宦官曹節指控黨人圖謀不軌，他批閱奏摺，甚至不知道何為「不軌」。待年齡稍微大些，他才意識到權力實際上掌控在身邊的宦官手裡，他不過是個傀儡。但對此他卻泰然處之，甚至對宦官有一種依賴感，他對人常說：「張常侍是我父，趙常侍是我母。」此二人即他所信任的宦官張讓和趙忠，作為一位堂堂的天子，竟然認宦官為父母，真是不知羞恥！這其中還有另一層原因，劉宏出自藩國，從小小藩王一躍而成為一國之君，認為這樣就很不錯了，胸無大志，目光短淺。

劉宏對權勢並不看重，那麼他對什麼感興趣呢？無非是兩樣東西，錢財和女色。劉宏在藩國時不能說窮，不過也沒有那麼富裕，或者說沒有見過那麼大的世面。稱帝後情況改變了，富有天下，美女如雲，但他的思維卻還處於做侯王時的狀態，而且有一位比他還要貪婪的媽媽。一下子擁有那麼多的財富，而且來得如此容易，促使他喪心病狂地佔有、攫取，盡享其中。劉宏的有些做法實在讓人難以理解，你猜他用搜刮來的錢去做什麼？竟然拿到家鄉河間去買田宅！剩下的錢則分別存在宦官的家裡，一家存上幾百萬、幾千萬。中常侍呂強見他這麼做，覺得不成體統，上疏勸諫，說：「天下萬物盡歸陛下所有，哪裡還分什麼公、私？陛下至尊，不宜購置私田、私宅。」劉宏見後將奏摺扔到一邊，不予理睬，照樣我行我素。

劉宏熱衷於斂財，那麼做什麼最賺錢呢？賣官鬻爵。前任皇帝桓帝就這麼做過，此舉毋須成本，只賺不賠；劉宏則全面地繼承了前任的衣缽，而且做得更大，越加肆無忌憚。光和元年（178年），他在母親董太后

和宦官們的教唆下，公開宣佈可花錢買到自關內侯以下至光祿勳下屬虎賁、羽林等部門的職位；規定地方官比朝官的價格高一倍，縣官則價格不一，要根據當地的貧富狀況；官吏的升遷也必須按價納錢。求官者可以估價投標，出價最高者便可中標上任。除了固定的價格外，還須根據求官者的身價和擁有的財產隨時增減。一般說來，官位的標價是以官吏的年俸計算的，如年俸二千石的官位標價是二千萬錢，年俸四百石的官位標價是四百萬錢，也就是說，官位的價格是官吏年收入的一萬倍。當時，段熲、張溫等功勳卓著、聲望很高的官員，都是先交足了錢，才登上公位的。到後來越發變本加厲，官吏的調遷、晉升或新官上任都必須先支付三分之一或四分之一的官位標價，相當於二十五年以上的合法收入，眾多賢能者都因無法交納如此高額的費用，棄官而走。

除了撈錢，劉宏還極為好色。當然，享受美色、傳宗接代是皇帝的分內工作，後宮粉黛如雲，都是供其享用的。但這畢竟是件很隱諱的事，應當有一個限度。劉宏卻根本無所顧忌，放蕩不羈，甚至非常變態，淫慾無度，花樣百出。無論在什麼地方，只要他看上了哪個宮女，便要發洩性慾，所以傳說宮中的宮女都要穿開襠褲。為了滿足其享樂的需要，劉宏用賣官鬻爵搜刮來的錢，於中平三年（186 年）修建了一所西園，園內亭台樓榭，一應俱全。讓人採來綠色的苔蘚覆蓋於階台之上，引來渠水環繞於堂宇之間。水中種植著南國進獻的蓮荷，花大如蓋，高一丈有餘，荷葉夜舒晝卷，名「夜舒荷」。在這個恍若仙境的御苑中，劉宏常命令宮女們都脫光了衣服，嬉戲追逐，他在一旁觀看。有時他興致來了，竟也跟著脫了衣服，與宮女們混在一起。如此胡鬧，他還覺得不盡興，竟讓人找來狗與宮女交媾，他在一旁淫蕩地怪笑，真是無聊、荒唐到了極點。因此西園有個別名叫「裸遊館」。

劉宏的胡鬧還遠不止於此。有的宦官知道他喜好異想天開，便投其所好，從外地精心選了四頭驢送進宮中，劉宏如獲至寶，每天坐著驢駕的小車在宮內四處遊逛。起初，還找個馭者代駕；幾天後，他索性親自駕馭。皇帝駕驢車的消息傳出宮外，京城許多官宦競相摹仿，一時奉為時尚，市場上的驢價陡漲。有的宦官則將狗打扮一番，戴進賢冠、穿朝服、佩

綬帶，讓其搖搖擺擺地上朝。當劉宏認出是一頭狗時，不禁拍掌大笑，讚道：「好一個狗官。」滿朝文武雖感到奇恥大辱，但卻敢怒而不敢言。

出於對市井生活的懷念，劉宏在後宮仿照街市建造起一排商舖、酒肆及客棧等，讓妃嬪、宮女們各自扮成攤販及買家，在那裡叫賣、選購、討價還價、錙銖必較，還有的扮成街頭賣唱者、做手藝謀生的人、練把式（武術的架式）的人等等，儼然一個熱鬧的大市集。劉宏則穿上百姓的衣服，在市集上轉來轉去，不時進入餐館、酒肆、客棧中尋歡作樂，甚至與店主、顧客爭吵、廝鬥，玩得不亦樂乎。店舖、地攤上的很多商品都是搜刮來的奇珍異寶，有不少被貪心的妃嬪、宮女們陸續偷竊而去，甚至還為分贓不均發生爭吵，但劉宏卻渾然不知。

大權旁落
紛亂四起

劉宏整天沉溺於物慾與美色之中，哪裡有心思去處理政務？宦官們抓住機會乘機篡政，竊取了朝中大部分權力。劉宏在位的二十餘年，是兩漢史上宦官弄權時間最長的時期。劉宏對宦官特別信任，究其原因，他來自侯國，在朝中沒有根基，雖得外戚竇氏家族迎立，但從血緣上講他跟竇家並沒有什麼關係。稱帝伊始，竇氏集團被宦官所滅，他也被宦官所控制。宦官多是一些奸詐之徒，看他年齡尚小，便唆使他做些齷齪之事，轉移他的視線，以便乘機攬權，他則樂在其中。士大夫對此是不齒的，遂對他產生反感，這使得他更依賴宦官。

劉宏稱帝初期，最信任宦官王甫、曹節，此二人是誅殺竇武、陳蕃，發動「九月政變」的主要人物。後來王甫被司隸校尉陽球等人所害，曹節病死，張讓和趙忠又成為他的寵信。前面說過，劉宏甚至將二人比作自己的父母。當時宦官在洛陽修建的宅邸非常高大，一次，劉宏到永安侯

台要登高觀看洛陽城，宦官們大概是怕其發現什麼，連忙請中大人尚但進諫：「天子不適合登高，登高則百姓離散。」劉宏居然就聽了宦官的話，不再攀登。

劉宏在位時宦官的編制很大，一次竟突破常制，封了十二個中常侍，史稱「十常侍」。建寧二年（169年），在曹節病重時任命其為車騎將軍，其死後又追贈其為車騎將軍。中平元年（184年），任命趙忠為車騎將軍，負責對討伐黃巾軍將領的論功行賞。

劉宏在位期間做了件削弱皇權的事——重置州牧。這對於東漢王朝的瓦解、出現三國時期的州牧割據，起了很大的消極影響。過去州郡的官員大都稱太守或刺史，由朝廷任命，權力實際上掌控在朝廷手中。可州牧就不同了，成為了地方的實權派。中平五年（188年），劉宏接受太常劉焉的建議，重新設置了州牧，史稱「廢史立牧」。以劉焉為益州牧，黃琬為豫州牧，同年又以宗正劉虞為幽州牧，結果各地州牧勢力崛起，包括劉焉在內的州牧，上任後基本上不再受朝廷的控制。

劉宏即位後的第一任皇后是宋氏，即章帝時宋貴人的堂曾孫女，執金吾宋酆之女。宋氏雖居后位，但並不受寵，於是那些得寵的妃嬪便聯合宦官誣陷和詆毀她。宦官王甫枉殺了渤海王劉悝和妃子宋氏。宋氏是宋皇后的姑母，王甫怕宋皇后記恨於他，便夥同太中大夫程阿對宋皇后進行誣陷，說其用巫蠱的方法詛咒劉宏。這本來是無中生有，但劉宏卻信以為真，於光和元年（178年）十月，下詔廢黜了宋氏的后位，將其打入暴室，宋氏不久憂鬱而亡。

劉宏再次面臨選后，當時可供其選擇的妃嬪很多，但他力排眾議，選擇了何氏。之所以說他力排眾議，因為何氏出身卑微，父親是個屠夫。何氏天生麗質，入宮後得劉宏臨幸，生下了皇子劉辯。母以子貴，何氏得到恩寵。劉宏前面曾有過幾個皇子，都先後夭折，劉宏怕劉辯再有個三長兩短，便將其寄養在一位姓史的道士家中，稱為史侯，同時封何氏為貴人。光和三年（180年）十一月，又立何氏為皇后。這其實很符合劉

宏的喜好標準，他出自侯國，對平民女子有著一種天然的好感，封后之後，劉宏對何氏越加寵愛。大概是出自民間，缺乏管教，何氏性格刁蠻，對人猜忌、無禮，宮中的妃嬪、宮女們都很怕她。

何氏封后，雞犬升天。光和四年（181年），其父何真被追封為車騎將軍、舞陽侯；其母被接入宮中居住，封為舞陽君；哥哥何進官拜侍中、將作大匠、河南尹，晉為大將軍；另一個兄弟何苗升任河南尹。

當時宮中的美人王榮懷有了身孕，因懼怕何氏，想服藥打掉胎兒，但未能遂願。王榮幾次夢見自己背負著太陽行走，認為是吉兆，便打消了墮胎的念頭。光和四年（181年）四月，王榮生下了皇子劉協，何氏聞訊，即派人用毒酒害死了王榮。劉宏得知後大怒，想廢掉何氏，在宦官們的極力勸阻下才作罷。劉宏的母親董太后將劉協抱去養育教導，稱為董侯。

到了該立太子的時候，群臣們紛紛進言。劉宏認為劉辯輕薄無威儀，不可以作為嗣君，但因為寵愛何氏，其兄何進又握有重權，所以遲遲未決。

由於劉宏荒淫無度，宦官們弄權放縱，官僚豪強巧取豪奪，使原本就十分嚴重的社會矛盾惡化，引發了一場大規模的民眾起義。舉事的組織和領導者是張角，鉅鹿（治今河北邢臺鉅鹿）人，其家世不可考。傳說他得到道士于吉等人所傳的《太平清領書》（即《太平經》），加上早期流行的「黃老」思想，創立了「太平道」。教義宣稱天上有鬼神監視人們的行為，並根據人們行為的善惡來增加或減少他們的壽命，要求人們多行善事，少做壞事。

張角與其兄弟張寶、張梁在民間廣泛傳播教義，經過十多年的努力，教徒達到了幾十萬人。他把信徒按照地域劃分，建立起軍教合一的組織「方」；全國共設三十六方，大方萬餘人，小方六七千人，各方首領稱「渠帥」，在民間產生了很大的影響。

中平元年（184年），紀年甲子，張角預定於三月五日舉行起義，以「蒼

天已死，黃天當立，歲在甲子，天下大吉」為口號，派人在京師洛陽及州郡的府門上書寫「甲子」的字樣，作為進攻的目標。

荊、揚方面的渠帥馬元義到洛陽打探虛實，收買了宦官封諝、徐奉做內應。不料，距起義尚有一個月時間，義軍中出現了叛徒，有個叫唐周的人向官府告密。馬元義被捉住後遭車裂之刑，宮廷衛士和被指控為太平道教徒的人被處死，達一千多人。劉宏得知宦官中竟有人勾結叛軍，大為震怒，召來張讓進行訓斥：「你們常說黨人圖謀不軌，把他們禁錮起來，還殺了很多黨人。現在，你們當中有人與張角私通，該不該殺？」

張角得知事變後，馬上派人通知各方義軍提前舉行起義。數十萬義軍揭竿而起，頭裹黃巾，故稱「黃巾軍」。張角自稱「天公將軍」，張寶稱「地公將軍」，張梁稱「人公將軍」，三兄弟作為黃巾軍的最高統帥。義軍的主力集中在冀州、潁川、南陽三個地區，分別由張角兄弟、波才和張曼成指揮，矛頭直指京師洛陽。

消息傳到京師，舉朝惶恐。劉宏再也顧不上駕驢玩狗了，慌忙召開御前會議，研究對策。滿朝文武大都主張武力剿滅，唯有中常侍呂強建議釋放黨人，以籠絡人心。劉宏採納了呂強的建議。又有郎中張鈞主張誅殺宦官，以謝天下，可不動干戈，大亂自平。劉宏聽罷，斥曰：「此真狂子也！」劉宏一直依賴宦官，雖對有些宦官跟張角私下勾結感到憤慨，但不可能對宦官動手。只可憐一心為朝廷的張鈞被宦官加以莫須有的罪名給殺了。

劉宏命大將軍何進督率大軍駐守洛陽周圍的八個要塞，保衛京師。任命皇甫嵩、朱儁為左、右中郎將，率官軍主力進剿對洛陽威脅最大的潁川黃巾軍，遣北中郎將盧植率軍進剿冀州黃巾軍。朱儁率部進至潁川境內，遭到波才指揮的黃巾軍的痛擊，失敗而逃。波才又揮師迎戰皇甫嵩部，將其圍困於長社（今河南長葛）。但義軍畢竟是些沒有經過正規訓練的農民，缺乏作戰經驗，他們依草紮營，皇甫嵩乘機縱火，義軍營寨火光沖天。這時，騎都尉曹操率另一支官軍前來助戰，朱儁重整人馬，潁川

黃巾軍大敗。

張角兄弟指揮的冀州黃巾軍大敗盧植，劉宏一怒之下撤換了盧植，改派中郎將董卓前去冀州指揮，董卓也未能扭轉敗局。此時，劉宏接到潁川方面的捷報，立刻給皇甫嵩、朱儁等人加官進爵，並命令皇甫嵩火速北上，進擊張角。令朱儁進剿黃巾軍南陽張曼成部。在此關鍵時刻，張角病亡。黃巾軍雖在張寶、張梁等人的指揮下英勇奮戰，但最終歸於失敗。

聽說黃巾軍被剿滅，劉宏非常興奮，改元中平，一邊封賞有功將士，一邊對起義民眾進行報復，每郡被殺的民眾都在數千人以上。可誰知黃巾剛滅，西北的羌亂又起。這是個歷史問題，在兩漢歷史上曾多次發生，東漢設護羌校尉，幾十年相對平靜。此次涼州的北宮伯玉、李文侯、韓遂、邊章等人起兵。中平二年（185年），劉宏先後派皇甫嵩、張溫前往涼州平定叛亂，但叛亂並未平定。中平四年（187年），涼州失守，涼州刺史耿鄙、漢陽太守傅燮先後被叛軍所殺。同年，漁陽郡人張純、張舉聯合烏桓在幽州發動叛亂，斬殺護烏桓校尉箕稠、右北平太守劉政、遼東太守陽終等。

遭此連續打擊，本來就已搖搖欲墜的東漢王朝越加破敗不堪。中平六年（189年）二月，劉宏在危機四伏的哀鳴聲中，於洛陽南宮嘉德殿結束了其短暫而荒唐的一生，終年三十三歲。生前，董太后曾多次勸說他立劉協為太子，但事情還未來得及商定，劉宏便撒手人寰。他諡孝靈帝，葬於文陵（洛陽西北）。其長子劉辯繼位，是為少帝。

最後要說一下劉宏在文化方面的貢獻。人都有兩面，劉宏從政荒於政務，委以宦官；生活上荒淫無度，醉生夢死，但在文化方面卻有所建樹，在歷史上頗具影響。這可能也是某些昏君的特點，比如後世的隋煬帝、南唐後主、宋徽宗等等。熹平四年（175年），劉宏接受朝臣楊賜、蔡邕、馬日磾及宦官李巡等人的建議，下詔命儒學大師們校正《五經》文字，命蔡邕用古文、大篆、隸書三種字體書寫，將其刻在石碑上，豎立在太學門前，稱「熹平石經」，使儒生晚輩能以此作為範本。石碑剛豎立時，

每天坐車前來觀看、臨摹和抄寫的車輛有千餘輛之多，填滿了大街小巷。它也在為世人提供儒家經典的同時，開創了中國歷代石經之先河，啟發了捶拓法的出現，對印刷術的發明有間接的影響。

光和元年（178 年），劉宏開設鴻都門學。此學府並非研究儒家經典，而是探討辭賦、書法一類劉宏感興趣的學科。劉宏很看重出自此門的學生，讓其出任刺史、尚書、侍中，甚至還有封侯的。鴻都門學一時興盛，學生多達千人。它可以說是中國最早的專科學府，也是世界上創立最早的文藝專科學校。在「獨尊儒術」的漢代，能改變以儒家經學為唯一教育內容的做法，提倡對文學藝術的研究，應當說是對教育的一大貢獻。而且它招收平民子弟入學，打破了權貴對於學校的壟斷，使平民有了施展才華的機會，具有進步意義，也為日後唐代的科舉和設立各種專科學校開闢了道路。

顛沛流離的劉協

189-220

劉協是東漢史上最後一位帝王，亡國之君。但世人對他比較寬容，因為他當時只有九歲，王朝毀滅的賬並不能記到他的頭上。中國四大古典名著之一《三國演義》即從他稱帝前後展開，那些令人耳熟能詳的人物，袁紹、董卓、王允、盧植、呂布、李傕、曹操等，一開始都圍繞著他進行爭鬥，「挾天子以令諸侯」，即董卓、曹操等人與他構成的一種權力關係。在這一過程中，主角不是他，但他卻很重要，誰控制了他，誰就爭取了主動。一旦權力紛爭結束，新的集權整合完成，他便失去了價值，去冕封侯成為不錯的出路。

亂中易位
身不由己

劉協於光和四年（181年）生於洛陽，字伯和，是靈帝的次子。母親王榮（後追諡為「靈懷皇后」）是前五官中郎將王苞的孫女，王章之女，出身於名門世家。其容貌姣好，身材勻稱，舉止文雅，入宮後被封為美人。當時後宮受寵的是何皇后，出身於屠夫家庭，當年因賄賂選美的宦官入宮，封為貴人，得靈帝臨幸，生下了劉辯，母以子貴，深受靈帝的寵愛，被冊立為皇后。此人嫉妒心很重，做事跋扈，宮中的妃嬪、宮女都懼怕她。

當時王美人懷孕，生怕招來何皇后嫉恨，在沒有告知靈帝的情況下，偷偷地服藥墮胎。也許是天佑皇祚，藥物沒起作用，孩子順利生了下來，取名劉協。何皇后知道後嫉性大發，怕王美人今後會威脅到她的地位，便指使人在其產後服用的湯藥中投了毒，王美人飲後當即身亡。靈帝聞訊後親往後宮驗視，見王美人四肢青黑，知道是中毒而亡，急令追查兇手，很快便查出是何皇后所為。靈帝勃然大怒，欲立即廢黜何皇后。何皇后事先已買通了宦官曹節等人，宦官們一齊跪下，為何皇后求情，靈帝放過了她。此時的劉協尚未足月，靈帝的母親董太后怕劉協留在後宮再遭暗害，便將他抱到自己居住的永樂宮，悉心撫養、教導。自此，劉協就以董氏為外家，稱為「董侯」。

靈帝生前面臨選擇太子的問題。何皇后所生的劉辯，從小因身體瘦弱，寄養在一位史姓的道人家裡，稱「史侯」。劉辯年長，且為皇后所生，按理說儲位非他莫屬。但劉辯舉止輕浮，沒有國君應有的威儀之質。而劉協從小在宮中長大，由董太后悉心撫養，舉止端莊，穩重大氣，深得靈帝喜愛。再加上其母王美人死於非命，靈帝難免有愧疚之心，所以靈帝傾向於立劉協為太子。但這有違於立嗣以嫡長為先的皇室傳統，所以遲遲下不了決心。

中平六年（189 年），靈帝病重，立遺詔將劉協託付給宦官上軍校尉蹇碩。四月，靈帝駕崩。靈帝生前倚重宦官治政，同時又重用外戚何進執掌大權，這種權力架構本身就是一個矛盾體，他一死矛盾便即刻爆發。蹇碩作為宦官對何進心存忌憚，他受託輔助劉協，欲誅殺何進，擁立劉協。一日，何進入宮，蹇碩準備對其動手，蹇碩手下有個叫潘隱的司馬是何進的老朋友，向何進使了個眼色，何進見勢不妙，急忙轉身退出宮門，逃回大將軍府，擁兵自衛，稱疾不朝。蹇碩的預謀沒能得逞，只得按照慣例，讓嫡長子劉辯即位，其時年十七歲。

劉辯稱帝，尊母后何氏為皇太后，委政於舅舅何進，以袁隗為太傅，封劉協為渤海王，後改封為陳留王。何進深知朝野上下都厭惡宦官，再加上蹇碩欲加害於他，便想剷除宦官勢力。袁隗的侄子袁紹是官軍的副統帥中軍校尉，也忌恨宦官當權，致書何進，議誅殺宦官，兩人不謀而合。

蹇碩見勢頭不對，便與宦官趙忠密謀要誅殺何進。這時雙方的矛盾已半公開化，劍拔弩張，磨刀霍霍。有個叫郭勝的宦官與何進是同鄉，把蹇碩密謀的事透露給何進，何進立即派黃門令逮殺了蹇碩。這個時候，靈帝的靈柩還停放在德陽殿上，準備發葬。袁紹勸何進不要入宮參加靈帝的葬禮，以防不測。何進便躲在家裡裝病。等葬禮結束，何進將誅除宦官的計劃奏報給何太后，沒想到何太后不同意，說宦官統領禁省，是漢家的制度。何進沒辦法，只能退而求其次，殺了幾個罪行纍纍的宦官。

袁紹不贊成何進妥協，說此時若不剷除宦官勢力，將遺患無窮。他建議召州郡的兵馬入京，脅迫太后同意。於是，何進召並州牧董卓、泰山太守王匡、東郡太守橋瑁統兵進逼京師，又派執金吾丁原火燒位於孟津的黃河渡口（在今河南孟津東北），火光沖天，映照京師。何太后害怕了，即刻罷免了所有宦官，只留下幾個與何進關係不錯的宦官在宮中照應。被罷免的宦官紛紛跑到何進的面前請罪，哭天抹淚，信誓旦旦，表示要聽憑處分，痛改前非。袁紹勸何進趕快藉此機會誅殺此輩，但何進竟猶豫不決。

宦官中的首惡張讓的兒媳是何太后的妹妹，因為他們當初都是平民百姓。張讓對兒媳說：「老夫犯罪了，此次要同你們一起回鄉。我家世受皇恩，現在要離京遠去，真是戀戀不捨。我想再進宮一次，拜見太后和皇上，此後就算死，也心甘情願了！」張讓的兒媳將此話傳遞給何太后，何太后大受感動，決定讓宦官們回宮。

八月某一天，何進入宮，欲再奏何太后誅殺宦官。宦官們發現事情不妙，張讓忙召集了一幫人，手握刀斧埋伏在尚書省，待何進從太后居住的長樂宮出來，將其騙進尚書省，宦官渠穆一刀結束了其性命。

何進的部將吳匡、張璋聽說何進被殺，忙揮兵入宮。但宮門緊閉，吳匡聯絡袁紹的堂弟、虎賁中郎將袁術攻破城門。當時，日薄西山，袁術縱火南宮的九龍門和東、西宮，想逼出張讓等人。張讓報奏太后，說大將軍何進造反，火燒皇宮，然後脅迫太后、少帝和陳留王劉協從天橋閣道逃往北宮。

袁紹聞訊，下令關閉北宮城門，勒兵逮殺宦官。不論年長、年少，只要是沒有鬍鬚的，一律格殺勿論。結果有不少不是宦官的人也死於非命，被殺的宦官達兩千多人，宮內一時成為了屠宰場，屍骨遍地，血流成河。

張讓等一群宦官慌亂中挾持少帝和劉協從洛陽城北門出逃，尚書盧植、河南郡官吏閔貢緊隨追趕。閔貢連斬了數人。張讓見大勢已去，哭著對少帝說：「我等殄滅，天下亂矣。惟陛下自愛！」說罷，與其他幾個宦官投河而亡。少帝和劉協在黑暗中又跑了數里，有人找到一輛老百姓的雙輪車，讓兩人坐到上面，奔北邙（今河南洛陽市北）而去。

這時並州牧董卓應何進之召正率軍趕往京師，見城內火起，揮兵速進。到達城西，聽說少帝和陳留王被挾持到了北邙，忙率兵迎駕。少帝見有人帶兵而來，嚇得直哭，董卓拜見，他什麼也答不上來，倒是九歲的劉協把事變的經過簡略地說出，給董卓留下很好的印象。董卓認為劉協比少帝賢能，且為董太后撫養長大，董卓自認為與董太后是同族，遂萌生

廢立之心。

董卓所帶的並州兵不過三千餘人，他覺得這點兵馬難以震懾群雄，便每隔四五天，讓其軍隊趁著夜色溜出洛陽城外，第二天再鼓噪而還，人們都誤認為是新開來的兵馬。董卓乘勢收編了何進的餘部，兼併了掌管京城防務丁原的部眾，取得了實力上的優勢。他唆使手下人上疏，請求罷免司空劉弘，由他來繼任。接著，他召集群臣，議廢立之事。他說：「皇上暗弱，不可以奉宗廟，為天下主。現在，我欲仿伊尹放逐太甲、霍光廢黜昌邑王，更立陳留王為帝，諸位意下如何？」他見眾人不語，又厲聲道：「當初，霍光欲廢昌邑王，田延年按劍以威脅大臣。有敢反對的，軍法從事！」群臣們面面相覷。尚書盧植站出來說話：「太甲即位後淫亂無行，昌邑王罪行纍纍，才有廢立之事。今皇上富於春秋，行為也無過失，不可同日而語。」董卓大怒，宣佈散會。次日，再召集群臣到崇德前殿，脅迫太后下詔，廢少帝為弘農王，立陳留王劉協為帝。

次年，袁紹等起兵討伐董卓。董卓派郎中令李儒用毒酒鴆殺了被貶為弘農王的劉辯。至此，易帝之事完結。劉協成為東漢的第十二位帝王，開始了他顛沛流離的帝王生涯。

孤立無助
群雄並起

劉協被擁立為帝後，董卓自封為相國，又加封為太師，自稱「貴無上」，掌管了朝中的軍政大權。董卓的軍隊在洛陽劫掠財物，姦淫婦女，無惡不作，令世人深惡痛絕。

此次事變，外戚和宦官勢力兩敗俱傷，各地豪強勢力趁勢而起。次年（初平元年，190 年）春，各地州郡紛紛以討伐董卓的名義起兵，因這些州

劉協
漢獻帝

郡都位於潼關以東，故稱「關東軍」。不少地方的豪強也紛紛響應，帶領自己的私兵、部曲，加入到聲討董卓的潮流之中。自此，東漢末年群雄混戰的序幕正式拉開。關東軍共推袁紹為盟主，從北、東、西三面包圍洛陽。董卓見關東大軍壓境，便挾持劉協及眾多百姓從洛陽匆匆遷都到長安。此時，王允任司徒，主持政務，從表面上依附董卓，但暗中心向漢室，結交了一批朝中的官員。

初平二年（191年），關東諸侯為了爭奪政治上的主導權，以袁紹、韓馥為首，倡議立幽州牧劉虞為帝，但遭到袁術、曹操的反對，只得作罷。這時劉虞的兒子劉和在長安劉協的朝廷中任侍中，劉協想憑藉關東軍的力量還都洛陽，以擺脫董卓的控制，於是派劉和潛出武關求援。但此時關東諸州郡都在打自己的小算盤，忙著積攢實力，相互兼併，擴展地盤，根本無意於西討董卓，長安方面只能轉向依靠內部力量推翻董卓。

初平三年（192年），司徒王允與司隸校尉黃琬、僕射士孫瑞、中郎將呂布密謀弒殺董卓。呂布本是董卓的親信，二人曾結為義父子。董卓性格暴烈，一次因一件小事，竟拔出手戟投向呂布，呂布一閃，才沒有釀成大禍。事後呂布向董卓賠罪，才算了事。自此二人之間有了隔閡。王允據此試探著讓呂布作內應，呂布面有難色，說：「我們是父子關係，怎好下手？」王允說：「你本姓呂，本來就沒有骨肉之恩。他向你投戟時，有父子之情嗎？」呂布躊躇再三，最終答應了。

劉協有病初癒，在未央宮大會群臣。董卓乘輦而入，呂布率眾衛士全副武裝跟隨其左右。事先，王允密囑僕射士孫瑞寫好詔書，交予呂布。呂布令同鄉、騎都尉李肅和壯士秦誼、陳衛等十餘人身著衛士衣服，守衛在北掖門，待董卓一到，李肅舉起戟便向董卓刺去，不料董卓內著鎧甲，刺不進，只傷了其肩膀。董卓翻身下車，左右張望，大聲喊道：「呂布在什麼地方？」呂布厲聲答道：「我奉皇上之命討伐賊臣！」遂持矛瞬間結束了董卓的性命。呂布掏出了懷中的詔書，對身邊的朝臣、衛士說：「根據詔書，我殺了董卓，與你們無關。」眾人齊呼萬歲。董卓死後，王允錄尚書事，呂布擢為奮威將軍，二人共同主持朝政。

這裡要說一下，我們所熟悉的呂布殺董卓，大都是《三國演義》的版本，王允使用了「美人計」，中國的四大美人之一貂蟬出以大義，用美色誘惑呂布，設計誅殺了董卓，「呂布戲貂蟬」成為了這一歷史事件的噱頭和賣點。實際上，貂蟬這個人物是杜撰的，在《後漢書》等史籍中並不存在。

王允主持朝政，威勢不足，且氣量狹小，難以控制關中的局勢。董卓的死訊傳來，左中郎將蔡邕與王允在一起，聞之歎息。王允驟然變色，說：「董卓乃國之大奸，幾乎使漢室傾覆。你聽到他的死訊，本應和大家一樣高興，但卻反而發出歎息，你是否想與董卓一起謀逆？」說罷命令廷尉將蔡邕緝拿問罪。蔡邕是個大學問家，為人耿直，其被捕入獄，大家都感到惋惜。太尉馬日磾對王允說：「蔡邕乃曠世奇才，對漢代歷史深有研究，應讓他續寫漢史，完成一代之典籍。而他所犯錯誤又微不足道。殺了他，豈不失去天下人心！」王允反駁道：「以前武帝不殺司馬遷，使謗書流傳於後世。現在國祚中衰，戰亂四起，皇帝年幼，不能讓佞臣執筆於左右，使我們這些人遭到誹謗。」蔡邕最終在獄中死去。

董卓原來的部將多來自涼州，在百姓中訛傳王允要殺盡涼州人，其部將聞之各自擁兵自守。不久，董卓的部將、女婿牛輔營中發生騷動，牛輔被殺，校尉李傕、郭汜派使者赴長安請求赦免，王允不許。李傕便率軍西進長安問質，沿途召集兵馬，到長安城下已集結了十萬多人。與守軍大戰了八天，城破在即。呂布見城不可守，便率領幾百騎兵殺出城外。臨行前呂布邀王允同走，王允說：「我身負安定社稷的重任，如不幸失敗，當以身殉職。」他陪同劉協登上宣平門視事，李傕在城下望見，伏地叩拜。劉協對李傕說：「你們放兵縱橫，究竟要做什麼？」李傕起身答道：「董卓忠於陛下，卻無故被呂布所殺，我們是為董公報仇，而不是造反。等事情過去，我們將到廷尉處去請罪。」李傕率部將宣平門團團圍住，質問王允：「董卓有什麼罪？」王允答不上來。李傕攻破城門，王允被殺，劉協落入到李傕、郭汜等人手中。李傕晉為車騎將軍、開府、領司隸校尉，封池陽侯，再升大司馬，郭汜為後將軍、美陽侯，樊稠為右將軍、萬年侯，張濟被封為鎮東將軍、平陽侯，屯駐於弘農。

興平元年（194 年），三輔大旱，穀價陡漲，一斛穀價五十萬，長安城中甚至出現了人相食的現象。劉協命侍御史侯汶出太倉米豆煮粥賑濟窮人，但幾天過去，仍報告說有很多人餓死。劉協懷疑侯汶從中克扣，便派人取來米、豆各五升煮粥，可以煮出兩大盆，證明侯汶確實作弊。於是，劉協下命責打侯汶五十大棍，城中的饑民得到了救濟。後人評價，劉協並非昏庸無能之輩，之所以失去天下，是因威權已去，小恩小惠不足以收買民心。

興平二年（195 年），李傕、郭汜發生內訌，在長安城內各自擁兵相攻，劉協派尚書、侍中去調解，二人不從。為了爭取主動，郭汜預謀將劉協劫持到自己的軍營，不料消息走漏，李傕搶先一步，派兵將劉協、皇后、宮人及大臣們劫去。李傕、郭汜相攻數月，死者萬數，長安城幾乎成為一片廢墟。不久，劉協在原李傕部將楊奉、牛輔部曲董承等人的護衛下，擺脫了李傕、郭汜的控制，逃往弘農，又輾轉東行，於次年（建安元年，196 年）到達洛陽。

這時中原地區的袁紹和曹操兩大勢力進行著政治及軍事上的博弈，孫策佔據了江東，劉表佔據荊州，劉璋割據益州，涼州為韓遂、馬騰所佔有，公孫度盤踞遼東。劉協東還，無疑是一面可以利用的旗幟。時任兗州刺史的曹操敏銳地意識到了這一點，搶先率軍進駐洛陽，控制了劉協。接著，曹操挾持劉協遷都許昌，改稱許都。在這裡，劉協開始了他為期二十四年的傀儡生涯。

抗爭乏力
禪位於魏

劉協到了許昌，雖說名義上仍是漢朝的天子，但實際上只是任曹操擺佈的一個傀儡、或者說是曹操手中的一張王牌。皇室的守衛和侍從人員，

都是曹操的黨羽或親戚。平時不允許劉協與其他官員接觸，使之成為了孤家寡人。議郎趙彥曾經向劉協陳述時策，遭曹操厭惡而被殺。原來劉協身邊的一些官員，大都被曹操以各種罪名處死。

經過歲月的磨礪，劉協已慢慢長大，雖說難以心懷高遠，但總還不甘於屈居人下。他寫好密詔，讓車騎將軍董承秘密藏於衣帶中捎出，即所謂「衣帶詔」，命令宗室劉備、長水校尉種輯、將軍吳子蘭、王服等人共除曹操。結果次年（建安五年，200 年）春，董承等人的密謀洩露，曹操將之全部殺掉，「誅三族」。唯有劉備藉打擊袁術之機逃離曹營，佔領了徐州。曹操移兵東進，討伐劉備。劉備兵敗，放棄了徐州，投奔到袁紹營下。此年，曹操在官渡（今河南中牟東北）與袁紹進行了一場決戰，以少勝多擊潰了袁紹的主力，奠定了統一北方的基礎。此役即史上著名的「官渡之戰」。

這裡要介紹一下曹操。曹操，字孟德，小名阿瞞，他在很多人心目中是個奸臣，在戲劇舞臺上更是被塗成大白臉，這其實是受小說《三國演義》的誤導。曹操是我國史上著名的軍事家、政治家和詩人，是結束東漢末年群雄混戰、完成北方統一、締造曹魏政權的關鍵性人物，後被尊為魏武帝。曹操之所以被誤解，在很大程度上源自中國的正統觀念，認為劉漢政權應當由劉姓人氏繼承，否則就是僭越、篡位。事實上，曹操作為當時的群雄之一，其站位、眼界、志向，以及韜略都要遠遠高於其同時期的幾個人。董卓粗暴、殘忍，有威而無勢；袁紹猶疑、寡斷，有勢而無威；劉備有韜略、毅力，曹操曾與之「青梅煮酒論英雄」，但實力不足，難以打造出統一的局面。唯有曹操，有膽識也有魄力，有胸懷更有韜略，運籌於危難之際，決勝於群雄之間，成為最後的勝利者。但凡成功者必有其過人之處，他在征戰中屯田北方，興修水利，恢復農業生產，體恤民生；他唯才是舉，打破世族門第觀念，抑制豪強；還有很重要的一點，他喜好文學，在鄴城期間招攬文學雅士，組成了以三曹（曹操及其子曹丕、曹植）為核心、包括「七子」（孔融、陳琳、王粲、徐幹、阮禹、應瑒、劉楨）和蔡琰在內的文人集團，發揚漢代樂府民歌的現實主義傳統，以反映民間疾苦和建功立業的追求為取向，作品慷慨悲涼，語言剛

劉協
漢獻帝

健爽朗，形成了令文學史家盛讚不絕的「建安風骨」。得文化者得天下。

劉協被曹操所挾持是一種不幸，可在某種意義上講又是一種幸運。為什麼這麼說呢？劉協自稱帝始，受董卓、李傕等人控制，一直過著顛沛流離的生活，每天都擔驚受怕，惶惶不可終日。這樣的日子整整過了七年。直到曹操接手，入主許昌，日子才平穩下來。曹操善待於他，早在袁紹、韓馥提議改立劉虞為帝，曹操就堅決反對，明確表態「你們北面奉立劉虞，我自尊奉西面的皇帝」。發生「衣帶詔」事件及伏皇后寫信給其父伏完要求誅除曹操一事，曹操只是殺了相關的董承、董貴人及伏氏父女，並沒有對劉協怎麼樣。生活上對劉協也盡量優厚，直至曹操去世，曹丕稱帝，還給劉協保留了諸多漢室的權力，同時還說了句客套話：「天下的好東西，我跟你可以一起享受。」這比起董卓的喜怒無常和李傕的苛刻虐待，不知要好出多少倍。所以，劉協應當感謝曹操。

那麼，曹操為什麼要善待劉協，並始終沒有取而代之呢？這就能看出一位政治家的城府和視野了。政治講的是博弈，人與人之間則要講人格，曹操善待劉協，在很大程度上體現的是雍容和大度，就像在戰爭中不殺和優待俘虜。曹操是一介武夫，同時又是個文人，在他的文化理念中，忠君思想是根深蒂固的。這不僅涉及到劉協，也涉及到將來他自己。代漢稱帝，對他來說易如反掌，但他卻始終沒有邁出這一步，這其中不能不說有著文化上的羈絆。另外，面對當時的形勢，群雄混戰，諸侯相爭，曹操若急於稱帝，勢必會成為眾矢之的。所以，他選擇了等待，「挾天子以令諸侯」，是他當時掌控最高權力最好的方式和緩衝。時機，對於一個政治家來說是最需要把握的，急了或慢了都不行。反觀袁術、袁紹，其眼界和韜略跟曹操都沒法比，但貪心和野心卻很大，二人先後稱帝，其下場可想而知。

建安十二年（207 年），曹操基本上統一了北方。次年，曹操罷黜三公，置丞相、御史大夫，曹操自為丞相。同年，曹操南征，在赤壁被孫權和劉備聯軍擊敗。建安十六年，曹操進軍關中，戰勝韓遂、馬騰，平定涼州，三國的格局形成。建安十八年（213 年），曹操被封為魏公，加九

錫、建魏國,定國都於鄴城。魏國擁有冀州十郡之地,置丞相、太尉、大將軍等百官。建安二十一年(216年),曹操再封為魏王,邑三萬戶,位於諸侯之上,奏事不稱臣,受詔不拜,以天子旒冕(皇帝頭上前後帶穗的帽子)、車服、旌旗、禮樂郊祀天地,出入得稱警蹕(帝王出入時清道止行),宗廟、祖、臘(年終大祭)皆如漢制,國都鄴城。王子皆為列侯。次年,曹操又受賜王冕十有二旒(與帝王同等),乘金根車,駕六馬,設五時副車,封五官中郎將曹丕為魏太子。這時曹操名義上仍為漢臣,但事實上已為皇帝。

當然,劉協在曹操治下不可能開心,甚至還充滿著苦悶和憂傷。前面說過,董承因「衣帶詔」事件敗露被殺,其女為劉協的貴人,曹操要將董貴人一起殺掉,這時董已有身孕,劉協為其求情,曹操不許。曹操之所為引得伏皇后震驚,她寫信給父親伏完,盡數曹操的殘暴,請父親除掉曹操,但伏完始終未敢採取行動。建安十九年(214年),伏皇后的密信洩露,曹操聞之,令劉協廢掉伏皇后,並代劉協寫好了詔書。接著,派御史大夫郗慮同尚書令華歆一起包圍皇宮,搜捕伏皇后。伏皇后藏於夾壁牆中,被華歆拖出。此時,劉協正在外殿與郗慮同坐,伏皇后披頭散髮,赤腳走出,向劉協哭道:「你就不能為我求個活命嗎?」劉協歎曰:「朕還不知自己的生命何時終了呢!」轉過頭去對郗慮說:「郗公,天下哪有這般道理?」郗慮並未理睬,將伏皇后帶走關進監獄,幽閉而死。伏皇后生的兩個兒子也被毒死,伏氏宗族被處死了一百多人。建安二十年(215年),曹操立其女曹節為劉協的皇后,另外兩個女兒曹憲和曹華也入宮,封為夫人,曹操又成為了國丈。

建安二十五年(220年),曹操病逝於洛陽,其子曹丕襲爵為魏王。同年冬,在魏王曹丕的逼迫下,劉協告祭祖廟,使張音奏璽綬詔冊,禪位於曹丕。十二月初十,曹丕在繁陽亭接受玉璽,即位為皇帝。進入許都,改延康元年為黃初元年,國號為魏,追尊曹操為武皇帝,廟號太祖。禪位後的劉協被封為山陽公,食邑萬戶,准其治內實行漢朝正朔,用天子的禮儀進行郊祭,上書言事不稱臣。這應當算是劉協這個亡國之君很體面的遜位了。至此,曾經輝煌無比的東漢一百九十五年、大漢(包括王

莽和更始帝）四百二十六年的歷史正式宣告結束。

劉協被貶為山陽公，居住在山陽城（今河南焦作）。雖然從名義上的權力巔峰落入谷底，但對他來講似乎是一種解脫，一種釋然。這時他已年逾不惑，回顧人生的跌宕起伏，感慨良多，頓生徹悟之感。他拋棄帝王之尊，深入到百姓之間，躬耕菜圃，濟世懸壺。他用當年閒適於宮中所學的中醫藥知識，給黎民百姓看病，救死扶傷。其所為深受百姓愛戴，流傳不少有趣的故事和傳說。當年百姓尊稱劉協為「大人」，皇后曹節為「美人」，視其為父母，久而久之，便習慣於稱父親為「大」，母親為「美」，延續至今。劉協給百姓看病，自己挖來的中草藥不收費，針灸、拔罐、刮痧等都不要錢，只有採購的藥物酌收成本，因而有「中藥不還價，針灸不要錢」之說。當地的郎中也秉持這一傳統，善待病人。

劉協在做了十四年山陽公後，於魏明帝青龍二年（234年）四月去世，時年五十四歲，以漢天子禮儀葬於禪陵（今河南焦作修武北小風村），諡孝獻皇帝。

秦漢卷

皇帝也是人

范捷 著

責任編輯　周怡玲
書籍設計　黃沛盈
協　力　　麥繁桁

出　　版　三聯書店（香港）有限公司
　　　　　香港北角英皇道四九九號北角工業大廈二十樓
　　　　　Joint Publishing (Hong Kong) Co., Ltd.
　　　　　20/F., North Point Industrial Building,
　　　　　499 King's Road, North Point, Hong Kong
香港發行　香港聯合書刊物流有限公司
　　　　　香港新界大埔汀麗路三十六號三字樓
印　　刷　中華商務彩色印刷有限公司
　　　　　香港新界大埔汀麗路三十六號十四字樓
版　　次　二〇一九年三月香港第一版第一次印刷
規　　格　十六開（165mm×260mm）三三六面
國際書號　ISBN 978-962-04-4453-1

三聯書店
http://jointpublishing.com

JPBooks.Plus
http://jpbooks.plus